古代歷史文化研究輯刊

十 編

王明蓀 主編

第20冊

遼金夏元史研究

遼與五代外交研究

蔣武雄 著

國家圖書館出版品預行編目資料

遼金夏元史研究／遼與五代外交研究　蔣武雄　著—初版—
新北市：花木蘭文化出版社，2013〔民102〕
序2+目2+144面／序2+目2+92面；19×26公分
（古代歷史文化研究輯刊　十編；第20冊）
ISBN：978-986-322-348-1（精裝）
1.遼金夏史　2.元史　3.五代史　4.外交史
618　　　　　　　　　　　　　　　　102014418

ISBN-978-986-322-348-1

古代歷史文化研究輯刊
十　編　第二十冊　　　　　　　ISBN：978-986-322-348-1

遼金夏元史研究
遼與五代外交研究

作　　者　蔣武雄
主　　編　王明蓀
總 編 輯　杜潔祥
出　　版　花木蘭文化出版社
發 行 所　花木蘭文化出版社
發 行 人　高小娟
聯絡地址　235 新北市中和區中安街七二號十三樓
　　　　　電話：02-2923-1455／傳眞：02-2923-1452
網　　址　http://www.huamulan.tw 信箱 sut81518@gmail.com
印　　刷　普羅文化出版廣告事業
初　　版　2013年9月
定　　價　十編35冊（精裝）新台幣62,000元

遼金夏元史研究

蔣武雄　著

作者簡介

蔣武雄，1952 年生。1974 年畢業于東海大學歷史學系；1978 年畢業于政治大學邊政研究所；1986 年畢業于中國文化大學史學研究所博士班；現為東吳大學歷史學系教授。主要研究領域為中國災荒救濟史、中國古人生活史、中國邊疆民族史、宋遼金元史、明史。先後在《東方雜誌》、《中華文化復興月刊》、《中國邊政》、《中國歷史學會史學集刊》、《空大人文學報》、《東吳歷史學報》、《中國中古史研究》、《玄奘佛學研究》、《史匯》、《中央日報長河版》等刊物發表歷史學術論文一百二十餘篇。

提　要

　　遼、金、夏、元四個朝代，雖然是由契丹、女真、黨項、蒙古等不同民族所建立，但是其在中國歷史的發展上，均扮演了很重要的角色，值得我們予以深入探討。因此筆者在本書中論述遼代一些人物的事蹟、寺院經濟、千人邑、《三朝北盟會編》在研究宋遼金夏史事的史料價值、蒙古用兵對金夏結盟的影響，以及蒙元帝國初期與漢地文化的接觸等重要史實。全書計九章、五十五節。

　　第一章：耶律阿保機諸弟叛亂之始末——論述遼太祖耶律阿保機在即帝位之後，其諸弟前後三次叛亂，以及耶律阿保機平亂和判刑的經過。

　　第二章：遼穆宗嗜獵、嗜酒、嗜殺的探討——論述遼穆宗嗜獵、嗜酒、嗜殺的情形、原因，以及遼臣對其偏差行為的反應。

　　第三章：耶律休哥與遼宋戰爭——論述遼將耶律休哥在對宋諸戰役中的傑出表現。

　　第四章：遼代佛教寺院經濟初探——論述遼代佛教寺院增建頗多，以及其經濟力量和主要來源。

　　第五章：遼代千人邑的探討——論述遼代佛教千人邑的涵義、成員、功能和種類。

　　第六章：從碑銘探討遼代修建寺院與經費來源——論述遼代修建寺院的盛況，包括重修、重建、擴建、創建等，以及其修建寺院的各項經費來源。

　　第七章：《三朝北盟會編》的編纂與史料價值——論述徐夢莘編纂《三朝北盟會編》的目的、取材範圍與態度，以及該書在研究宋遼金夏史事的史料價值。

　　第八章：蒙古用兵對金夏結盟的影響——論述蒙古興起前金夏結盟的演變、蒙古興起後對夏用兵導致金夏結盟破裂，以及夏與蒙古、金和戰的演變。

　　第九章：論蒙元帝國初期與漢地文化之關係——論述蒙古帝國成吉思汗、窩闊臺汗時期與漢地文化的接觸、元帝國世祖、仁宗時期對漢地文化的推崇，以及其對禮樂制度的重視與制作。

自 序

　　我對中國北方民族史的研究，可說從民國六十五年，進入政治大學邊政研究所就讀即已開始。雖然碩士論文是以《明末遼東邊防之研究》為題，但是對於中國整個北方各民族的歷史，仍是加以涉獵。及至民國八十年，我在東吳大學歷史學系開授遼金元史課程，專力於遼代史事的研究，包括遼與五代政權轉移、外交關係，以及遼與宋外交關係等三項論題。

　　如今我則將不屬於上述三項論題，但與中國北方民族歷史有關的九篇論文，輯合成冊出版，題為《遼金夏元史研究》。其中雖然仍以遼代史事的探討為主，但是也有三篇旁及金夏元史實的論文，或可有助於讀者對中國近古時期北方民族史的了解。

蔣武雄　謹識　　於民國一〇二年三月一日

東吳大學研究室

第一章　耶律阿保機諸弟叛亂之始末

摘　要

　　唐末之際，契丹族首領耶律阿保機稱帝後，正擬繼續積極擴充國勢。不料，卻發生其諸弟之叛亂，前後三次，歷時兩年，所參與者多爲其家族之兄弟叔姪，亦多爲開國重要人物，擁有行政、軍事大權。故此一叛亂事件，誠爲遼國歷史之大事，阿保機能迅速予以平定，亦爲契丹族後來國勢發展、壯大之重要關鍵。

　　本文以〈耶律阿保機諸弟叛亂之始末〉爲題，分下列七項論述之，一、前言；二、耶律阿保機即帝位之經過；三、耶律轄底與耶律阿保機諸弟叛亂之關係；四、耶律阿保機諸弟簡介及叛亂事實；五、耶律阿保機平定諸弟叛亂之經過；六、耶律阿保機對諸弟叛黨之判刑；七、結論。以期釐清此一史實之前因後果，而有助於遼史之研究。

　　關鍵詞：遼、耶律阿保機、刺葛、迭刺哥、寅底石、安端。

一、前　言

在我國歷代政權興替之過程中，統治階層固然是高高在上，可是其內部卻常因存有不同之派系、集團，互相產生矛盾與磨擦，進而引發衝突殘殺對方，甚至於彼此是父子關係或兄弟手足亦無法避免。

此類史實在我國歷史上甚爲突出，對於歷代、歷朝均曾造成重大之影響。今本文即是擬探討遼太祖耶律阿保機在建國初期，其諸弟叛亂之情形，以助讀者對遼代史事有進一步之了解。

唐哀宗天祐四年（907 年），耶律阿保機稱帝後（當時未建年號，亦尚未稱大遼），契丹部族在我國東北地區聲勢逐漸壯大。但是國基正在初建之際，卻發生諸弟之叛亂，牽連許多皇族及貴族，使契丹族之統治核心產生動搖。

阿保機對於諸弟之叛亂，初以寬宥之心對待，盡力安撫。可是其諸弟卻仍執著不服，使阿保機後來不得不派兵進剿，肅清反對者之勢力。

此一亂事前後持續兩年，參與者大多是其家族中兄弟叔姪，亦是跟隨阿保機東征西討之開國重要人物，在契丹族中居於很高之地位，擁有行政、軍事大權。故此批人之叛亂，尤爲遼國歷史一件大事。陳述《遼文匯》卷一，〈刑逆黨後宣諭〉條，即有按語曰：

> 檢此案凡三起三伏，歷時週二年，至煮馬駒、採野菜以食，孳畜道斃者十七八，物價十倍，可知其聲勢與影響。刺葛等以皇弟之親，何故屢起謀反，此事殆未可以普通叛逆視之也。〔註1〕

吾人如再從阿保機平定此一亂事後，契丹族之發展情勢來看，以其爲中心之政權體制更臻於鞏固，即可體認此一亂事之發生與平定，確實關係契丹後來國運之演變頗鉅。

關於討論阿保機諸弟叛亂之文章，有李漢陽先生所撰〈遼太祖諸弟之亂考〉，〔註2〕該文主要在分析叛亂之原因，以及阿保機從此不再相信任何人，連帶也影響及其所任用之漢人，使漢人地位比其諸弟叛亂前有降低之現象。而本文則在蒐集有關史料後，透過分析與歸納，詳細論述該事件之始末、重

〔註 1〕陳述編，《遼文匯》，收錄於《遼史彙編》（六）（台北：鼎文書局，民國 62 年 10 月），卷一，〈刑逆黨後宣諭〉，頁 1。

〔註 2〕李漢陽，〈遼太祖諸弟之亂考〉，《史學會刊》第十六期（台北：台灣國立師範大學，民國 65 年 6 月），頁 51～61。

要人物、阿保機處置之情形，以及叛亂諸弟後來之遭遇，並於結語中討論阿
保機過人之處，及其諸弟叛亂之原因。

二、耶律阿保機即帝位之經過

耶律阿保機為契丹迭剌部人，生於唐懿宗咸通十三年（872年），「既長，身長九尺，豐上銳下，目光射人，關弓三百斤」。〔註3〕唐昭宗天復元年（901年），契丹遙輦痕德堇可汗立，以阿保機為迭部夷離堇，專事征討。同年十月，痕德堇可汗授其為大迭烈府夷離堇。三年（903年）十月，阿保機復以戰功，受拜為于越，總知軍國事。

唐哀宗三年（906年）十二月，痕德堇可汗死，群臣奉遺命，請立阿保機為帝。《遼史・耶律曷魯》傳述其事，曰：

> 會遙輦痕德可汗歿，群臣奉遺命，請立太祖。太祖辭曰：「昔吾祖
> 夷離堇雅里嘗以不當立而辭，今若等復為是言，何歟？」（耶律）
> 曷魯進曰：「曩吾祖之辭，遺命弗及，符瑞未見，第為國人所推戴
> 耳。今先君言猶在耳，天人所與，若合符契，天不可逆，人不可拂，
> 而君命不可違也。」太祖曰：「遺命固然，汝焉知天道？」曷魯曰：
> 「聞于越之生也，神光屬天，異香盈幄，夢受神誨，龍錫金佩，天
> 道無私，必應有德。我國削弱，齮齕於鄰部日久，以故生聖人以興
> 起之。可汗知天意，故有是命。且遙輦九營棋布，非無可立者，小
> 大臣民屬立于越，天也。昔者于越伯父釋魯嘗曰：『吾猶蛇，兒猶
> 龍也。』天時人事，幾不可失。」太祖猶未許。是夜，獨召曷魯責
> 曰：「眾以遺命迫我，汝不明吾心，而亦俛隨耶？」曷魯曰：「在昔
> 夷離堇雅里雖推戴者眾，辭之，而立阻午為可汗，相傳十餘世，君
> 臣之分亂，紀綱之統隳，委質他國，若綴旒然，羽檄蝟午，民疲奔
> 命。興王之運，實在今日，應天順人，以答顧命，不可失也。」太
> 祖乃許。〔註4〕

可見當初阿保機對於即帝位事，尚有許多顧慮，雖然耶律曷魯強調已有遺命、
天兆以及眾人擁戴等有利條件，但是阿保機仍不允許，直至曷魯告以應為契

〔註3〕脫脫，《遼史》（台北：鼎文書局，民國64年10月），卷一，本紀第一，太祖
上，頁1。

〔註4〕書同前，卷七三，列傳第三，〈耶律曷魯〉，頁1220～1221。

丹部族前途著想，阿保機始答應即帝位。翌年（907 年，是年阿保機猶未建年號）春正月，阿保機「命有司設壇于如迂王集會堝，燔柴告天，即皇帝位。尊母蕭氏爲皇太后，立皇后蕭氏。北宰相蕭轄刺、南宰相耶律歐里思率群臣上尊號曰天皇帝，后曰地皇后」。〔註5〕

　　阿保機之即帝位，雖有諸多條件配合、促成，但是實際上，仍有不服者，例如阿保機未即帝位之前，尚有其叔父耶律轄底曾自立爲夷離堇，〔註6〕同具有承大汗之資格，故對於阿保機之即帝位，尤其不能忍受，後來阿保機諸弟叛亂，即因此人參預而擴大。

三、耶律轄底與耶律阿保機諸弟叛亂之關係

　　耶律轄底，「字涅烈（里）衮，爲肅祖孫夷離堇怗（帖）剌之子。幼黠而辯，時險佞者多附之」。〔註7〕在遙輦痕德堇可汗時，轄底異母兄（耶律）罨古只爲迭剌部夷離堇。依契丹禮俗，爲夷離堇者，得行再生禮。故當「罨古只方就帳易服，轄底遂取紅袍、貂蟬冠，乘白馬而出。乃令黨人大呼曰：『夷離堇出矣。』眾皆羅拜，因行柴冊禮，自立爲夷離堇」。〔註8〕至唐哀宗四年（907 年），阿保機將即位，欲禮讓轄底，轄底曰：「皇帝聖人，由天所命，臣豈敢當。」阿保機乃特命其爲于越。〔註9〕

　　後梁太祖乾化元年（911 年）五月，爲阿保機即帝位後之第四年，其諸弟刺葛、迭刺哥、寅底石、安端謀反。安端妻粘睦姑知之，以告，得實。阿保機不忍加誅，遂與諸弟登山刑牲，告天地爲誓，而赦其罪，並以刺葛爲迭刺部夷離堇，以爲安撫。〔註10〕翌年（912 年）七月，阿保機率軍出征西南諸部，耶律轄底趁機勸誘阿保機諸弟刺葛、迭刺哥、寅底石、安端等人再度叛亂，不從者，將殺之。未久，阿保機還次北阿魯山，至赤水城，轄底懼，與刺葛俱北走，至榆河爲追兵所獲。阿保機問轄底曰：「朕初即位，嘗以國讓，叔父

〔註5〕書同前，卷一，本紀第一，太祖上，頁3。
〔註6〕書同前，卷一一二，列傳第四二，逆臣上，〈耶律轄底〉，頁1498。
〔註7〕同前註。
〔註8〕同註6。另參閱陳述，《契丹史論證稿》，第四篇〈選汗大會與帝位繼承〉，收錄於《遼史彙編》（七）（台北：鼎文書局，民國62年10月），頁69～72；李漢陽，前引文，頁52～55。
〔註9〕同註6。
〔註10〕《遼史》，卷一，本紀第一，太祖上，頁5。另參閱陳述，《契丹史論證稿》，頁69～72。

辭之，今反欲立吾弟，何也？」轄底對曰：「始臣不知天子之貴，及陛下即位，衛從甚嚴，與凡庶不同。臣嘗奏事心動，始有窺覦之意。度陛下英武，必不可取，諸弟儒弱，得則易圖也。事若成，豈容諸弟乎？」阿保機謂諸弟曰：「汝輩乃從斯人之言耶？」迭剌哥曰：「謀大事者，須用如此人，事成，亦必去之。」轄底不復對。囚數月，縊殺之。〔註11〕

可見轄底與阿保機諸弟擬互相利用對方，進行篡奪帝位。《遼史》謂轄底「益為姦惡，常以巧辭獲免」，〔註12〕故其城府甚深，陰謀引誘阿保機諸弟為亂，從中取利，進而奪權。至於阿保機諸弟則想利用轄底之地位，以壯大聲勢，故稱「謀大事者，須用如此人」。〔註13〕

四、耶律阿保機諸弟簡介及叛亂事實

耶律阿保機之父德祖有六子，阿保機居長，至其即帝位後，參預叛亂者有大弟剌葛、二弟迭剌哥、三弟寅底石、四弟安端等四人。而五弟蘇，「言無隱情，太祖尤愛之」，〔註14〕後來「剌葛詐降，蘇往來其間。既平，蘇力為多」，〔註15〕故其自始至終並未參預叛亂，而且「太祖二十功臣，蘇居其一」。〔註16〕

茲將阿保機諸弟有叛亂事實者，分述於后：

剌葛、字率懶，性愚險。阿保機即帝位後，任以惕隱，破湼烈部而驕，與弟迭剌哥、寅底石、安端等謀亂。事覺，按問，具伏。阿保機令誓而捨之，曰：「汝謀此事，不過欲富貴爾。」故特以其為迭剌部夷離堇，以安撫之。〔註17〕未料，不久剌葛復謀為亂，誘諸弟據西山，以阻阿保機征西南各部之歸路。阿保機聞而避之，抵赤水城，剌葛詐降，復使神速姑焚明王樓，大掠而去。至擘只、喝只二河，與阿保機所派追兵戰而潰。及鴨里河，女骨部人邀擊之，剌葛輕騎遁去。至榆河，被先鋒蕭敵魯生擒之，阿保機念其同氣，不忍加刑，杖而釋之。〔註18〕

〔註11〕《遼史》，卷一一二，列傳第四二，逆臣上，〈耶律轄底〉，頁1498～1499。
〔註12〕書同前，頁1498。
〔註13〕同前註。
〔註14〕《遼史》，卷六四，表第二，皇子表，頁971。
〔註15〕書同前，頁972。
〔註16〕同前註。
〔註17〕《遼史》，卷一，本紀第一，太祖上，頁5。
〔註18〕書同前，卷六四，表第二，皇子表，頁964～967。

迭剌哥，性敏給。阿保機曾曰：「迭剌（哥）之智，卒然圖功，吾所不及；緩以謀事，不如我。」後與兄剌葛謀反，剌葛遁，迭剌哥與安端降，阿保機杖而釋之。〔註19〕

寅底石，生而闇懦，與兄剌葛作亂，兵敗，阿保機赦之。未久，復與剌葛遁至榆河，自刺不死，被擒，阿保機釋之。〔註20〕

安端，與兄剌葛謀亂，妻粘睦姑告變，阿保機誓而免之。復叛，兵敗被擒，杖而釋之。〔註21〕

五、耶律阿保機平定諸弟叛亂之經過

耶律阿保機初即位，對於諸弟之叛亂，似乎已有防範之準備，《遼史·耶律曷魯傳》，曰：

> 時，制度未講，國用未充，扈從未備，而諸弟剌葛等往往覬非望。
> 太祖宮行營，始置腹心部，選諸部豪健二千餘充之，以（耶律）曷魯及蕭敵魯總焉。〔註22〕

至後梁太祖乾化元年（911年）五月，阿保機諸弟剌葛、迭剌哥、寅底石、安端初次謀反，經安端妻粘睦姑告發，查實。但是阿保機不忍誅殺，特與諸弟登山刑牲，告天地為誓，赦諸弟罪，並以剌葛為迭剌部夷離堇。〔註23〕翌年七月，阿保機率軍出征西南各部，攻打朮不姑，降之，俘獲以數萬計。另派剌葛分兵攻平州，同年十月，破平州，剌葛還，受耶律轄底引誘，復與迭剌哥、寅底石、安端等人叛反。不久，阿保機還，次北阿魯山，聞諸弟以兵阻道，遂引軍南趨十七濼。翌日，至七渡河，諸弟遣人謝罪，阿保機猶矜憐，許以自新。〔註24〕隔年（913年）正月，阿保機率兵至赤水城，剌葛等人乞降。阿保機特著素服，乘赭白馬，以將軍耶律樂姑、轄剌僅阿鉢為御，解兵器、肅侍衛而受之，並加以慰諭。剌葛等人引退時，阿保機復數遣使撫慰。〔註25〕

可見阿保機對於諸弟兩度反叛，均盡量寬宥、安撫，並未予以進剿和嚴

〔註19〕書同前，頁967～968。
〔註20〕書同前，頁969。
〔註21〕書同前，頁970。
〔註22〕《遼史》，卷七三，列傳第三，〈耶律曷魯〉，頁1221。
〔註23〕同註17。
〔註24〕《遼史》，卷一，本紀第一，太祖上，頁6。
〔註25〕同前註。

厲處罰。可是其諸弟似乎不僅不知感恩，卻仍執意不馴，故未及兩個月，又發生第三度叛亂，使阿保機不得不派兵進剿。此次之叛亂緣於同年三月，阿保機至蘆水，其二弟迭剌哥圖爲奚王，與四弟安端擁千餘騎而至，紿稱入覲。阿保機怒曰：「爾曹始謀逆亂，吾特恕之，使改過自新，尙爾反覆，將不利於朕。」遂拘之，以其二人之所部分隸於諸軍。〔註 26〕至於其大弟剌葛則引其眾至乙室菫淀，持天子旗鼓，將自立，皇太后陰遣人諭令避去。不久，弭姑乃、懷里陽言阿保機軍隊將至，其眾驚潰，掠居民北走，阿保機以兵追之。剌葛遣寅底石引兵迳趨行宮，焚毀輜重、廬帳，縱兵大殺。皇后急遣曷古魯救之，僅得天子旗鼓而已。其黨徒神速姑復劫西樓，焚明王樓。阿保機至土河，秣馬休兵，若不爲意。諸將請急追之，阿保機曰：「俟其遠遁，人各懷土。懷土既切，其心必離，我軍乘之，破之必矣。」〔註 27〕

是時，剌葛等人叛亂之舉措，尤其值得吾人注意者，即是其持天子旗鼓，將自立。按旗鼓爲當時契丹部族八部大人權威之象徵，《遼史·儀衛志》，曰：

> 遼自大賀氏摩會受唐鼓纛之賜，是爲國仗，其制甚簡，太宗伐（後）唐、（後）晉以前，所用皆是物也，著于篇首，以見艱難創業之主，豈必厚衛其身云。十二神纛、十二旗、十二鼓、曲柄華蓋、直柄華蓋。遙輦末主遺制，迎十二神纛、天子旗鼓，置太祖帳前。諸弟剌哥（葛）等叛，匀德實（即寅底石）縱火焚行宮，皇后命曷古魯救之，止得天子旗鼓。太宗即位，置旗鼓、神纛於殿前。聖宗以輕車儀衛拜帝山。〔註 28〕

《新五代史·契丹附錄》，曰：

> 其（契丹）部族之大者曰大賀氏，後分爲八部，……部之長，號大人，而常推一大人，建旗鼓以統八部。至其歲久，或其國有災疾，而畜牧衰，則八部聚議，以旗鼓立其次而代之。〔註 29〕

另外，《資治通鑑》後梁太祖開平元年（907 年）條，則曰：

> 初契丹有八部，部各有大人，相與約，推一人爲王，建旗鼓以號令諸部。〔註 30〕

〔註 26〕同註 24。

〔註 27〕書同前，頁 6～7。

〔註 28〕《遼史》，五八，志第二七，儀衛志四，頁 918。

〔註 29〕歐陽修，《新五代史》（台北：鼎文書局，民國 65 年 11 月），卷七二，四夷附錄第一，頁 886。

〔註 30〕司馬光，《資治通鑑》（台北：藝文印書館，民國 44 年 6 月），卷二六六，後

故阿保機之皇后遣曷古魯，從剌葛處奪回旗鼓，具有特殊之意義。

同年四月，阿保機北追剌葛，至彌里，聞諸弟面木葉山射鬼箭厭禳，乃執叛人解里向彼，亦以其法厭之。至達里淀，選輕騎追及培只河，盡獲叛黨之輜重、生口。並先遣室韋及吐渾酋長拔剌、迪里姑等五人分兵伏其前路。另命北宰相迪里古爲先鋒進擊，剌葛率兵逆戰，迪里古以輕兵薄之，其弟遏古只臨陣，射斃數十人，眾莫敢前，相拒至晡，眾乃潰，追至柴河，剌葛焚車乘、廬帳而去，復遇拔剌、迪里姑等伏發，遭合擊而大敗。剌葛叛黨奔潰，遺其所奪神帳於路，阿保機見而拜奠之，並將所獲生口盡數縱歸本土。〔註31〕五月，阿保機遣北宰相蕭敵魯率驍騎追擊叛黨，晝夜兼行，終於在榆河擒獲剌葛、涅里衮阿鉢，前北宰相蕭實魯、寅底石則自剄未死。不久，剌葛、涅里衮阿鉢詣阿保機行在，以槀索自縛，牽羊望拜。〔註32〕

論至此，吾人可知阿保機諸弟之叛亂，前後有三次，最後阿保機不得不派兵進剿，平定亂事，其過程相當不易，據《遼史·太祖本紀》曰：

> 時，大軍久出，輜重不相屬，士卒煮馬駒、採野菜以爲食，孳畜道斃十七八，物價十倍，器服資貨委棄於楚里河，狼藉數百里，因更剌葛名暴里。〔註33〕

至於諸將耶律曷魯、蕭敵魯、阿古只、老古等人，平定叛黨之功勞亦不可沒。《遼史·耶律曷魯傳》，曰：

> 時制度未講，國用未充，扈從未備，而諸弟剌葛等往往覬非望。太祖宮行營，始置腹心部，選諸部豪健二千餘充之，以曷魯及蕭敵魯總焉。已而諸弟之亂作，太祖命曷魯總領軍事，討平之，以功爲迭剌部夷離堇。〔註34〕

同書〈蕭敵魯傳〉，曰：

> 頃之，剌葛等作亂，潰而北走。敵魯率輕騎追之，兼晝夜行。至榆河，敗其黨，獲剌葛以獻。太祖嘉之，錫賚甚渥。〔註35〕

同書〈阿古只傳〉，曰：

梁太祖開平元年條，頁11～12。
〔註31〕《遼史》，卷一，本紀第一，太祖上，頁7。
〔註32〕同前註。
〔註33〕同註31。
〔註34〕《遼史》，卷七二，列傳第三，〈耶律曷魯〉，頁1221。
〔註35〕書同前，〈蕭敵魯〉，頁1223。

刺葛之亂也，淳欽皇后軍黑山，阻險自固。太祖方經略奚地，命阿
古只統百騎往衛之。逆黨迭里特、耶律滑哥素憚其勇略，相戒曰：「是
不可犯也。」刺葛既北走，與（蕭）敵魯追擒于榆河。〔註36〕

同書〈老古傳〉，亦曰：

刺葛之亂也，欲乘我不備爲掩襲計，紿降。太祖將納之，命老古、
耶律欲穩嚴號令，勒士卒，控彎以防其變。逆黨知有備，懼而遁。
以功授右皮室詳穩，典宿衛。〔註37〕

可見當時阿保機諸弟之叛亂，最後終於能被平定，除因阿保機本身所具英明、
勇敢之才外，其亦深獲諸將鼎力助戰，使契丹部族初盛之聲勢尚能在艱難中
持續發展、壯大。

六、耶律阿保機對諸弟叛黨之判刑

《遼史‧刑法志》曰：

太祖初年，庶事草創，犯罪者量輕重決之。其後治諸弟逆黨，權宜
立法。〔註38〕

因當時契丹族之刑法尚未成爲定制，故阿保機平定諸弟之叛亂後，乃按輕重
權宜立法論罪。

據《遼史‧太祖本紀》所述，阿保機先是於該年（913年）六月「壬辰，
次狼河，獲逆黨雅里、彌里，生埋之鐧河南軌下。……庚子，次阿敦濼，以養
子湟里思附諸弟叛，以鬼箭射殺之，其餘黨六千，各以輕重論刑。……以夷離
董湟里衰（耶律轄底）附諸弟爲叛，不忍顯戮，命自投崖而死」。〔註39〕在此
段引文中，關於耶律轄底之死，《遼史‧迭里特傳》卻有不同之記載，其曰：「迭
里特（耶律轄底之子），……後從刺葛亂，與其父轄底俱縊殺之。」〔註40〕未
知何者正確，尚有待考證。至「八月己卯，（太祖）幸龍眉宮，轘逆黨二十九人，
以其妻女賜有功將校，所掠珍寶、孳畜還主，亡其本物者，命責償其家，不能
償者，賜以其部曲」。〔註41〕「十月癸未，乙室府人迪里古、迷骨離部人特里

〔註36〕書同前，〈阿古只〉，頁1223。
〔註37〕書同前，〈老古〉，頁1225。
〔註38〕書同前，卷六一，志第三〇，〈刑法志〉上，頁936。
〔註39〕書同前，卷一，本紀第一，太祖上，頁8。
〔註40〕書同前，卷一一二，列傳第四二，逆臣上，〈迭里特〉，頁1499。
〔註41〕同註39。

以從逆誅」。〔註42〕

　　以上所述有關阿保機對逆黨之處置，均爲權宜之法，但是阿保機爲求平息逆黨以及做爲族人之警惕，乃於同年（913年）十月，「詔群臣分決滯訟，以韓知古錄其事，只里姑掌捕亡」。〔註43〕翌年（914年）「正月甲辰，……于骨里部人特離敏執逆黨怖胡、亞里只等十七人來獻，上（太祖）親鞫之，辭多連宗室及有脅從者，乃杖殺首惡佈胡，餘並原釋。于越率懶（按剌葛字）之子化哥屢蓄姦謀，上每優容之，而反覆不悛，召父老群臣正其罪，并其子戮之，分其財以給衛士」。〔註44〕此段引文中，提到化哥，即是耶律滑哥，在《遼史》列傳，逆臣上，有其傳，曰：

> 太祖即位，務廣恩施，雖知滑哥党逆，姑示含忍，授以惕隱。六年（912年），滑哥預諸弟之亂。事平，群臣議其罪，皆謂滑哥不可釋，於是與其子痕只俱陵遲而死，勑軍士恣取其產。帝曰：「滑哥不畏上天，反君弒父，其惡不可言。諸弟作亂，皆此人教之也。」〔註45〕

另外，「有司所鞫逆黨三百餘人，獄既具，上（太祖）以人命至重，死不復生，賜宴一日，隨其平生之好，使爲之。酒酣、或歌、或舞、或戲射、角觝，各極其意。明日，乃以輕重論刑」。〔註46〕至同年（914年）「七月丙申朔，有司上諸帳族與謀逆者三百餘人罪狀，皆棄市」。〔註47〕

　　阿保機對於以極刑處置叛黨，曾嘆之曰：

> 致人于死，豈朕所欲。若止負朕躬，尚可容貸。此曹恣行不道，殘害忠良，塗炭生民，剝掠財產。民間昔有萬馬，今皆徒步，有國以來所未嘗有，實不得已而誅之。〔註48〕

　　可知阿保機諸弟與逆黨之叛亂，牽連之人數很多，影響相當深廣，《遼史・太祖本紀》，有曰：

> （神冊）六年（921年）春正月丙午，以皇弟蘇爲南府宰相，迭里爲惕隱。南府宰相自諸弟搆亂，府之名族，多罹其禍，故其位久虛，

〔註42〕同註39。
〔註43〕同註39。
〔註44〕《遼史》，卷一，本紀第一，太祖上，頁9。
〔註45〕書同前，卷一一二，列傳第四二，逆臣上，〈耶律滑哥〉，頁1503。
〔註46〕同註44。
〔註47〕同註44。
〔註48〕《遼史》，卷一，本紀第一，太祖上，頁9～10。

以鋤得部轄得里兄里古攝之府中，數請擇任宰室，上以舊制不可驟
變，請告于宗室，而後授之。宗室為南府宰相自此始。〔註49〕
顯然該一亂事發生後，受害及被處以極刑者頗多。

至於阿保機對於諸弟叛亂罪行之處置，據《遼史・太祖本紀》，曰：

> 首惡剌葛，其次迭剌哥，上猶弟之，不忍置法，杖而釋之。以寅底
> 石、安端性本庸弱，為剌葛所使，皆釋其罪。前于越赫底里子解里、
> 剌葛妻轄剌已實預逆謀，命皆絞殺之。寅底石妻涅離脅從，安端妻
> 粘睦姑嘗有忠告，並免。因謂左右曰：「諸弟性雖敏黠，而蓄姦稔惡。
> 嘗自矜有出人之智，安忍兇狠，谿壑可塞，而貪黷無厭。求人之失，
> 雖小而可恕，謂重如泰山；身行不義，雖入大惡，謂輕於鴻毛。昵
> 比群小，謀及婦人，同惡相濟，以危國祚。雖欲不敗，其可得乎？
> 北宰相實魯妻餘盧覩姑於國至親，一旦負朕，從于叛逆，未置之法
> 而病死，此天誅也。解里自幼與朕常同寢食，眷遇之厚，冠於宗屬，
> 亦與其父背大恩而從不軌，茲可恕乎？」〔註50〕

可知阿保機對於諸弟叛亂之行徑，仍然不改初衷，心存寬宥，故未弒諸弟。

但是其諸弟後來之遭遇和最後下場，仍然與這次叛亂事件有密切之關
係。首述剌葛，其於神冊二年（917年）六月乙巳，「與其子賽保里叛入幽州」，
〔註51〕後又「自幽州南竄，為人所殺」。〔註52〕次述迭剌哥，其於神冊三年
（918年）四月乙巳，又「謀叛，事覺，知有罪當誅，預為營壙，而諸戚請
免。上素惡其弟寅底石妻涅里袞，乃曰：『涅里袞能代其死，則從。』涅里袞
自縊壙中，并以奴女古、叛人曷魯只生瘞其中，遂赦迭烈（剌）哥」。〔註53〕
至天顯元年（926年）二月，阿保機「改渤海國為東丹，忽汗城為天福，冊
皇太子倍為人皇王以主之，以皇弟迭剌（哥）為左大相」，〔註54〕同年七月
「庚午，東丹國左大相迭剌（哥）卒」。〔註55〕至於寅底石則於天顯元年（926

〔註49〕書同前，卷二，本紀第二，太祖下，頁16。
〔註50〕同註44。
〔註51〕《遼史》，卷一，本紀第一，太祖上，頁12。
〔註52〕書同前，卷六四，表第二，皇子表，頁964。
〔註53〕同註51。另參閱李有棠，《遼史紀事本末》，卷二，〈坲克（剌葛）等之叛〉，
　　　　頁4，收錄於《遼史彙編》（七）。
〔註54〕《遼史》，卷二，本紀第二，太祖下，頁22。另參閱李有棠，前引文，頁5。
〔註55〕《遼史》，卷二，本紀第二，太祖下，頁23。

年），當阿保機命其輔佐東丹王時，遭「淳欽皇后（阿保機妻）遣司徒劃沙殺于路」。〔註56〕最後述及安端，其似較為幸運，初於神冊三年正月，任大內惕隱，受命攻雲州及西南諸部。〔註57〕至天顯元年（926年）正月，復受命與前北府宰相蕭阿只等率萬騎為先鋒，破渤海國諲譔老相兵三萬餘人。〔註58〕同年三月「己巳，安邊、鄭頡、定理三府叛，（太祖）遣安端討之。……壬午，安端獻俘，誅安邊府叛帥二人」。〔註59〕後遼太宗耶律德光繼立，對安端頗為禮遇，例如天顯四年（980年）十一月，太宗曾經命大內惕隱（安端）告出師于太祖行宮，〔註60〕並於是年，任其為北院夷離堇。〔註61〕五年（981年）三月，太宗「幸皇叔安端第」。〔註62〕會同六年（941年）十二月，安端受命與趙延壽、趙延昭、解里等人由易、滄、恆、定分道伐後晉，翌年正月，入雁門，圍忻、代。〔註63〕至天祿元年（947年）九月，先是「世宗初立，（安端）以兵往應，及李胡戰于泰德泉，敗之」，〔註64〕故安端以擁立世宗有功，受命主東丹國，封明王。〔註65〕至遼穆宗慶曆二年（952年）十二月辛亥，「明王安端薨」。〔註66〕

論至此，吾人可知，阿保機諸弟在叛亂被平定後，仍然有不服而復叛者，或受疑而遭皇后遣人刺殺者，但是也有終能善終者。

七、結　論

從上之所述，吾人可知耶律阿保機能平定諸弟之叛亂，乃是其日後奠定建國基礎之一重要關鍵。《遼史·食貨志》，曰：

> 太祖平諸弟之亂，弭兵輕賦，專意於農，嘗以戶口滋繁，糺轄疏遠，

〔註56〕書同前，卷六四，表第二，皇子表，頁969。
〔註57〕書同前，卷一，本紀第一，太祖上，頁12。
〔註58〕書同前，卷二，本紀第二，太祖下，頁21；卷六四，表第二，皇子表，頁970。
〔註59〕書同前，卷二，本紀第二，太祖下，頁22。
〔註60〕書同前，卷三，本紀第三，太宗上，頁31。
〔註61〕書同前，卷六四，表第二，皇子表，頁970。
〔註62〕同註60。
〔註63〕《遼史》，卷四，本紀第四，太宗下，頁53；卷六四，表第二，皇子表，頁970～971。
〔註64〕書同前，卷六四，表第二，皇子表，頁971。
〔註65〕書同前，卷五，本紀第五，世宗，頁64；卷六四，表第二，皇子表，頁970。
〔註66〕書同前，卷六，本紀第六，穆宗上，頁71。

分北大濃爲二部，程以樹藝，諸部效之。〔註67〕

而且從其對於此一亂事之處理，頗有過人之處，尤其是寬宥之雅量，爲遼國後來各朝君主所不及。故《遼史・耶律李胡傳》，有論曰：

> 夫自太祖之世，剌葛、安端首倡禍亂，太祖既不之誅，又復用之，固爲有人君之量。然惟太祖之才，足以駕馭，庶乎其可也。李胡而下，宗王反側，無代無之，遼之内難，與國始終，厥後嗣君，雖嚴法以繩之，卒不可止。烏虖，創業垂統之主，所以貽厥孫謀者，可不審歟！〔註68〕

同書〈皇族表〉，亦曰：

> 遼太祖建國，諸弟窺覦，含容誘掖，弗忍致辟，古聖人猶難之。
> 〔註69〕

至於剌葛爲阿保機之大弟，素受阿保機重用、關懷，但是卻屢叛不服，而其他諸弟又附之爲亂。究其原因，顯然以欲奪帝位爲主因，故剌葛引其眾至乙室董淀時，擁有天子旗鼓，及其奔潰時，遺其所奪神帳於路，阿保機見而拜奠之，可見此二物皆爲天子所應具。〔註70〕故剌葛叛亂時，先奪此二物以自重，以擬藉此自立爲帝。

剌葛等人之叛亂，另有一因，似爲維護契丹舊俗之舉動，陳述《契丹史論證稿》，曰：

> 阿保機已爲契丹實際上之首領，惟各部尚安於舊習，不能帖然就範，……而剌葛等之亂，謂爲擁護舊俗者，即大汗更代，似無何滯礙。至剌葛之所以得護法或擁護舊俗，又以實力雄厚之迭剌部爲支持也。〔註71〕

此段引文提到剌葛等人之叛亂，是獲得實力雄厚之迭剌部之支持，故使吾人不禁思及迭剌部是阿保機賴以創建帝業之一股勢力，但是也成爲其後來鞏固帝業之一大威脅，連參預其諸弟叛亂之逆黨耶律轄底，在被處刑之前，亦向

〔註67〕 書同前，卷五九，食貨志上，頁924。

〔註68〕 書同前，卷七二，列傳第二，宗室，〈耶律李胡〉，頁1214。

〔註69〕 書同前，卷六六，表第四，皇族表，頁1013。另參閱尹承琳，〈論遼初統治階級內部鬥爭的特點和性質〉，《遼寧大學學報》1983年第二期，頁66～71。

〔註70〕 《遼史》，卷一，本紀第一，太祖上，頁6～7。另參閱陳述，《契丹史論證稿》，頁70～71；陳述，〈論契丹之選汗大會與帝位繼承〉，《史學集刊》第五期，收錄於《遼史彙編》（八），頁423～426。

〔註71〕 陳述，《契丹史論證稿》，頁72。

其建言：「迭剌部人眾勢強，故多為亂，宜分為二，以弱其勢。」〔註72〕而阿保機之功臣耶律曷魯在病危臨逝前，亦提醒阿保機「惟析迭剌部議未決，願亟行之」。〔註73〕後來阿保機果然將迭剌部分為二，並創「斡魯朵法」，以取代迭剌部在軍事、政治、經濟方面之力量。故論至此，吾人更可知阿保機諸弟之叛亂，對於契丹族日後國勢之發展，確實影響相當深遠。

《空大人文學報》第三期（民國83年4月），頁1～14。

〔註72〕《遼史》，卷一一二，列傳第四二，逆臣上，〈耶律轄底〉，頁1498。
〔註73〕書同前，卷七三，列傳第三，〈耶律曷魯〉，頁1222。

第二章　遼穆宗嗜獵、嗜酒、嗜殺的探討

摘　要

　　遼穆宗是遼代歷朝皇帝中，表現很不好的皇帝。在《遼史·穆宗本紀》中，從應曆十三年開始，記載很多穆宗嗜獵、嗜酒、嗜殺的行為，使我們知道其有此三項的缺失。本文即以此為題，探討其行為轉變的原因、情形、結果和影響。尤其是提出並強調應曆十三年為其行為的轉變年，同時討論在遼臣大多不願予以忠告的情況下，使穆宗行為更加偏差，造成遼代中衰，不僅無法保護屬國北漢，也無力和後周、宋代對抗，甚至於導致其本人最後竟然被近侍所殺。另外也討論繼位者遼景宗和大臣們常以穆宗的缺失為戒，使遼代得以中興。

　　關鍵詞：遼、遼穆宗。

一、前　言

　　遼穆宗諱璟，小字述律，是太宗的長子。其即位的過程，是初於大同元年（西元 947 年），遼太宗從中原入主中國失敗，北返死於途中後，〔註1〕繼位者並不是太宗弟李胡，也不是太宗長子述律，而是由太宗兄東丹王突欲的長子兀欲繼位，即爲遼世宗。至天祿五年（951 年）九月，「北漢主自團柏攻周帝（後周世宗），欲引兵會之，與酋長議於九十九泉，諸部皆不欲南，帝（遼世宗）強之，行至新州之火神淀，燕王述軋及偉王之子大寧王漚僧等率兵作亂弒帝，而述軋自立，齊王述律逃於南山，諸大臣奉之，以攻述軋、漚僧，殺之并其族黨，立述律爲帝（遼穆宗），改元應曆」。〔註2〕可是遼穆宗在遼代的歷朝皇帝中，卻是一位表現很不好的皇帝，因爲從《遼史‧穆宗本紀》的記載，使我們知道，他在位的十九年當中，不僅無法保護屬國北漢，也坐視後周世宗的北伐和宋代的建立，而且個人行爲也因貪戀遊獵，不理朝政，以及酗酒狂飲，數日不醒，甚至於殘忍猜忌，任意殺人，最後終因其殘暴，招致被近侍所殺的命運。

　　筆者仔細閱讀《遼史‧穆宗本紀》後，發現在應曆十三年（963 年）之前，並未記載穆宗有這些嚴重的缺失。可是從應曆十三年開始，卻對此三項缺失，予以充分的記載，爲何他會有這樣的轉變呢？李家祺先生曾經撰寫〈對遼穆宗行爲試作精神分析〉一文，〔註3〕根據佛洛伊德（S. Freud）的學說來探討其原因。今本文則提出並強調應曆十三年爲其行爲轉變年的觀點外，也增引列傳討論穆宗偏差行爲所造成的影響，以及朝廷大臣的反應，期使讀者對於穆宗的表現有更進一步的了解。

二、遼穆宗的嗜獵

　　根據《遼史‧穆宗本紀》的記載，在應曆十三年以前，有關遼穆宗早期打獵的情形如下：

〔註1〕 蔣武雄，〈遼太宗入主中國失敗的探討〉，《空大人文學報》第五期（台北：空中大學，民國 85 年 5 月），頁 75～88。
〔註2〕 葉隆禮，《契丹國志》，收錄於《遼史彙編》（七）（台北：鼎文書局，民國 62 年 10 月），卷四，世宗紀，頁 42。
〔註3〕 李家祺，〈對遼穆宗行爲試作精神分析〉，《新時代》第十卷第九期（民國 59 年 9 月），頁 34～35、41。

二年……九月……壬戌,獵炭山。……十二月……甲辰,獵于近
郊。……七年……冬十月庚申,獵于七鷹山。……八年……秋七月,
獵于拽剌山。迄于九月,射鹿諸山,不視朝。……十一年……夏四
月……是月,射鹿,不視朝。……十二年……秋,如黑山、赤山射
鹿。〔註4〕

以上的記載,除了十二月,獵於近郊外,其他穆宗在這幾年的打獵活動,依
遼人的捺鉢文化來看,〔註5〕應屬正常的。因為每年夏捺鉢的時段,遼國皇帝
會「行幸避暑之所,四月中旬起牙帳,卜吉地為納涼所,五月末旬、六月上
旬至。居五旬,與北、南臣僚議國事,暇日遊獵,七月中旬乃去」。〔註6〕至
於秋捺鉢時節,遼帝在「七月中旬,自納涼處起牙帳,入山射鹿及虎。……每
歲車駕至,皇族而下,分布濼水側,伺夜將半,鹿飲鹽水,令獵人吹角效鹿
鳴,既集而射之,謂之舐鹹鹿,又名呼鹿」。〔註7〕因此遼穆宗這幾年的打獵
情形,我們是可以理解的。

可是至應曆十三年,遼穆宗卻開始沈迷於打獵,其熱衷的程度,如《遼
史·穆宗本紀》的記載:

（應曆）十三年……夏四月壬寅,獵于潢河。……八月甲申,以生
日,縱五坊鷹鶻。戊戌,幸近山,呼鹿射之,旬有七日而後返。……
十一月庚午,獵,飲于虞人之家,凡四日。十二月戊子,射野鹿,
賜虞人物有差。……十四年……五月,射舐鹹鹿于白鷹山,至于浹
旬。六日丙午朔,獵于玉山,竟月忘返。……八月乙巳,如磑子嶺,
呼鹿射之,獲鹿四,賜虞人女瑰等物有差。……十七年……九月自
丙戌朔,獵于黑山、赤山,至于月終。……十八年……九月……己
亥,獵熊,以喚鹿人鋪姑并掖庭戶賜夷腦葛。……是秋,獵于西京
諸山。……十九年……二月己巳,如懷州,獵獲熊,歡飲方醉,馳
還行宮。〔註8〕

〔註4〕 脫脫,《遼史》（台北:鼎文書局,民國65年10月）,卷六,本紀第六,穆宗
上,頁70～77。

〔註5〕 傅樂煥,〈遼代四時捺鉢考五篇〉,《中央研究院歷史語言研究所集刊》第十期
（民國43年5月）,頁223～347;姚從吾,《遼金元史講義甲遼朝史》（台北:
正中書局,民國61年4月）,頁55～108。

〔註6〕 脫脫,前引書,卷三二,志第二,營衛志中,頁374。

〔註7〕 書同前,頁374～375。

〔註8〕 書同前,卷六、七,本紀第六、七,穆宗上、下,頁78～87。

打獵本來即是一項劇烈的活動，而我們從以上的引述，可知遼穆宗從應曆十三年開始，打獵的次數增多，而且時間也常長達十天以上，等於這段時間，他是不理朝政的。

三、遼穆宗的嗜酒

根據《遼史・穆宗本紀》的記載，在應曆十三年以前，都沒有提到遼穆宗飲酒的事情，可見他在這之前至少並不嗜酒，但是從應曆十三年開始，卻有很多關於他嗜酒的記載：

> （應曆）十三年春正月，自丁巳，晝夜酣飲者九日。……九月庚戌朔，以青牛白馬祭天地。飲于野次，終夕乃罷。辛亥，以酒脯祭天地，復終夜酣飲。……十一月庚午，獵，飲于虞人之家，凡四日。……十四年……十一月壬午，日南至，宴飲達旦。自是晝寢夜飲。……十六年春正月丁卯朔，被酒，不受賀。甲申，微行市中，賜酒家銀絹。……三月……庚午獲鴨，甲申獲鵝，皆飲達旦。……九月庚子，以重九宴飲，夜以繼日，至壬子乃罷。……十二月甲子，幸酒人拔剌哥家，復幸殿前都點檢耶律夷臘葛第，宴飲連日。十七年……十一月……庚子，司天台奏月當食不虧，上以爲祥，歡飲達旦。……十八年春正月乙酉朔，宴于宮中，不受賀。己亥，觀燈于市，以銀百兩市酒，命群臣亦市酒，縱飲三夕。二月乙卯，幸五坊使霞實里家，宴飲達旦。……三月……乙酉，獲駕鵝，祭天地。造大酒器，刻爲鹿文，名曰「鹿甄」，貯酒以祭天。……五月丁亥，重五，以被酒不受賀。壬辰，獲鵝于述古水，野飲終夜。丁酉，與政事令蕭排押、南京留守高勳、太師昭古、劉承訓等酣飲，連日夜。……十一月癸卯，冬至，被酒，不受賀。……十九年春正月己卯朔，宴宮中，不受賀。己丑，立春，被酒，命殿前都點檢夷臘葛代行擊土牛禮。……戊戌，醉中驟加左右官。乙巳，詔太尉化哥曰：「朕醉中處事有乖，無得曲從。酒解，可覆奏。」自立春飲至月終，不聽政。
>
> 二月……己巳，如懷州，獲獲熊，歡飲方醉，馳還行宮。〔註9〕

遼穆宗以身爲一國君主，竟然嗜酒狂飲至此程度，可以連飲數日或至整月，而且夜晚縱飲，白天睡覺，經常不理朝政，實在荒怠。因此葉隆禮《契丹國

〔註 9〕註同前。

志・穆宗》說：

> 帝年少好遊戲，不親國事，每夜酣飲，達旦乃寢，日中方起，國人
> 謂之「睡王」。〔註10〕

四、遼穆宗的嗜殺與被殺

　　根據《遼史・穆宗本紀》的記載，除了在應曆十年（960 年）八月，穆
宗「如秋山，幸懷州。庚午，以鎮茵石撻猰擊殺近侍古哥」〔註11〕之外，穆
宗至應曆十三年以前，並不隨意殺人，只有在大臣因罪行定罪之後，才予以
刑殺。甚至於他還擔心濫殺無辜，曾經特別於應曆七年（957 年）十二月，
詔告大臣「有罪者，法當刑。朕或肆怒，濫及無辜，卿等切諫，無或面從」。
〔註12〕可見其當時對待屬下仍是很理性的。但是從應曆十三年開始，卻有了
很大的轉變，一直至應曆十九年二月，他被近侍殺害為止，經常任意殺人。
因此《遼史・穆宗本紀》說：

> （應曆）十三年春正月，……癸酉，殺獸人海里。……三月癸丑朔，
> 殺鹿人彌里吉，梟其首以示掌鹿者。……六月癸未，近付傷獐，杖
> 殺之。甲申，殺獐人霞馬。……十二月……庚寅，殺麂人曷主。……
> 十四年……二月……戊辰，支解鹿人沒答、海里等七人于野，封土
> 識其地。……十一月壬午，……殺近侍小六於禁中。十五年……三
> 月癸酉，近侍東兒進七筋不時，手刃刺之。……癸巳，虞人沙剌迭
> 偵鵝失期，加炮烙、鐵梳之刑而死。……十二月甲辰，以近侍喜哥
> 私歸，殺其妻。丁未，殺近侍隨魯。……十六年春正月，……乙酉，
> 殺近侍白海及家僕衫福、押剌葛、樞密使門吏老古、撻馬失魯。……
> 九月……己未，殺狼人裹里。……十七年……夏四月戊辰，殺鷹人
> 敵魯。……五月辛卯，殺鹿人札葛。……六月己未，支解雉人壽哥、
> 念古，殺鹿人四十四人。……冬十月乙丑，殺酒人粹你。十一月辛
> 卯，殺近侍廷壽。壬辰，殺豕人阿不札、曷魯、尤里者、湟里括。……
> 壬寅，殺鹿人唐果、直哥、撒剌。十二月辛未，手殺饗人海里，復
> 臠之。……十八年……三月……庚戌，殺鶻人胡特魯、近侍化葛及

〔註10〕葉隆禮，前引書，卷五，穆宗紀，頁 44。
〔註11〕脫脫，前引書，卷六，本紀第六，穆宗上，頁 76。
〔註12〕書同前，頁 74。

監囚海里，仍剉海里之屍。夏四月癸丑朔，殺麤人抄里只。……五月……己亥，殺鹿人頗德、**騰哥**、陶瑰、札不哥、蘇**古湟**、雛保、彌古特、敵答等。六月丙辰，殺麤人屯奴。……九月戊子，殺詳穩八剌、拽剌痕篤等四人。……十二月丁丑，殺酒人搭烈葛。……十九年……二月……癸亥，殺前導末及益剌，剉其屍，棄之。〔註13〕

從以上的引述，我們可知遼穆宗這種濫殺近侍的舉動，簡直是一種虐待狂的變態行為。〔註14〕雖然在應曆十五年（965年）二月，「以獲鴨，除鷹坊刺面、腰斬之刑，復其徭役」，〔註15〕但是這僅是小惠，實在無法減低其濫殺的行徑，因此仍然出現了梟首、支解、炮烙、鐵梳、攣屍、剉屍等殘暴的行為。而穆宗本人最後也因其嗜酒、嗜殺，招來被近侍所殺的命運。據《遼史·穆宗本紀》說：

（應曆）十九年……二月……己巳，如懷州，獵獲熊，歡飲方醉，馳還行宮。是夜，近侍小哥、盥人花哥、庖人辛古等六人反，帝遇弒，年三十九。〔註16〕

《契丹國志·穆宗》則記載：

（穆宗）神氣怠緩，不恤國事如此。逮至末年，殘忍猜忌，左右小有過愆，至于親手刃之。數年之間，重足屏息，人人虞禍，會醉索食不得，欲斬庖人掌膳者恐禍及，因捧食以進，挾刃殺帝於黑山下。〔註17〕

關於遼穆宗喪失人性、理性的濫殺，最後其本人終於也落至被殺的下場，《遼史·穆宗本紀》贊說：

穆宗在位十八年，知女巫妖妄見誅，諭臣下濫刑切諫，非不明也。而荒耽于酒，畋獵無厭。偵鵝失期，加炮烙、鐵梳之刑。獲鴨甚歡，除鷹坊刺面之令。賞罰無章，朝政不視，而嗜殺不已。變起肘腋，宜哉。〔註18〕

此論頗為合理。

〔註13〕同註8。
〔註14〕同註3。
〔註15〕脫脫，前引書，卷七，本紀第七，穆宗下，頁82。
〔註16〕書同前，頁87。
〔註17〕葉隆禮，前引書，卷五，穆宗紀，頁48～49。
〔註18〕同註16。

五、遼穆宗嗜獵、嗜酒、嗜殺的可能原因

　　從以上的論述，我們可知遼穆宗的嗜獵、嗜酒、嗜殺等行為，顯然是因其心理上有嚴重的偏差、變態，無法控制自己的情緒和理性所造成。〔註19〕而到底是什麼原因，使他變成這樣呢？由於直至今天仍欠缺直接的史料，因此我們實在無法找到真正的答案。但是《契丹國志·穆宗》有一段敘述，可能就是造成穆宗心智轉變的原因，其說：

> 帝（遼穆宗）體氣卑弱，惡見婦人，居藩時，述律太后欲爲納妃，
> 帝辭以疾。即位後，嬪御滿前，竝不一顧，朝臣有言，椒房虛位者，
> 皆拒而不納，左右近侍帷供奉，率皆閹人。〔註20〕

可見遼穆宗可能是一位性無能者，因此惡見婦人，而且雖然穆宗皇后蕭氏，「后生，有雲氣馥郁久之。幼有儀則，帝居藩，納爲妃。及正位中宮，性柔婉，不能規正。無子」。〔註21〕另外，我們再查《遼史·皇子表》〔註22〕和〈公主表〉〔註23〕，在遼代九位皇帝中，也確實只有穆宗沒有後代子孫，因此可能與其性無能有關。穆宗的身體機能既然有此種缺陷，早年也曾試以藥石，例如有「女巫肖古上延年藥方，當用男子膽和之。不數年，殺人甚多。至是（應曆七年），覺其妄。（四月）辛巳，射殺之」。〔註24〕顯然穆宗曾經試過多種醫藥都無效果，因此使他的心理大受刺激，最後只好以劇烈的打獵活動來消耗體力，以放縱的飲酒和昏睡來麻醉自己，並且以殘殺屬下來肯定自己的能力、權力和地位。

六、遼臣對遼穆宗偏差行爲的反應

　　遼穆宗既然失德、怠政，因此有些遼國的朝廷大臣曾經予以勸諫，例如寄班都知耶律夷臘葛見「時上（遼穆宗）酗酒，數以細故殺人。有監雉者因傷雉而亡，獲之欲誅，夷臘葛諫曰：『是罪不應死。』帝竟殺之，以屍付夷臘葛曰：『收汝故人！』夷臘葛終不爲止。復有監鹿詳穩亡一鹿，下獄當死，夷

〔註19〕同註3。

〔註20〕葉隆禮，前引書，卷五，穆宗紀，頁48。

〔註21〕脫脫，前引書，卷七一，列傳第一，后妃，頁1201。

〔註22〕書同前，卷六四，表第二，皇子表，頁986。

〔註23〕書同前，卷六五，表第三，公主表，頁1001。

〔註24〕同註12。

臘葛又諫曰：『人命至重，豈可爲一獸殺之？』良久，得免」。〔註25〕

　　但是當時敢向遼穆宗勸諫者畢竟不多，因爲其偏差的行爲，既然有可能是緣於身體機能不正常而引起心理上的變態，因此要其恢復正常，是很不容易的。而且其動輒即起意殺人，使朝廷大臣人人自危，爲了保全自己的生命和官位，大多不敢予以勸諫，以免招來殺身之禍。例如《遼史・景宗本紀上》說：

　　　　景宗……察割之亂，帝甫四歲。穆宗即位，養永興宮。既長，穆宗
　　　　酗酒怠政。帝一日與韓匡嗣語及時事，耶律賢適止之。帝悟，不復
　　　　言。〔註26〕

同書卷七八〈蕭護思傳〉說：

　　　　上（遼穆宗）晚歲酗酒，用刑多濫，（蕭）護思居要地，蹜蹜自保，
　　　　未嘗一言匡救，議者以是少之。〔註27〕

同書卷七八〈蕭思溫傳〉說：

　　　　時穆宗酗酒嗜殺，（蕭）思溫以密戚預政，無所匡輔，士論不與。

　　〔註28〕

同書卷七九〈耶律賢適傳〉說：

　　　　應曆中，朝臣多以言獲譴，（耶律）賢適樂於靜退，游獵自娛，與親
　　　　朋言不及時事。〔註29〕

可見當時的朝廷大臣雖然明知遼穆宗失德、怠政，但是大多數因唯恐招禍，而不敢進諫，只好任其嗜獵、嗜酒、嗜殺。可是這又有違爲臣之道，因此《遼史》卷七八，有論說：

　　　　人君之過，莫大於殺無辜。……迹是言之，（耶律）夷臘葛之諫，凜
　　　　凜庶幾古君子之風矣。雖然，善諫者不諫於已然。……穆宗沈湎失
　　　　德，蓋其資富強之勢以自肆久矣。使群臣於造次動作之際，此諫彼
　　　　諍，提而警之，以防其甚，則亦詎至是哉。于以知（蕭）護思、（蕭）
　　　　思溫處於優重，耽祿取容，眞鄙夫矣。〔註30〕

此論頗爲妥確。

〔註25〕脫脫，前引書，卷七八，列傳第八，〈耶律夷臘葛傳〉，頁1265。
〔註26〕書同前，卷八，本紀第八，景宗上，頁89。
〔註27〕書同前，卷七八，列傳第八，〈蕭護思傳〉，頁1266。
〔註28〕書同前，〈蕭思溫傳〉，頁1267。
〔註29〕書同前，卷七九，列傳第九，〈耶律賢適傳〉，頁1272。
〔註30〕書同前，卷七八，列傳第八，論，頁1268～1269。

七、結　論

　　綜上所論，我們已知遼穆宗嗜獵、嗜酒、嗜殺等偏差的行為、可能的原因和大臣們的反應，但是尚有二事值得討論。

　　一為遼穆宗的缺失，在遼景宗繼位後，常被引以為戒。因此《遼史》卷七九，有論說：

> 景宗之世，人望中興，豈其勤心庶績而然，蓋承穆宗嗜虐之餘，為善易見，亦由群臣多賢，左右弼諧之力也。〔註31〕

而朝廷大臣也常以穆宗的缺失來勸諫景宗，例如當景宗稍沈迷於打獵時，即有大臣郭襲「上書諫曰：『……穆宗逞無厭之欲，不恤國事，天下愁怨。陛下繼統，海內翕然望中興之治。十餘年間，征伐未已，而寇賊未弭，年穀雖登，而瘡痍未復。正宜戒懼修省，以懷永圖。側聞恣意遊獵，甚於往日。萬一有銜橛之變，搏噬之虞，悔將何及？況南有強敵伺隙而動，聞之得無生心乎？伏望陛下節從禽酣飲之樂，為生靈社稷計，則有無疆之休。』上覽而稱善」。

〔註32〕另有大臣韓家奴「每見帝（景宗）獵，未嘗不諫。會有司奏獵秋山，熊虎傷死數十人，韓家奴書于冊。帝見，命去之。韓家奴既出，復書。他日，帝見之曰：『史筆當如是。』帝問韓家奴：『我國家創業以來，孰為賢主？』韓家奴以穆宗對。帝怪之曰：『穆宗嗜酒，喜怒不常，視人猶草芥，卿何謂賢？』韓家奴對曰：『穆宗雖暴虐，省徭輕賦，人樂其生。終穆之世，無罪被戮，未有過今日秋山傷死者。臣故以穆宗為賢。』帝默然」。〔註33〕韓家奴這段評論，雖然以穆宗為賢，似乎與前述穆宗的失德、怠政不合，但是韓家奴的主要目的，其實是要勸止景宗不要再沈迷打獵，因此故意將穆宗比於景宗之上，使其知恥而勇於改過。而且舉景宗親身見聞過的穆宗事蹟，也可使景宗比較能有所頓悟。

　　二為遼穆宗的失德、怠政所影響者，不僅及於遼本國的國運，而且因為遼是當時東亞大國，因此也影響及中國中原的情勢，姚從吾先生在《遼朝史》書中，對此一問題即有如下的論述：

> 他（遼穆宗）的遊獵酗酒，實在有負國際間對於大遼帝國的期待。
>
> 1.接受北漢朝貢而不能保護。……2.不能與周、宋抗衡。……3.南唐

〔註31〕書同前，卷七九，列傳第九，論，頁1275。
〔註32〕書同前，〈郭襲傳〉，頁1274。
〔註33〕書同前，卷一〇三，列傳第三三，文學上，〈韓家奴傳〉，頁1449。

雖常遣使聯絡，也因契丹沒有積極行動，地遠勢阻，不久復告停頓。
〔註34〕
這種見解筆者頗為認同，並且於近日完成〈遼與北漢興亡的關係〉一文，〔註35〕
以闡述此一觀點。

　　　　　《空大人文學報》第六期（民國 86 年 5 月），頁 117～127。

〔註34〕姚從吾，前引書，頁 162～164。
〔註35〕蔣武雄，〈遼與北漢興亡的關係〉，《東吳歷史學報》第三期（台北：東吳大學，
　　　　民國 86 年 3 月），頁 61～102。

第三章　耶律休哥與遼宋戰爭

摘　要

　　宋代在建國初期力圖恢復燕、雲等地，因此與遼發生多次戰役。而在此時期，遼國幸賴有名將耶律休哥以其卓越的軍事才能，數度打敗宋軍，使宋國只好將謀復燕、雲的國策暫予擱置，成爲遼宋兩國關係與國運演變的關鍵人物。因此本文以〈耶律休哥與遼宋戰爭〉爲題，論述其所參與的遼宋各次戰役。

　　關鍵詞：遼、宋、遼景宗、遼聖宗、承天太后、宋太宗、耶律休哥。

一、前　言

　　宋代初建後，歷太祖、太宗兩朝，先後平定南方各國與北漢，當時如能乘勝進而收復燕、雲，則宋代立國的基礎將更爲穩固，並且可以洗雪五代時期後晉石敬瑭割讓燕、雲予遼的恥辱。因此宋太宗滅北漢後，未及獎賞軍卒，即移師伐遼，冀望早日收復燕、雲。先於太平興國四年（遼景宗乾亨元年，979 年）六月，率兵北進，圍攻幽州（燕京，遼國南京），卻踰旬未下。不久，遼將耶律休哥來援，擊敗宋軍於高梁河。至雍熙三年（遼聖宗統和四年，986 年）正月，宋太宗聞遼聖宗以冲齡踐祚，太后蕭氏臨朝稱制，子弱母寡，認爲有機可乘，遂再度派軍伐遼。不料，先盛後衰，東路爲耶律休哥擊敗於岐溝關，西路也被耶律斜軫擊敗。宋國遭此兩大敗戰後，無力北伐，因此不得不將謀復燕、雲的國策暫予擱置。

　　在遼、宋兩國訂立澶淵盟約之前，雙方的交戰頗爲頻繁、劇烈，除了前述兩大戰役外，尚有其他多次戰役，而且互有勝負。〔註1〕今本文擬以遼將耶律休哥爲主角來論述遼、宋的戰爭，〔註2〕因爲耶律休哥除了在高梁河、岐溝關兩大戰役中，展現其卓越的軍事才能，成爲遼勝宋敗的關鍵人物外，也參預滿城、瓦橋關、君子館、徐河等戰役，都扮演了舉足輕重的角色，對於遼

〔註 1〕關於宋代初期與遼國的戰爭，可參閱下列諸論著：

（一）程師光裕，《宋太宗對遼戰爭考》（台北：台灣商務印書館，民國 61 年 11 月）。

（二）宋常廉，〈高梁河戰役考實〉，《大陸雜誌》第三十九卷第十期（台北，民國 58 年 11 月），頁 26～36。

（三）吳晗，〈陣圖與宋遼戰爭〉，《新建設》1959 年第四期（北京，1959 年 4 月），頁 29～32。

（四）杜光簡，〈宋遼初期對抗形勢〉，《學思》第一卷第十一期（民國 31 年 6 月），頁 11～16。

（五）曾瑞龍，〈宋遼高梁河戰役考論〉，《大陸雜誌》第八十卷第三期（台北，民國 79 年 3 月），頁 10～21。

（六）廖隆盛，〈宋太宗的聯夷攻遼外交及其二次北伐〉，《師大歷史學報》第十期（台北，民國 71 年 6 月），頁 83～103。

（七）羅煌，〈關於高遼高梁河之戰〉，天津益世報，《讀書週刊》42 期（民國 25 年 4 月 2 日）。

〔註 2〕可參閱楊樹森，〈略論遼代軍事家耶律休哥——兼說宋兩次攻遼戰爭之敗〉，《遼金史論集》（一）（上海：上海古籍出版社，1987 年 6 月），頁 98～110。匡裕徹，〈遼宋戰爭中的遼將耶律休哥〉，《中國民族關係史論集》（青海人民出版社，1988 年 8 月），頁 156～170。

國的國運發展，產生重要的作用。可是在徐河戰役中，卻因輕敵，被宋國邊將尹繼倫擊敗，身負重創，無法再擔當戰事，因此本文以徐河之役為論述其戰績的斷限。

二、耶律休哥與高梁河之役

宋太宗於太平興國四年五月初，平定北漢後，二十九日，即命樞密使曹彬議調發屯兵。〔註3〕準備乘勝襲取幽州，進而恢復燕、雲。因此六月七日，「詔發兗、鄆、齊、魏、貝、博、滄、鎮、冀、邢、滋、洺、德、易、定、祁、瀛、莫、雄、霸、深、趙等州及乾寧、保寨等軍芻粟赴北面行營，分遣使督之，將有事于幽、薊」。〔註4〕至十三日，太宗親統諸軍自鎮州北進。〔註5〕十九日，遼國以北院大王耶律奚底、統軍使蕭討古、乙室王耶律撒合擊宋軍，雙方戰於沙河，遼軍失利。〔註6〕二十三日，太宗抵幽州城南，駐蹕於寶光封，見遼兵萬餘人屯守城北，率兵進攻，斬首千餘級，餘黨遁走。〔註7〕二十五日，太宗命「諸將攻城，定國節度使宋偓南面，河陽節度使崔彥進北面，彰信節度使劉遇東面，定武節度使孟元喆西面。命宣徽南院使潘美和幽州行府事」。〔註8〕而其本人則於二十六日、三十日、七月四日、六日，先後「移幸城北」、「乘步輦至城下」、「復至城下」、「幸城西北隅」，督諸將攻城。〔註9〕

〔註3〕 李燾，《續資治通鑑長編》（以下簡稱《長編》）（台北：世界書局，民國50年11月），卷二十，宋太宗太平興國四年五月丁未條，頁10～11。另見彭百川，《太平治蹟統類》（以下簡稱《統類》）（台北：成文出版社，民國55年4月），卷三，太宗繼制契丹條，頁28。

〔註4〕 《宋會要》，兵七之八，宋，宋會要輯本第十四冊（台北：世界書局，民國53年6月），頁6873。另見李攸，《宋朝事實》（以下簡稱《事實》）（台北：文海出版社，民國56年1月），卷二十，經略幽燕，頁80。

〔註5〕 李燾，前引書，卷二十，太平興國四年六月庚申條，頁11。另見王稱，《東都事略》（以下簡稱《事略》）（台北：文海出版社，民國56年1月），卷三，〈太宗本紀〉三，頁2。；《宋會要》，蕃夷一之五，契丹，宋會要輯本第十六冊，頁7675；《統類》，卷三，太宗繼制契丹條，頁28；脫脫，《宋史》（台北：鼎文書局，民國67年9月），卷四，〈太宗本紀〉一，頁63。

〔註6〕 脫脫，《遼史》（台北：鼎文書局，民國64年10月），卷九，〈景宗本紀〉下，頁101。

〔註7〕 李燾，前引書，卷二十，太平興國四年六月庚午條，頁12。另見《宋會要》，蕃夷一之五，契丹，頁7675；《統類》，卷三，太宗繼制契丹條，頁28。

〔註8〕 李燾，前引書，卷二十，太平興國四年六月壬申條，頁12。

〔註9〕 書同前，卷二十，太平興國四年六月癸酉條、丁丑條、七月辛巳條、癸未條，

宋軍北伐初期，軍事行動進展迅速，有多位遼國邊將來降，〔註10〕頗有克復幽州的可能。而遼國方面，對於宋太宗親率軍隊來襲，似乎並無充分的準備，當時「先是宋師自并幸幽，乘其無備，帝（遼景宗）方獵，急歸牙帳，議棄幽、薊，以兵守松亭、北岸口而已。」〔註11〕因此從六月十三日，太宗領兵北進後，未遭受遼軍強烈的抵抗，直抵幽州城下。但是宋軍圍攻幽州，卻久攻不下，其間太宗曾試圖從該城的各角落進攻，都未能得逞，牽延踰旬，使剛結束太原之役即跋涉來此的宋軍，鬥志漸減。而遼將「（耶律）學古受詔往援，始至京（幽州），宋敗耶律奚底、蕭討古等，勢益張，圍城三周，穴地而進，城中民懷二心。學古以計安反側，隨宜備禦，晝夜不少懈，適有敵三百餘人夜登城，學古戰卻之。」〔註12〕因此得以繼續奮力防守，以待援軍。

至六月三十日，遼景宗先遣吏責備蕭討古等人，「卿等不嚴偵候，用兵無法，遇敵即敗，奚以將為？」，〔註13〕並詔諭耶律沙、耶律奚底、蕭討古有關軍中事宜，議決派耶律沙等人率兵往援。〔註14〕七月六日，遼國援軍抵達幽州附近，擊敗宋軍於高梁河。關於此役的結果，《宋史‧太宗本紀》，僅說「太平興國四年秋七月癸未（六日），帝（太宗）督諸軍及契丹大戰于高梁河，敗績。甲申（七日），班師。」〔註15〕李燾《續資治通鑑長編》（以下簡稱《長編》）則記載「上（太宗）以幽州城踰旬不下，士卒疲頓，轉輸回遠，復恐契丹來救，遂詔班師，車駕夕發，命諸將整軍徐還」。〔註16〕因此從《遼史》來看，可以得到較深入的了解，例如〈景宗本紀〉，說：

> 乾亨元年秋七月癸未（六日），（耶律）沙等及宋兵戰于高梁河，少卻。（耶律）休哥、（耶律）斜軫橫擊，大敗之，宋主僅以身免，至涿州，竊乘驢車遁去。〔註17〕

頁 12～13。

〔註10〕書同前，卷二十，太平興國四年六月丁卯條、戊辰條、壬申條、癸酉條、丁丑條、七月庚辰條、壬午條，頁 11～13。

〔註11〕葉隆禮，《契丹國志》，收錄於《遼史彙編》（七）（台北：鼎文書局，民國 62 年 10 月），卷六，〈景宗紀〉，頁 52。

〔註12〕《遼史》，卷八十三，〈耶律學古傳〉，頁 1304。

〔註13〕書同前，卷八十四，〈蕭討古傳〉，頁 1309。

〔註14〕同註 6。

〔註15〕《宋史》，卷四，〈太宗本紀〉一，頁 63。

〔註16〕李燾，前引書，卷二十，太平興國四年七月甲申條，頁 14。

〔註17〕《遼史》，卷九，〈景宗本紀〉下，頁 102。

同書〈耶律休哥傳〉，說：

> 乾亨元年，宋侵燕，北院大王（耶律）奚底、統軍使蕭討古等敗績，
> 南京被圍。帝命（耶律）休哥代奚底，將五院軍往救。遇大敵于高
> 梁河，與耶律斜軫分左右翼，擊敗之。追殺三十餘里，斬首萬餘級，
> 休哥被三創。明旦，宋主遁去，休哥以創不能騎，輕車追至涿州，
> 不及而還。〔註18〕

同書〈耶律沙傳〉，則說：

> 宋乘銳侵燕，（耶律）沙與戰于高梁河，稍卻，遇耶律休哥及（耶律）
> 斜軫等邀擊，敗宋軍，宋主宵遁，至涿州，微服乘驢車，間道而走。
>
> 〔註19〕

顯然宋太宗在高梁河之役失利時，趁夜乘驢車遁歸，並非僅是班師而已。〔註20〕
而翌日遼軍又加以追擊，使宋國殘軍被殺者頗眾，所遺的兵仗、器甲、符印、
糧饋、貨幣甚多。〔註21〕

耶律休哥在該役如何擊敗宋軍，據宋人葉隆禮《契丹國志・景宗紀》，說：

> 時，耶律遜寧（耶律休哥字遜寧）號于越，呼為舍利即（郎）君，
> 請兵十萬救幽州，竝西山薄幽陵，人夜持兩炬，朝舉兩旗，選精騎
> 三萬，夜從他道，自宋軍南席卷而北。遼兵先守幽州者皆脆兵弱卒，
> 見宋師之盛，望風而遁，又為宋師所過，進退無計，反為堅守。至
> 是，于越救至，宋遂退師，或勸于越襲其後，于越曰：「受命救幽、
> 薊，今得之矣。」遂不復追。〔註22〕

可知耶律休哥在高梁河之役，乃是造成遼勝宋敗的關鍵人物。雖然該役宋軍
並沒有全軍覆沒，也未大傷元氣，〔註23〕但是該役「實為宋遼金元軍事外交
史上一次決定的戰爭」。〔註24〕因為，當時如果無耶律休哥來援，取得勝利，

〔註18〕 書同前，卷八十三，〈耶律休哥傳〉，頁1299。

〔註19〕 書同前，卷八十四，〈耶律沙傳〉，頁1307～1308。

〔註20〕 關於遼、宋高梁河之役，另可參閱《遼史》，卷八十二，〈耶律隆運傳〉；卷八
十三，〈耶律斜軫傳〉、〈耶律學古傳〉；卷八十四，〈蕭幹傳〉、〈蕭討古傳〉；
卷八十五，〈耶律撒合傳〉。

〔註21〕 同註17。

〔註22〕 葉隆禮，前引書，卷六，〈景宗紀〉，頁52～53。

〔註23〕 參閱宋常廉，前引文，頁336，其言：「從宋方面來看，雖損失了一支精兵，
但所餘的實力卻還十分可觀。」

〔註24〕 蔣方震述，謝詒徵編，〈宋之外交〉，《蔣百里全集》第五冊（台北：傳記文學

耶律沙將遭宋軍擊敗，而幽州也遲早不能守，則宋軍可趁勢進擊，或可一舉收復燕、雲。可見耶律休哥擊敗宋軍，不僅使遼國仍然保有幽州，而且也稍挫宋太宗收復燕、雲的雄心，對於日後遼、宋，乃至整個中國歷史的演變也產生深遠的影響。另外，值得一提者是，當時耶律休哥的官銜是惕隱，「掌皇族四帳之政教」，〔註25〕但是在此役中，卻發揮了其善戰的才能，而在日後遼、宋戰爭中也屢有表現，產生扭轉戰局的作用。〔註26〕

三、耶律休哥與滿城之役

宋太宗自高梁河之役失敗後，分兵駐於邊境要衝，防範遼軍南侵。於太平興國四年七月十三日，命崔翰及定武節度使孟元喆等留屯定州，彰德節度使李漢瓊屯鎮州，河陽節度使崔彥進等屯關南，〔註27〕並謂諸將說：「契丹必來寇邊，當會兵設伏夾擊之，可大捷也。」〔註28〕八月十六日，復命潘美為河東三交口都部署。〔註29〕至九月九日，又詔內衣庫使張紹勍、六宅副使何繼隆、南作坊副使李神祐、北作坊副使劉承珪、馬步軍副都軍頭錢俊、李延照率兵屯定州，加強戒備，以捍遼軍南犯。〔註30〕

至於遼國方面，則因遼景宗欲報復宋軍圍攻幽州之役，開始進行南犯的部署，於九月三日以南京留守燕王韓匡嗣為都統、南府宰相耶律沙為監軍、惕隱耶律休哥、南院大王耶律斜軫、權奚王耶律抹只等，各率所部兵南伐，並命西京大同軍節度使耶律善補領山西兵分道南進。〔註31〕

九月三十日，遼軍各路兵力集結，正擬進攻鎮州，不料卻中了宋軍誘兵之謀，而敗於滿城。據《長編》，稱：

> 太平興國四年九月丙午（三十日），契丹大入侵，鎮州都鈐轄雲州觀察使浚儀、劉延翰帥眾禦之，先陣於徐河，崔彥進潛師出黑盧隄，北緣長城口，銜枚躡後，李漢瓊及崔翰亦領兵繼至。先是，上（宋太宗）以陣圖授諸將，俾分為八陣，大軍次滿城，敵騎坌至。右龍

社，民國60年6月），頁259。

〔註25〕《遼史》，卷四十五，〈百官志〉，頁707；卷一百十六，〈國語解〉，頁1534。

〔註26〕宋希廉，前引文，頁326～337。

〔註27〕李燾，前引書，卷二十，太平興國四年七月庚寅條，頁14。

〔註28〕同前註。

〔註29〕書同前，卷二十，太平興國四年八月癸亥條，頁15。

〔註30〕《宋會要》，蕃夷一之六，契丹，頁7675。

〔註31〕同註17。

武將軍趙延進乘高望之，東西互野，不見其尾，翰等方按圖布陣，陣相去百步，士眾疑懼，略無鬥志，延進謂翰等曰：「主上委吾等邊事，蓋期于克敵爾。今敵騎若此，而我師星布，其勢懸絕，彼若乘我，將何以濟？不如合而擊之，可以決勝。違令而獲利，不猶愈于辱國乎？」翰等曰：「萬一不捷，則若之何？」延進曰：「倘有喪敗，延進獨當其責。」翰等猶以擅改詔旨爲疑，鎮州監軍六宅使李繼隆曰：「兵貴適變，安可以預料爲定，違詔之罪，繼隆請獨當之。」翰等意始決，於是分爲二陣，前後相副，士眾皆喜，三戰大破之。敵眾崩潰，悉走西山，投坑谷中，死者不可勝計。追奔至遂城，斬首萬餘級，獲馬千餘匹，生擒酋長三人，俘老幼三萬口及兵器、車帳、羊畜甚眾。〔註32〕

遼軍何以致敗？《遼史・韓匡嗣傳》提及其緣由，稱：

（韓）匡嗣與南府宰相（耶律）沙、惕隱（耶律）休哥侵宋，軍于滿城，方陣，宋人請降，匡嗣欲納之，休哥曰：「彼軍氣甚銳，疑誘我也，可整頓士卒以禦。」匡嗣不聽。俄而，宋軍鼓譟薄我，眾蹙踐，塵起漲天，匡嗣倉卒諭諸將，無當其鋒，眾既奔，遇伏兵扼要路，匡嗣棄旗鼓遁，其眾走易州山，獨休哥收所棄兵械，全軍還。〔註33〕

同書〈耶律休哥傳〉，也記載：

是年冬，上（遼景宗）命韓匡嗣、耶律沙伐宋，以報圍城之役。（耶律）休哥率本部兵從匡嗣等戰于滿城。翌日，將復戰，宋人請降，匡嗣信之，休哥曰：「彼眾整而銳，必不肯屈，乃誘我耳，宜嚴兵以待。」匡嗣不聽，休哥引兵憑高而視，須臾，南兵大至，鼓譟疾馳。匡嗣倉卒不知所爲，士卒棄旗鼓而走，遂敗績。休哥整兵進擊，敵乃卻。〔註34〕

此役乃是遼景宗欲報復宋軍圍攻幽州的一場戰爭，不料，遼軍卻大敗而回。當時耶律休哥以其軍事經驗與觀察，已料知宋軍有詐降的陰謀，但是燕王韓匡嗣不聽勸告，終遭擊潰，幸好耶律休哥引兵登高而視，嚴陣以待，並收遼軍所

〔註32〕 李燾，前引書，卷二十，太平興國四年九月丙午條，頁 17～18。另見《宋會要》，蕃夷一之六，契丹，頁 7675；《統類》，卷三，太宗繼制契丹條，頁 29。
〔註33〕 《遼史》，卷七十四，〈韓匡嗣傳〉，頁 1234。
〔註34〕 書同前，卷八十三，〈耶律休哥傳〉，頁 1299～1300。

棄兵械，整兵反擊，宋軍始退。此役雖然宋勝遼敗，但是遼景宗認爲耶律休哥能保全軍隊、武器，尤屬難得。因此仍於十一月二日，宴賞耶律休哥及有功將校，〔註35〕並且下詔以耶律休哥總南面戍兵，晉爲北院大王。〔註36〕

四、耶律休哥與瓦橋關之役

遼景宗對遼軍敗於滿城，頗不甘心，乃於乾亨二年（宋太平興國五年，980年）三月，命西京大同府節度使駙馬侍中蕭咄李率軍十萬進攻雁門關，不料，爲宋將楊業擊敗，〔註37〕因此其報復的企圖更爲強烈。同年七月，聞宋國正用兵於南方交州，〔註38〕無暇北顧，認爲機不可失，遂下詔集結兵力，以北院大王耶律希達爲西京大同府留守，令東京、上京、中京各軍，齊發至南京析津府，擬大舉南犯。而宋國方面，因宋太宗已得到諜者密報，曉得遼國將舉兵南侵，因此急調兵力防備，於十月八日，命萊州刺史楊重進、沂州刺史毛繼美率兵屯關南，亳州刺史蔡玉、濟州刺史陳廷山屯定州，單州刺史盧漢贇屯鎮州，以備遼軍。〔註39〕

同年十月十一日，遼景宗以「將南伐，祭旗鼓」，十三日，「次南京」，二十日，「次固安，以青牛、白馬祭天地，二十九日，「圍瓦橋關」。〔註40〕此次瓦橋關之役，從調動軍隊至交戰等過程，遼國大多居於主動，宋國處於被動，因此其結果是一場遼勝宋敗的戰爭。當時「（遼景宗）車駕親征，圍瓦橋關，宋兵來救，守將張師突圍出，帝親督戰，（耶律）休哥斬師，餘眾退走入城。宋陣于水南，將戰，帝（遼景宗）以休哥馬介獨黃，慮爲敵所識，乃賜玄甲、白馬易之，休哥率精騎渡水，擊敗之，追至莫州。橫屍滿道，靷矢俱罄，生獲數將以獻。帝悅，賜御馬、金盂勞之，曰：『爾勇過于名，若人人如卿，何憂不克？』師還，拜于越。」〔註41〕

此役中耶律休哥得以在遼景宗面前，展現其勇敢、善戰的精神與才幹，

〔註35〕同註17。
〔註36〕《遼史》，卷八十三，〈耶律休哥傳〉，頁1300。
〔註37〕李燾，前引書，卷二十一，太平興國五年三月癸巳條，頁3。另見《宋會要》，蕃夷一之七，契丹，頁7676。
〔註38〕李燾，前引書，卷二十一，太平興國五年七月丁未條，頁7。
〔註39〕書同前，卷二十一，太平興國五年十月戊寅條，頁9。另見《宋會要》，蕃夷一之七，契丹，頁7676。
〔註40〕《遼史》，卷九，〈景宗本紀〉下，頁103。
〔註41〕同註36。

打敗宋軍，使景宗對耶律休哥倍加禮遇、稱讚，並且班師後，特拜其爲于越，以遼國百官中最高的榮銜，獎勵其輝煌的戰功。

五、耶律休哥與岐溝關之役

遼、宋兩國自瓦橋關之役後，雙方仍交戰不已，惟規模不大，互有勝負。宋太宗也曾經數次想親率軍隊伐遼，甚至欲聯結渤海遺民夾攻遼，可是因渤海遺民不願響應而作罷。〔註42〕另外，宋國朝臣也屢次上奏稱，「河朔之區……恐不堪其調發」，〔註43〕「先本而後末，安內以養外」，〔註44〕因此暫時擱置了北伐的企圖。

乾亨四年（宋太平興國七年，982 年）九月，遼景宗死，梁王隆緒嗣位，是爲遼聖宗，由太后蕭氏稱制，因爲母寡子弱，對宋國的軍事暫採守勢，先於統和元年（宋太平興國八年，983 年）正月六日，「以耶律休哥爲南京留守，賜南面行營總管印綬，總邊事」，二十六日，「涿州刺史安吉奏宋築城河北，詔耶律休哥撓之，勿令就功」，至二月二日，「南京奏，聞宋多聚糧邊境，及宋主將如臺山，詔耶律休哥嚴爲之備」。〔註45〕顯然不願輕啓戰端，以守勢爲重。因此耶律休哥「均戍兵，立更休法，勸農桑，修武備，邊境大治」。〔註46〕

但是宋太宗並未放棄收復燕、雲的雄志，以及其在高粱河打敗仗的恥辱，仍然常與朝臣商議伐遼的事宜。〔註47〕至雍熙三年（遼統和四年，986 年）正月九日，宋知雄州賀令圖與其父岳州刺史賀懷浦，以及文思使薛繼昭、軍器庫使劉文裕、崇儀副使侯莫、陳利用等相繼上奏曰：

> 自國家伐太原，而契丹渝盟，發兵以援，非天威兵力決而取之，河

〔註42〕 李燾，前引書，卷二十二，太平興國六年七月丙申條，頁 5。另見《宋史》，卷四百九十一，〈外國傳〉七，渤海國條；宋綬編，《宋大詔令集》（以下簡稱《詔令集》）（台北：鼎文書局，民國 61 年 9 月），卷二百四十，〈討契丹諭烏舍城浮渝渤海府應王師詔〉，頁 943；馬端臨，《文獻通考》（台北：新興書局，民國 47 年 10 月），卷三百二十六，〈四裔考〉三，渤海，頁 2568。另參閱廖隆盛，前引文。

〔註43〕 李燾，前引書，卷二十一，太平興國五年十二月戊寅條，頁 11。

〔註44〕 書同前，卷二十一，太平興國五年十二月辛卯條，頁 13。

〔註45〕 《遼史》，卷十，〈聖宗本紀〉一，頁 108～109。

〔註46〕 同註 36。

〔註47〕 李燾，前引書，卷二十四，太平興國八年十一月戊午條，頁 18；卷二十六，雍熙二年二月丙戌條，頁 1。

東之師幾爲遷延之役，且契丹主年幼，國事決於其母，其大將韓德
讓寵倖用事，國人疾之，請乘其釁，以取幽、薊。〔註48〕

使太宗決心再度派軍大舉北伐，於二十一日，以天平軍節度使曹彬爲幽州道
行營前軍馬步水陸都部署，河陽三城節度使崔彥進副之；侍衛馬軍都指揮使、
彰化軍節度使米信爲西北道都部署，沙州觀察使杜彥圭副之，以其眾出雄州；
侍衛步軍都指揮使、靜難軍節度使田重進爲定州路都部署，出飛狐」，〔註49〕
二月二日，「以檢校太師、忠武軍節度使潘美爲雲、應、朔等州都部署，雲州
觀察使楊業副之，出雁門」。〔註50〕從宋太宗命令宋軍自雄州、飛狐、雁門分
路進擊，可知其有欲收復燕、雲及營、平等州的企圖。同時，太宗爲發揮牽
制的效果，想策動高麗攻遼，〔註51〕但是因高麗與女眞不睦，恐遭女眞所乘，
不敢發兵助宋。

　　宋軍在此役的初期，士氣旺盛，連續克復岐溝、固安、新城，其間雖有
遼國統軍使耶律頗德擊敗宋軍於固安，〔註52〕但是因當「時北、南院、奚部
兵未至，（耶律）休哥力寡，不敢出戰，夜以輕騎出兩軍間，殺其單弱，以
脅餘眾，晝則以精銳張其勢，使彼勞于防禦，以疲其力。又設伏林莽，絕其
糧道」。〔註53〕然而作用不大，宋軍仍將固安佔領，並且又連續攻下寰州、
涿州、朔州、應州、雲州等城，〔註54〕而飛狐方面也遭宋軍圍攻。〔註55〕

　　遼聖宗深知此次宋太宗再度派軍來征，情勢緊急，因此加緊調撥人馬，
於統和四年三月六日，詔宣徽使蒲領馳赴燕南，與耶律休哥議軍事，並且分
遣使者徵諸部兵增援耶律休哥，復遣東京留守耶律抹只以大軍繼進。〔註56〕
七日，聖宗「以親征，告陵廟山川」，〔註57〕十三日，「與皇太后駐兵駝羅口，

〔註48〕書同前，卷二十七，雍熙三年正月戊寅條，頁1。另見《宋會要》，蕃夷一之
　　　　七，契丹，宋會要輯本第十六冊，頁7677。
〔註49〕《宋史》，卷五，〈太宗本紀〉二，頁77。
〔註50〕同前註。
〔註51〕書同前，卷四百八十七，外國三，高麗傳，頁14038。另見《詔令集》，卷一
　　　　百三十七，〈北伐遣使諭高麗詔〉，頁1540，另參閱廖隆盛，前引文。
〔註52〕《遼史》，卷十一，〈聖宗本紀〉二，頁120。
〔註53〕同註36。
〔註54〕李燾，卷二十七，雍熙三年三月庚辰條、辛巳條、丁亥條、辛丑條，頁6～8。
〔註55〕書同前，卷二十七，雍熙三年三月辛卯條，頁8。
〔註56〕同註52。
〔註57〕同註52。

詔趣東征兵馬以爲應援」，〔註58〕十四日，「詔林牙勤德以兵守平州之海岸以
備宋，仍報平州節度使廸里姑，若勤德未至，遣人趣行，馬乏則括民馬，鎧
甲闕則取於顯州之甲坊」，〔註59〕十九日，「以北院樞密使耶律斜軫爲山西兵
馬都統，以北院宣徽使蒲領南征都統，以副于越休哥」，〔註60〕二十五日，「賜
林牙（耶律）謀魯姑旗鼓四、劍一，率禁軍之驍銳者南助（耶律）休哥」，〔註
61〕二十八日，「詔遣使賜樞密使（耶律）斜軫密旨及彰國軍節度使杓窊印，
以趣征討」，〔註62〕四月一日，聖宗與皇太后「次南京北郊」，〔註63〕四日，
「遣（耶律）抹只、（耶律）謀魯姑、勤德等頭偏師以助（耶律）休哥，仍
賜旗鼓、杓窊印撫諭將校」，〔註64〕十日，「詔兩部突騎赴蔚州以助（蕭）闥
覽，橫帳郎君奴哥爲黃皮室都監，郎君謁里爲北府都監，各以步兵赴蔚州以
助（耶律）斜軫」，〔註65〕十二日，「以（耶律）斜軫爲諸路兵馬都統，闥覽
兵馬副部署，廸（題）子都監以代（耶律）善補、韓德威」，〔註66〕十五日，
遼聖宗「次涿州東五十里」，〔註67〕十六日，「詔于越休哥、奚王籌寧、宣徽
使蒲領、南、北二王等嚴備水道，無使敵兵得潛至涿州」。〔註68〕

　　遼軍一連串的緊急調動，至四月初已完成部署，並且開始反攻，使戰局
隨即發生變化。十日，遼「監軍宣徽使蒲頭奏，敵軍引退，而奚王籌寧、北
大王（耶律）蒲奴寧、統軍使（耶律）頗德等，以兵追躡，皆勝之」。〔註69〕
同時，遼軍因援兵大至，也開始敢與宋軍直接對陣，因此當宋將曹彬、米信
北渡拒馬河時，耶律休哥率兵與其對壘挑戰，南北列營長六、七里。〔註70〕
十八日，遼軍復涿州，二十四日，復固安。〔註71〕五月三日，宋將曹彬等人

〔註58〕同註52。
〔註59〕同註52。
〔註60〕同註52。
〔註61〕同註52。
〔註62〕《遼史》，卷十一，〈聖宗本紀〉二，頁120～121。
〔註63〕書同前，卷十一，〈聖宗本紀〉，頁121。
〔註64〕同前註。
〔註65〕同註63。
〔註66〕同註63。
〔註67〕同註63。
〔註68〕同註63。
〔註69〕同註63。
〔註70〕同註63。
〔註71〕《遼史》，卷十一，〈聖宗本紀〉二，頁122。

再攻涿州，因糧運不繼，退至岐溝關，被遼軍大敗。

宋人對於岐溝關敗戰的前因後果，有詳細的記載，例如《長編》，說：

> 雍熙三年，……初，曹彬與諸將入辭，上謂彬曰：「但令諸將先趨雲、應，卿以十餘萬眾，聲言取幽州，且持重緩行，毋得貪利以要敵。敵聞之，必萃勁兵於幽州，兵既聚則不暇為援於山後矣。」既而，潘美果下寰、朔、雲、應等州，田重進又取飛狐、靈邱、蔚州，多得山後要害之地，而彬等亦連收新城、固安，下涿州，兵勢大振。每捷奏至，上頗疑彬進軍之速，且憂敵斷糧道。彬至涿州留十餘日，食盡，乃退師至雄州，以援供饋，上聞之大駭，曰：「豈有敵人在前，而卻軍以援芻粟乎？何失策之甚也。」亟遣使止之，令勿復前引師，緣白溝河與米信軍接，養兵蓄銳，以張西師之勢，待美盡略山後之地，會重進東下，趣幽州，與彬、信合，以全師制敵，必勝之道也。而彬所部諸將，聞美及重進累戰獲利，自以握重兵，不能有所攻取，謀畫蜂起，更相矛盾，彬不能制，乃裹五十日糧，再往攻涿州，敵當其前，且行且戰，去城才百里，歷二十日始至，有敵酋領萬駐與米信戰，相持不解，俄遣使紿言乞降。上蔡令大名柳開督饋餉隨軍，謂信曰：「此兵法所謂無約而請和者也。彼將有謀，急攻之必勝。」信遲疑不決，踰二日，敵復引兵排戰，後偵知果以矢盡，俟取於幽州也。彬雖復得涿州，時方炎暑，軍士疫乏，所齎糧又不繼，乃復棄之，還師境上。彬初欲令所部將開封盧斌，以兵萬人戍涿州。斌懇言：「涿州深入北地，外無援，內無食，丁籍殘失，守必不利。不若以此萬人結陣而去，比於固守，其利百矣。」彬從其言，令斌擁城中老幼，並狼山而南，彬等以大軍退，無復行伍，為敵所躡。五月庚午（初三日），至岐溝關北，敵追及之。我師大敗。彬等收餘軍，宵涉拒馬河，營於易水之南，李繼宣力戰拒馬河上，敵始退。追奔至狐山，方涉拒馬河，人畜相踩踐而死者甚眾。〔註72〕

至於《遼史·聖宗本紀》，記述此役，則說：

> 五月庚午，遼師與曹彬、米信戰于岐溝關，大敗之，追至拒馬河，溺死者不可勝紀，餘眾奔高陽，又為遼師衝擊，死者數萬，棄戈甲

〔註72〕 李燾，前引書，卷二十七，雍熙三年四月乙卯條，頁10。

若丘陵。輓漕數萬人，匿岐溝空城中，圍之。〔註73〕

同書〈耶律休哥傳〉，也說：

> （耶律）休哥……又設伏林莽，絕其糧道，曹彬等以糧運不繼，退
> 保白溝，月餘，復至，休哥再以輕兵薄之，伺彼蓐食，擊其離伍單
> 出者，且戰且卻。由是南軍自救不暇，結方陣，塹地兩邊而行，軍
> 渴乏井，漉淖而飲，凡四日，始達於涿。聞太后軍至，彬等冒雨而
> 遁，太后益以銳卒，追及之。彼力窮，環糧車自衛，休哥圍之。至
> 夜，彬、信以數騎亡去，餘眾悉潰。追至易州東，聞宋師尚有數萬，
> 瀕沙河而饗，促兵往擊之。宋師望塵奔竄，墮岸相蹂，死者過半，
> 沙河為之不流。太后旋斾，休哥收宋屍為京觀。〔註74〕

此次戰役是宋人收復燕地最後一次的奮鬥，也是主戰論者最徹底的一次
失敗，〔註75〕因為宋軍失利後，導致宋國朝廷主張弭兵論者，再度紛紛提
出建言，且此役的失敗也或多或少影響及日後宋對遼的交涉，常處於劣勢，
〔註76〕可見該役勝負的意義相當深遠，因此當年五月十日，遼聖宗聞遼軍
在岐溝關大敗宋軍，特別先「詔諸將校論功行賞，無有不實」，〔註77〕十九
日，並「於元和殿，大宴從軍將校，封耶律休哥為宋國王，加蒲領、籌寧、
蒲奴寧及諸有功將校，爵賞有差」。〔註78〕

六、耶律休哥與君子館之役

雖然宋軍在岐溝關之役失利，但是雙方在西面的戰事並未結束，遼將耶
律斜軫與宋將田重進、潘美、楊業等人曾有劇烈的交戰，至五月底，宋軍始
全部敗退。〔註79〕而遼聖宗與皇太后卻以宋軍新敗，欲乘勝南侵，因此又加
緊調度各軍兵馬，從事部署，於同年九月二十一日，「次儒州，以大軍將南征，

〔註73〕同註71。
〔註74〕同註36。
〔註75〕參閱陳芳明，〈宋初弭兵論的檢討〉，《國立編譯館館刊》第四卷第二期（台北，
民國64年12月），頁47～64；王明蓀，〈宋初的反戰論〉，《戰爭與中國社會
變動》（台北：學生書局，民國80年11月），頁37～52。
〔註76〕同前註。另參閱蔣武雄，〈宋遼歲幣外交與國運之關係〉，《中華文化復興月刊》
第十五卷第八期（台北，民國71年8月），頁47～52。
〔註77〕同註52。
〔註78〕同註52。
〔註79〕《遼史》，卷八十三，〈耶律斜軫傳〉，頁1302。

詔遣皮室詳穩乞的、郎君拽剌先赴本軍繕甲兵」，十月九日，「出居庸關」，十五日「分遣拽剌沿邊偵候」，十七日，「詔以勑牓付于越休哥，以南征諭拒馬河南六州」，二十日，「幸南京」，十一月九日，「御正殿，大勞南征將校」，十二日，「南伐，次狹底堝，皇太后親閱輜重兵甲」，十三日，「以休哥為先鋒都統」。〔註80〕

　　遼軍此次南侵，先以輕騎試探宋軍的防備能力。至十二月，雙方戰爭的規模才逐漸擴大，五日，耶律休哥擊敗宋軍於望都，〔註81〕八日，聖宗「詔（耶律）休哥以騎兵絕宋兵，毋令入邢州，命太師王六謹偵候」，〔註82〕九日，「小校曷主遇宋輜重，引兵殺獲甚眾，並焚其芻粟」，〔註83〕十日，「詔南大王與（耶律）休哥合勢進討，宰相安寧領迪離部及三尅軍殿」。〔註84〕十二日，耶律休哥以數萬騎與宋瀛州都部署劉廷讓戰於君子館，大敗宋軍，俘其先鋒賀令圖、高陽關部署楊重進戰死，陷易州。《長編》記述此一戰役的經過，說：

> 契丹將耶律遜寧，號裕悅者（即耶律休哥），以數萬騎入寇。瀛州都部署劉廷讓與戰于君子館。會，天大寒，我師不能設弓弩，敵圍廷讓數重。廷讓先以麾下精卒與滄州都部署李繼隆令後殿，緩急期相救。及廷讓被圍，繼隆退屯樂壽，御前忠佐精勇指揮使鉅野桑贊以所部力戰，自辰至申，而敵援兵復至，贊引眾先遁，廷讓全軍皆沒，死者數萬人。廷讓得麾下他馬乘之，僅脫死。先鋒將六宅使平州團練使知雄州賀令圖、武州團練使高陽關部署楊重進俱陷于敵。令圖性貪功生事，復輕而無謀。裕悅素知令圖，嘗使諜紿之曰：「我獲罪于契丹，旦夕願歸朝，無路自投，幸君少留意焉。」令圖不虞其詐，自以為終獲大功，私遺裕悅重錦十兩。至是裕悅傳言軍中，願得見雄州賀使君，令圖先為所紿，意其來降，即引麾下十數騎逆之，將至其帳數步外，裕悅據胡床罵曰：「汝嘗好經度邊事，今乃送死來耶？」麾左右盡殺其從騎，乃縛令圖而去。重進力戰死之。〔註85〕

〔註80〕書同前，卷十一，〈聖宗本紀〉二，頁124～125。
〔註81〕書同前，卷十一，〈聖宗本紀〉二，頁126。
〔註82〕同前註。
〔註83〕同註81。
〔註84〕同註81。
〔註85〕李燾，前引書，卷二十七，雍熙三年十二月條，頁21～22。另見《事實》，卷

由上可知，耶律休哥在此役又發揮其善戰的軍事才能，並且以詐降的手段擄走宋將賀令圖，使宋軍又遭受一次嚴重的打擊。

七、耶律休哥與徐河之役

宋太宗聞宋軍於君子館之役損失慘重，河北各州飽受蹂躪，甚爲痛心，擬再發兵征遼，以爲報復，但是朝臣大多傾向防禦的主張，〔註86〕紛紛提出建言，使其了解欲收復燕、雲，並非一件易事，因此太宗於端拱元年（遼統和六年，988年）四月，下詔，說：

> 朕凝命上元，居尊中土，唯思禁暴，豈欲佳（進）兵。至如幽、薊
> 之民，皆吾赤子，每聞交鬥，盡然傷懷，近者已許邊疆，互相貿易，
> 自今沿邊戍兵，毋得輒恣侵掠，務令安靜，稱朕意焉。〔註87〕

顯然太宗此時對於戰爭成百姓的痛苦，頗爲不忍，已有厭兵的心意。

但是遼國方面，並未有意停止戰爭，仍然著手進行侵宋的準備，起自六月十日，遼聖宗「諭諸道兵馬，備南征攻城器具」；七月八日，「賜耶律休哥排亞部諸軍戰馬」；八月九日，「以將伐宋，遣使祭木葉山」；九月二十九日，「幸南京祭旗鼓，南伐」。〔註88〕因此遼、宋雙方的戰爭再度爆發，遼軍連破涿州、沙堆驛，並告捷於破狼山、益津關。〔註89〕但是這些遼伐宋的軍事行動，史書中提及耶律休哥參預其事的史料並不多，僅《遼史·聖宗本紀》，記載：

> 統和六年冬十月癸未（三十日），進軍長城口，宋定州守將李興以兵
> 來拒，（耶律）休哥擊敗之，追奔五、六里。〔註90〕

而且至十一月初，遼軍在唐河反被宋將袁繼忠、李繼隆、郭守文等人擊敗，

二十，經略幽燕，頁15；《統類》，卷三，太宗繼制契丹條，頁42。

〔註86〕李燾，前引書，卷二十八，雍熙四年四月己亥條，頁3〜6；十二月條，頁10〜11。宋臣對於太宗復擬北伐的勸止，在釋文瑩《玉壺野史》（台北：廣文書局，民國59年），卷一，也記載：「太宗將蒐漁陽，李文正昉抗疏力諫曰：『臣聞古哲王之制國，方五千里，務安諸夏，不事要荒，豈威德不能加乎？蓋不欲以外邦勞中國。陛下豈不聞秦戍五嶺，漢事三邊，道殣相枕，戶籍消滅。一人失道，億兆罹毒。』」另參閱陳芳明、王明蓀，前引文。

〔註87〕《詔令集》，卷二百一十四，〈誡沿邊毋得侵掠詔〉，頁84。

〔註88〕《遼史》，卷十二，〈聖宗本紀〉三，頁131。

〔註89〕書同前，卷十二，〈聖宗本紀〉三，頁132。

〔註90〕同前註。

斬首一萬五千級，獲馬萬匹。〔註91〕因此後來當遼軍又攻下滿城、祁州、新樂、小狼山砦等地，〔註92〕即自十二月起，暫駐於宋境，不再有戰事發生，而且於翌年正月初一日，班師北返。〔註93〕宋軍也未予以追擊，使雙方停戰了半年之久。

　　至統和七年（宋端拱二年，西元 989 年）夏，因宋國遣劉廷讓攻易州，戰爭遂再起，《遼史・耶律休哥傳》，言：

　　　宋遣劉廷讓等乘暑潦來攻易州，諸將憚之，獨（耶律）休哥率銳卒
　　　逆擊於沙河之北，殺傷數萬，獲輜重不可計，獻于朝，太后嘉其功，
　　　詔免拜，不名。自是，宋不敢北向，時宋人欲止兒啼，乃曰：「于越
　　　至矣。」〔註94〕

　　遼聖宗見宋軍來襲，反遭耶律休哥率兵擊敗，以為宋軍懦弱無能，頗輕視之，因此於七月十五日，遣兵南征，十九日，「勞南征將士」。〔註95〕不料，二十三日，耶律休哥率遼軍圍攻宋威虜軍城時，進擊宋軍的糧運，卻因輕敵，遭宋將崇儀使尹繼倫大敗於徐河，耶律休哥本人遭受重創，逃遁而歸。《遼史》對於此役僅有前述「遣兵南征」、「勞南征將士」的記載，並未提及該役的經過和結果。因此據《長編》，稱：

　　　端拱二年秋七月，威虜軍糧餽不繼，契丹欲窺取之。詔定州路都部
　　　署李繼隆發鎮、定大軍，護送輜重，凡數千乘。敵將裕悅（耶律休
　　　哥）諜知之，率精銳數萬騎來逆，崇儀使北面邊都巡檢尹繼倫率領
　　　步騎千餘人，按行塞上，正當敵所入道，敵不擊而過，徑襲大軍，
　　　繼倫謂麾下曰：「彼視我猶魚肉耳，倘出而捷，乘勝驅我輩北去；不
　　　捷亦洩怒于我，我無遺類矣。今捲甲銜枚襲其後，彼銳氣前去，心
　　　輕我，不虞我之至。萬一有所成，縱死，猶不失忠義，豈能為邊地
　　　鬼乎？」眾皆憤激從命。繼倫因令軍中秣馬。會夜，遣人持短兵潛
　　　發躡敵後，行數十里，至唐河、徐河之間。天未明，敵去大軍四十
　　　五里，繼倫列陣於城北以待之，敵方會食，既食，則將進戰，繼倫

　　　　────────────────

〔註91〕李燾，前引書，卷二十九，端拱元年十一月條，頁 12。另見《宋會要》，蕃夷一之一三，契丹，頁 7679；《統類》，卷三，太宗繼制契丹條，頁 46。
〔註92〕同註 89。
〔註93〕《遼史》，卷十二，〈聖宗本紀〉三，頁 131～132。
〔註94〕書同前，卷八十三，〈耶律休哥傳〉，頁 1301。
〔註95〕書同前，卷十二，〈聖宗本紀〉，頁 135。

出其不意，急擊之，殺敵將一人，號皮室。皮室者，彼相也。眾遂
驚亂，裕悦食未竟，棄七箸，爲短兵中其臂，創甚，乘馬先遁。敵
望見大軍遂奔潰，自相蹂踐，死者無數。繼倫與鎮州副都部署范廷
召追奔過徐河十餘里，俘獲甚眾。定州副都部署孔守正又與敵戰曹
河之斜村，梟其帥達延相公等三十餘級，敵自是不敢大入寇，以繼
倫面黑，相戒曰：「當避黑面大王。」〔註96〕

遼軍在此役戰敗，可說相當慘重，因爲從該役結束之後，遼軍有五年時間未
再南侵，直至遼統和十三年（宋至道元年，995 年）正月、四月，遼軍才又南
犯宋國邊境，乃有子河汊之役及雄州之役。〔註 97〕但是在此二役中，均已不
見耶律休哥再度參預戰事，可能是其在徐河之役，手臂被兵器重創，無法打
仗所致。因此宋國在徐河之役獲勝，其影響甚鉅，尤其是使遼國名將耶律休
哥不再出現於遼國名將耶律休哥不再出現於遼、宋的戰場上。

八、結　論

綜上所論，吾人可知，耶律休哥確實是當時遼與宋戰爭中的英雄人物，
雖然後來在徐河之役，因爲輕敵戰敗，威名受挫，身體也遭重創，直至遼統
和十六年（宋眞宗咸平元年，998 年）死，均未再參預戰事。但是在此役之前，
起自高梁河之役，其嶄露頭角後，即於遼、宋各戰役中，屢有傑出表現，而
使戰局發生變化，成爲遼軍獲勝的關鍵人物。更引人注意的是，這一段時期，
正是宋國最積極進行收復燕、雲的時刻，因此耶律休哥在此時發揮其軍才幹，
阻止了宋國的企圖，這對於遼、宋兩國的國運，以及整個中國歷史的發展都
產生很大的影響。

另外，耶律休哥也擅長於治軍，據《遼史·耶律昭傳》，說：

聞古之名將，安邊立功，在德不在眾。故謝玄以八千破符堅百萬，
休哥以五隊敗曹彬十萬，良由恩結士心，得其死力也。〔註98〕

按《遼史·兵衛志》稱，每隊是七百人，則在岐溝關之役，耶律休哥所率的
軍隊只有三千五百人，而竟然能擊敗人數眾多的宋軍，相當不容易。同書〈耶
律休哥傳〉，也提到：

〔註96〕李燾，前引書，卷三十，端拱二年七月戊子條，頁 15～16。
〔註97〕書同前，卷三十七，至道元年正月戊申條，頁 2；《宋史》，卷二百七十三，
〈何承矩傳〉，頁 9329。
〔註98〕《遼史》，卷一百〇四，文學下，〈耶律昭傳〉，頁 1455。

> （耶律）休哥智略宏遠，料敵如神。每戰勝，讓功諸將，故士卒樂
> 爲之用。身更百戰，未嘗殺一無辜。〔註99〕

可見其領兵作戰，常能獲勝，乃其來有自。因此同傳有論：

> 宋乘下太原之銳，以師圍燕，繼遣曹彬、楊繼業等分道來伐，是兩
> 役也，遼亦岌岌乎殆哉！休哥奮擊於高梁，敵兵奔潰，……宋自是
> 不復深入，社稷固而邊境寧，雖配古名將，無愧矣。〔註100〕

此言實爲至確之論，也足見其戰功卓著，因而當時承天太后「嘉其功，詔免
拜，不名」，〔註101〕聖宗也曾於統和七年三月，「賜于越宋國王（耶律休哥）
紅珠筋線，命入內神帳行再生禮，皇太后賜物甚厚」。〔註102〕據遼國禮制，「惟
帝及后行再生禮，休哥得行之，異數也」。〔註103〕

　　最後附帶一提者，是耶律休哥固然善戰，但在治理遼國南京時，其治績
也很傑出，《遼史・耶律休哥傳》，說：

> （耶律休哥）以燕民疲弊，省賦役，恤孤寡，戒戍兵無犯宋境，雖
> 馬牛逸于北者悉還之，遠近向化，邊鄙以安。〔註104〕

可見耶律休哥治理燕地，是以予民休養生息爲主旨，因此盡量避免與宋國輕
啓戰端。同書〈耶律仁先傳〉，也提到：

> （耶律仁先）出爲南京留守，恤孤惸，禁姦慝，宋聞風震服。議者
> 以爲自于越休哥之後，惟仁先一人而已。〔註105〕

此一段記載，雖然是敘述耶律仁先的事蹟，但是以其與耶律休哥相提並論，
更顯示出耶律休哥在南京的治績，確實對遼國有相當大的貢獻，而非僅是擁
有輝煌的戰功而已。

　　《中國歷史學會史學集刊》第二十六期（民國83年9月），頁129～146。

〔註99〕同註94。
〔註100〕《遼史》，卷八十三，〈耶律休哥傳〉，頁1305。
〔註101〕書同前，卷八十三，〈耶律休哥傳〉，頁1301。
〔註102〕書同前，卷十二，〈聖宗本紀〉三，頁134。
〔註103〕李燾，前引書，卷十四，端拱二年三月丁亥條。
〔註104〕同註94。
〔註105〕《遼史》，卷九十六，〈耶律仁先傳〉，頁1397。

第四章　遼代佛教寺院經濟初探

摘　要

　　遼代佛教在當時統治階層與百姓的熱誠支持、信仰之下，不僅盛行於遼國全境，也使僧者在政治、社會上居於崇高的地位。而且獲得皇帝、宗室、貴族施捨土地、財物，二稅戶繳稅、千人邑布施，以及飯僧、放貸等多項經濟來源，使大多數的遼代寺院都擁有龐大的財產，具有雄厚的經濟力量。可惜的是存留至今有關遼代寺院經濟的史料不多，學者因而常有未能深入、廣泛探討之嘆，今筆者雖詳加參閱《全遼文》及有關史料勉力而作，仍僅以〈遼代佛教寺院經濟初探〉為題，對此方面史實作初步的研究，並且深盼讀者指正。

　　關鍵詞：遼、佛教、寺院經濟、遼景宗、遼聖宗、遼興宗、遼道宗、寺院、僧官、寺田、二稅戶、千人邑、飯僧。

一、前　言

近五十年來，中外學者在研究中國佛教寺院經濟的論題上，已經有豐碩成果，例如論著有陶希聖《唐代寺院經濟》、〔註1〕黃敏枝《唐代寺院經濟的研究》、〔註2〕黃敏枝《宋代佛教社會經濟史論集》、〔註3〕何茲全《近五十年來漢唐佛教寺院經濟研究》、〔註4〕道端良秀《中國佛教社會經濟史の研究》〔註5〕等，文章則有三島一〈唐宋時代に於ける貴族對寺院の經濟的交涉に關する一考察〉、〔註6〕曹仕邦〈從宗教與文化背景論寺院經濟與僧尼私有財產在華發展的原因〔註7〕等。以上的研究對於漢、魏晉南北朝、唐、宋等朝代寺院經濟的諸多問題都探討得很深入，使我們對於此些階段的寺院經濟有進一步的了解。但是關於中國其他朝代寺院經濟的研究，似乎仍有待於發掘、探討，因此筆者乃試作遼代寺院經濟的探討，雖然遼代關於此方面留存的史料很少，使學者們對寺院經濟的了解，遇到許多困難，也未能如前面所提的著作能進行深入又廣泛的探討，但是筆者仍勉力而為，以〈遼代佛教寺院經濟初探〉為題，詳閱《全遼文》和其他有關的史料之後，對此一論題作初步的研究。

二、遼代佛教寺院的增建

遼代契丹人在早期即有自然崇拜、祖先崇拜、薩滿教的信仰等，而且至其亡國，這些信仰也都仍然很盛行。但是隨著遼代國家勢力的發展，版圖逐漸擴大，其統治者也在接觸佛教之後，從信佛以致於崇佛、佞佛，使佛教在遼立國的二百一十年當中，形成興盛的局面。據韓道誠〈契丹佛教發展考〉、〔註8〕王月珽〈遼朝皇帝的崇佛及其社會影響〉〔註9〕兩篇文章，對遼代佛教

〔註1〕陶希聖，《唐代寺院經濟》，台北：食貨出版社，民國68年1月。
〔註2〕黃敏枝，《唐代寺院經濟的研究》，台北：台灣大學文史叢刊之三十三，民國60年。
〔註3〕黃敏枝，《宋代佛教社會經濟史論集》，台北：學生書局，民國78年。
〔註4〕何茲全，《近五十年來漢唐佛教寺院經濟研究》，北京：師範大學，1987年。
〔註5〕道端良秀，《中國佛教社會經濟史の研究》，京都：平樂寺書店，1983年。
〔註6〕三島一，〈唐宋時代に於ける貴族對寺院の經濟的交涉に關する一考察〉，《市村博士古稀紀念東洋史論集》（東京：富山房，1933年），頁1159～1183。
〔註7〕曹仕邦，〈從宗教與文化背景論寺院經濟與僧尼私有財產在華發展的原因〉，《華岡佛學學報》第8期，頁159～191，民國74年。
〔註8〕韓道誠，〈契丹佛教發展考〉，《中國佛教史論集》（五）〈宋遼金元篇〉（下）（台

興盛的原因有詳細的探討，他們指出其主要原因是（一）承襲唐代佛教的遺緒；（二）徙置漢民並受漢民崇佛的影響；（三）崇佛有利於遼代的統治；（四）佛教教義易被遼代統治者接受；（五）遼與其他國家文化交流時，佛教文化也獲得密切的交流。（本文不擬再加論述）因此佛教在遼代的統治勢力範圍內，擁有許多良好的發展條件，尤其是遼代幾位皇帝與貴族們崇佛、佞佛的各種舉措，〔註10〕產生更大的影響力。其中一項即是對佛教寺院興建的支持，王鼎〈薊州神山雲泉寺記〉，說：

> 佛法西來，天下響應，國王、大臣與其力，富商彊賈奉其貲，智者
> 獻其謀，巧者輸其藝，互相為勸，惟恐居其後也，故今海內塔廟相
> 望。〔註11〕

可見當時代遼代佛教寺院的建造，深受帝王、大臣、商賈、智者、巧者們熱心支持，因此寺院廣佈於遼國境內。

遼代佛教寺院固然有許多是前代所建造，但是也有不少寺院是在遼代統治時期，因為遼帝與貴族們的支持而興建。例如唐哀宗天復元年（901），「痕德堇可汗立，以太祖（耶律阿保機）為本部夷離堇，專征討。……明年秋七月，以兵四十萬伐河東、代北，攻下九郡，……九月，城龍化州于潢河之南，始建開教寺」，〔註12〕此為遼代皇帝興建佛教寺院的開始。至遼太祖即帝位後第六年，「是歲以兵討兩冶，以所獲僧崇文等五十人歸西樓，建天雄寺以

北：大乘文化出版社，民國 66 年 10 月），頁 45～49。
〔註 9〕 王月珽，〈遼朝皇帝的崇佛及其社會影響〉，《內蒙古大學學報》1994 年第一期，頁 49～50。
〔註10〕 韓道誠，前引文，頁 45～84；王月珽，前引文，頁 49～57；李家祺，〈遼朝佛教研究〉，《中國佛教史論集》（五）〈宋遼金元篇〉（下），頁 85～102；王吉林，〈今存遼文獻中有關佛教史料之研究〉，《中國佛教史論集》（五）〈宋遼金元篇〉（下），頁 141～200；白文固，〈遼代的寺院經濟初探〉1981 年第四期，頁 54～59；田華，〈淺談遼代寺院經濟的一些問題〉，《北方文物》總第七期，頁 74～76，1986 年 8 月；唐統天，〈遼道宗崇佛原因初探〉，《東北地方史研究》1991 年第一期，頁 78～86、94；唐統天，〈遼道宗對佛教發展的貢獻〉，《社會科學輯刊》1994 年第四期，頁 96～100；神尾弌春，〈契丹寺院の經濟〉，《契丹佛教文化史考》，頁 55～61，第一書房，昭和五十七年五月發行復刻。
〔註11〕 王鼎，〈薊州神山雲泉寺記〉，陳述輯校，《全遼文》，卷八，頁 204，楊家駱主編，中華全書薈要。
〔註12〕 脫脫，《遼史》（台北：鼎文書局，民國 65 年 10 月），卷一，本紀第一，太祖上，頁 1～2。

居之，以示天助雄武」。〔註 13〕可見遼太祖此時接觸佛教漸深，也頗了解佛教有安撫漢人的作用，因此乃有建造佛教寺院的舉措。

後來遼代歷經太宗、世宗、穆宗、景宗、聖宗、興宗、道宗、天祚帝等各朝皇帝，其中有幾位皇帝對於寺院、佛塔的興建更不遺餘力，遂使佛教寺院連同以前朝代已建造者遍及於遼國全境各地。其分佈情形如下表：〔註 14〕

行 政 區	寺　　　院　　　名　　　稱
上京道	開教寺、大廣寺、天雄寺、安國寺、義節寺、節義寺、聖尼寺、福先寺、菩薩堂、興王寺、封禪寺、奉國寺、崇孝寺、甘露寺、開龍寺、延洪寺、延壽寺、聖濟寺、紫金寺、天慶寺、戒壇寺、縉陽寺
東京道	金德寺、大悲寺、駙馬寺、趙頭陀寺、玄化寺、普明寺、弘慶寺、通度寺、金山寺、龍雲寺
中京道	三學寺、靜安寺、靈巖寺、靈感寺
南京道	感化寺、隆安寺、雲居寺、祐惠寺、長興寺、甘泉寺、開泰寺、廣濟寺、憫忠寺、三泉寺、遵化寺、超化寺、行滿寺、慧濟寺、昊天寺、普濟寺、三學寺、樂田寺、奉福寺、淨覺寺、天開寺、興國寺、玄心寺、寶勝寺、聖利寺、永泰寺、正覺寺、法華寺、崇仁寺、大覺寺、招提寺、竹林寺、瑞像寺、尉使臣寺
西京道	金河寺、華嚴寺、天王寺、劉鑾寺
不詳者	弘福寺、海雲寺、慈仁寺、香山寺、靈壁寺、佛嚴寺

從上表可知，遼代的佛教寺院在皇帝與貴族們支持下，積極地在各處興建，因此分佈於各京城腹心地區或一般州縣。而且令我們注意的是，遼代有些寺院在建成之後，會特別請皇帝題名賜額，以助其盛。本來這種舉措，在遼代是予以禁止的，例如遼聖宗時，「晉國公主建佛寺于南京，上（聖宗）許賜額。〔室〕昉奏曰：『詔書悉罪無名寺院。今以主請賜額，不惟違前詔，恐此風愈熾。』上從之」。〔註 15〕但是至遼興宗，「偶因巡幸事亦稽先太平間，

〔註13〕書同前，頁6。

〔註14〕李家祺，〈遼朝寺廟分佈研究〉，《中國佛教史論集》（五）〈宋遼金元篇〉（下），頁 103～120，該文將遼代皇帝祖廟也計算在內，本文則不予列入，並且刪除該文中錯誤或重複之處，例如監寺、前監寺、興國寺。另參閱《全遼文》和神尾弌春，前引書，〈契丹の寺院〉，頁 17～55，發現李氏文中仍有部分遼代寺院未予列入，例如薊州雲泉寺、景州觀雞寺等，有待日後搜集更完備的史料，再爲文探討。

〔註15〕脫脫，前引書，卷七九，列傳第九，室昉傳，頁1271。

賜號曰縉陽（寺名）」。〔註16〕而至遼道宗時，有「寺既成，……上（道宗）用嘉之，勅賜曰靜安寺」。〔註17〕另外，秦越大長公主捨地建寺，道宗也「詔以大昊天寺爲額，額與碑皆道宗御書」。〔註18〕這些舉措不僅提昇了佛教寺院的社會地位，以及其在人們宗教信仰上的影響力，而且寺院的建立正是代表該一地區佛教寺院經濟力量的形成，因此遼代寺院的增建遂造成寺院經濟力量更加龐大。

三、遼代佛教寺院的經濟力量

遼代佛教既然深受統治者的扶植，因此僧尼的社會地位崇高，即使是「帝、后見像設皆梵拜，公卿詣寺，則僧坐上座」，〔註19〕也擁有許多特權，其中比較特殊的是由沙門擔任朝廷重要官員，參預政治。例如遼景宗保寧六年（974）十二月，「以沙門昭敏爲三京諸道僧尼都總管，加兼侍中」，〔註20〕難怪《遼史・景宗本紀》贊說：「沙門昭敏以左道亂德，寵以侍中，不亦惑乎？」〔註21〕至興宗時，優禮非濁禪師，於「重熙八年（1039）冬，有詔赴闕，興宗皇帝賜以紫衣。十八年（1049），勅授上京管內都僧錄，秩滿，授燕京管內左街僧錄，屬鼎駕上仙，驛徵赴闕」；〔註22〕「（十九年，1050）春正月庚寅，僧惠鑑加檢校太尉」。〔註23〕計興宗一朝「僧有正拜三公、三師兼政事令者凡二十人」。〔註24〕

而至遼道宗時，沙門更受寵遇，「清寧間（1055～1064），已有僧守臻、精修、智清等，加司徒、司空，並有賜紫之榮。又僧純慧恩加崇祿大夫、檢

〔註16〕 鄭□，〈添修縉陽寺功德碑記〉，《全遼文》，卷八，頁246。
〔註17〕 耶律興公，〈創建靜安寺碑銘〉，《全遼文》，卷八，頁200。
〔註18〕 孟初，〈燕京大昊天寺傳菩薩戒故妙行大師遺行碑銘〉，《全遼文》，卷九，頁249。另見同書，卷八，頁187，有按語稱，大昊天寺額與碑俱道宗書，故亦稱「御筆寺」。
〔註19〕 洪皓，《松漠紀聞》，《中國野史集成》第十冊（成都：巴蜀書社，1993年），卷上，頁15。
〔註20〕 脫脫，前引書，卷八，本紀第八，景宗上，頁94。
〔註21〕 書同前，卷九，本紀第九，景宗下，頁105。
〔註22〕 沙門眞延，〈非濁禪師實行禪記〉，《全遼文》，卷八，頁180。
〔註23〕 脫脫，前引書，卷二〇，本紀第二〇，興宗三，頁241。
〔註24〕 畢沅，《續資治通鑑》（台北：文光出版社，民國64年10月），卷四二，宋紀四二，宋仁宗寶元二年十一月戊戌條，頁989。

校太保及檢校太傅、太尉等官職」。〔註25〕另外,《遼史・道宗本紀》也提到:

> 咸雍二年(1066)……冬十二月……戊子,僧守志加守司徒。……
> 五年(1069)……十一月……閏月……己未,僧志福加守司徒。……
> 六年(1070)十二月戊午,加圓釋、法鈞二僧並守司徒。……大康
> 五年(1079),……十一月丁丑,召沙門守道開壇于內殿。……壽隆
> 三年(1097),……十一月戊午,以安車召醫巫閭山僧志達。……六
> 年(1100),……十一月……丙子,召醫巫閭山僧志達設壇于內殿。
> 〔註26〕

遼代的僧官既然備受皇帝的禮遇、寵幸,因此他們常常「出則乘馬佩印,街司五伯各二人前導」,〔註27〕在政治、社會上都擁有崇高的地位。相對的在經濟方面也是如此,有許多佛教寺院都擁有雄厚的經濟力量,例如遼國景州陳公山觀雞寺,其經濟情況是「廣莊土逮三千畝,增山林餘百數頃,樹菓木七千餘株,總佛宇僧房,泊廚房舍次,兼永濟寺店舍共一百七十間,聚僧徒大小百餘眾」。〔註28〕薊州上方感化寺的經濟情況,則是「松杪雲際,高低相望,居然緇屬,殆至三百。自師資傳衣而後,無城郭乞食之勞。以其創始以來,占籍斯廣,野有良田百餘頃,園有甘栗萬餘株,清泉茂林,半在疆域,斯為計久之業,……先于薊之屬縣三河北鄉,自乾亨前有莊一所,闢土三十頃,間藝麥千畝,皆原隰沃壤,可謂上腴,營佃距今,即有年禩,利資日用,眾實賴之」。〔註29〕另外,據沙門守約〈縉陽寺莊帳記〉對該寺田產有很詳細的記載:

> 迄至我朝興宗皇帝,乃賜縉陽之□□後□□□殿僧房共三百八十餘
> 架,地□園林約□(下缺)小道之北,東連翠嶺,西接青嶠,受具
> 僧人百一十□勤□□□客五百已上,資生之物,盛興於□□(下缺)
> 成大寺今為驗矣。傳有道側墳主高大王,合家施根後莊田,託眾僧
> 為遠嗣,至今仍爾。因此前後并□□□敏具(下缺)傾六十畝,浮
> 圖子地一段十畝,次北一段二十畝,又次北一段二十畝,中間□寺
> 主施二十畝,南道北一段,□□二十畝,北道北一段,□□□(下

〔註25〕韓道誠,前引文,頁70。
〔註26〕脫脫,前引書,卷二二,本紀第二二,道宗二,頁266、269、270;卷二四,本紀第二四,道宗四,頁284;卷二六,本紀第二六,道宗六,頁310、314。
〔註27〕洪皓,前引書,頁16。
〔註28〕沙門志延,〈景州陳公山觀雞寺碑銘並序〉,《全遼文》,卷八,頁189。
〔註29〕南抃,〈上方感化寺碑〉,《全遼文》,卷十,頁290。

缺）土共□□□西至澗□至官道，山東萬家峪地一傾，東至澗，南
西至張化，北至山頂，□□地一傾二十三畝，（下缺）家坎地三十畝，
四至懷霍，崔家安地一傾二十畝，東至山，南至道，西北至翟公諒，
中山□□一□二十畝□（下缺）可言，南至呂廣倪，西北至道，林
墓地四十畝，東至賈守諒，南至墓，西至翟公諒，北至道，坊子□
地三十□（下缺）道，南至翟嘉進，次道西一段六十畝，東至□□
于可言，西至張守仁，北至道，次北一段四十畝，東至張守仁，南
至□（下缺）韋謙讓次東北地□□□□□□東□西至道，北至□懿
次北一段四十畝，東北至道，南至崔□西至河，次道□（下缺）四
十四畝。〔註30〕

從以上所引三例，可知遼代寺院大多資產豐厚，擁有廣大的田園，而且僧侶
生活優裕，免於「乞食之勞」。

四、遼代佛教寺院經濟的主要來源

（一）皇族施捨土地、財物

　　遼代寺院的田地固然有些緣自於隋唐以來的舊有寺地，〔註31〕但是在當
時皇帝的崇佛、佞佛之下，也有許多皇族會常施捨土地、財物資助建造寺院，
例如遼道宗時，有「秦越長（公）主首參（妙行）大師，便云弟子以所居第
宅為施，請師建寺，大率宅司諸物罄竭，永為常住，及稻畦百頃，戶口百家，
棗栗蔬園，并□器用等物，皆有施狀，奏訖，准施，又□□□擇名馬萬匹入
進，所得迴賜，示歸寺門。清寧五年（1059），未及進馬，造寺公主薨變，懿
德皇后為母酬願，施錢十三萬貫，特為奏聞，專管建寺，道宗皇帝至□五萬
貫，敕宣政殿學士王行己□□□□其寺」。〔註32〕至清寧八年（1062），又有
「楚國大長公主捨諸私第，籾厥精廬，奉勅以竹林為額」。〔註33〕

　　另外，遼代皇帝也常賜錢鐫刻或修復寺院的石經，以涿州雲居寺為例，
趙遵仁〈涿州白帶山雲居寺東峰續鐫成四大部經記〉，說：

〔註30〕沙門守約，〈緇陽寺莊帳記〉，《全遼文》，卷十二，頁343～344。
〔註31〕白文固，前引文，頁55～56。
〔註32〕沙門即滿，〈妙行大師行狀碑〉，《全遼文》，卷十，頁301。另見孟初，前引文；
　　　　沙門廣善，〈妙行大師行狀碑〉，《全遼文》，卷十，頁302。
〔註33〕佚名，〈奉國寺尊勝陀羅尼幢記〉，《全遼文》，卷八，頁177。

我聖宗皇帝，銳志武功，留心釋典，既聞來奏，深快宸衷，乃委故
瑜伽大師法諱可玄，提點鐫修，勘訛刊謬，補缺續新，釋文墜而復
興，楚匠廢而復作，琬師之志，因此繼焉。迨及我興宗皇帝之紹位
也，孝敬恆專，眞空夙悟，菲飲食致豐於廟薦，賤珠玉惟重其法寶，
常念經碑數廣，匠殺程遙，藉檀施則歲久難爲，費常住則力乏焉辦，
重熙七年（1038），於是出御府錢，委官吏行之，歲析輕利，俾供書
經鐫碑之價，仍委郡牧相承提點，自茲無分費常住，無告藉檀施，
以時繫年，不暇鐫勒，自太平七年（1027）至清寧三年（1057），……
如是經典，鐫之以石，藏之以山，四部畢備，壯矣哉，亦釋門中天
祿石渠也。〔註34〕

當時由遼聖宗、興宗、道宗資助雲居寺刻經的過程，沙門志才〈涿州涿鹿山
雲居寺續秘藏石經塔記〉，也說：

至大遼留公法師，奏聞聖宗皇帝，賜普度壇利錢，續而又造，次興
宗皇帝賜錢又造，相國楊公遵勗、梁公穎，奏聞道宗皇帝，賜錢造
經四十七帙，通前上石，共計一百八十七帙。〔註35〕

可見遼代皇族對於佛教寺院的建立、石經的鐫刻等，常施以土地、財物，
給予最實際的資助，遂成爲遼代佛教寺院經濟的主要來源之一。

（二）貴族施捨土地、財物

由於遼代佛教廣佈於全國，信仰者眾多，因此貴族富豪也經常施捨土地、
財物，以協助建造寺院。例如王鳴鳳〈大都崇聖院碑記〉，說：

郡公王希道、張仲釗、蕭名遠、楊從實等同發誠心，各捨己資，於
大遼應曆二年（952）戊辰歲三月內興工，至應曆八年（958）甲戌
歲八月中秋，營理大殿三間。〔註36〕

又例如義州靜安寺爲曾任檢校太師左千牛衛上將軍知涿州軍州事耶律昌允之
妻蕭氏出資所建，「凡巨細之費餘于二萬緡，□□□之績，就于十二載，工徒
之役，算日酬庸，驅籍一毫不取，皆賢夫人鬻奩飾減衣御之爲也。寺既成，
必假眾以居之，遂延僧四十人，有講則復益，二□□□僧既居，必資食以給

〔註34〕趙遵仁，〈涿州白帶山雲居寺東峰續鐫成四大部經記〉，《全遼文》，卷八，頁
175～176。

〔註35〕沙門志才，〈涿州涿鹿山雲居寺續秘藏石經塔記〉，《全遼文》，卷十一，頁329。

〔註36〕王鳴鳳，〈大都崇聖院碑記〉，《全遼文》，卷四，頁79。

之，遂施地三千頃、粟一萬石、錢二千貫、人五十戶、牛五十頭、馬四十匹，以為供億之本。咸雍六年（1070）冬，事達黈聽，上（遼道宗）用嘉之，勅賜曰靜安寺」。〔註37〕

另外，貴族富豪也常有出資印經之舉，例如沙門志延〈陽臺山清水院創造藏經記〉，說：

> 今優婆塞南陽鄧公從貴，善根生得，……咸雍四年（1068）三月四日，捨錢三十萬，葺諸僧舍宅，……又五十萬，及募同志助辦，印大藏經，凡五百七十九帙。〔註38〕

（三）二稅戶

佛教寺院與二稅戶的關係，可能源自於北魏時期。當北魏高宗時，有「曇曜（沙門統）奏……平齊戶及諸民，有能歲輸穀六十斛入僧曹者即為『僧祇戶』，粟為『僧祇粟』，至於儉歲賑給饑民。又請民犯重罪及官奴為『佛圖戶』，以供諸寺掃灑，歲兼營田輸粟。高宗並許之，於是僧祇戶、粟及寺戶徧於州鎮矣」。〔註39〕此種辦法至遼代在統治者的崇佛情況下，仍然被採行，因此元好問《中州集·李晏傳》，說：

> 初，遼人掠中原人及得奚、渤海諸國生口，分賜貴近或有功者，大至一、二州，少亦數百，皆為奴婢，輸租為官，且納課給其主，謂之二稅戶。〔註40〕

另外根據《金史·食貨志》，說：

> （金）世宗大定二年（1162），詔免二稅戶為民。初，遼人佞佛尤甚，多以良民賜諸寺，分其稅一半輸官，一半輸寺，故謂之二稅戶。遼亡，僧多匿其實，抑為賤，有援左證以告者，有司各執以聞，上素知其事，故特免之。〔註41〕

同書〈李晏傳〉，也說：

〔註37〕 同註 17。
〔註38〕 沙門志延，〈陽臺山清水院創造藏經記〉，《全遼文》，卷八，頁 187。
〔註39〕 魏收，《魏書》（台北：鼎文書局，民國 64 年 10 月），卷一一四，釋老志第二十，頁 3037。
〔註40〕 元好問，《中州集》（台北：台灣商務印書館，四部叢刊初編集部，民國 54 年12 月），第二卷，〈李晏傳〉，頁 24。
〔註41〕 脫脫，《金史》（台北：鼎文書局，民國 65 年 11 月），卷四六，志第二七，食貨志一，頁 1033。

　　錦州龍宮寺，遼主撥賜戶民俾輸稅于寺，歲久皆以爲奴，……遼以

　　良民爲二稅戶，此不道之甚。〔註42〕

以上前項史料與後兩項的敘述，雖然關於二稅戶的身分互有不同，但是已足
以說明遼代確實有二稅戶，其每年定期繳稅，一半繳予官府，一半繳予寺院，
而且又負有勞役，因此也成爲遼代寺院經濟的來源之一。〔註43〕

（四）千人邑

　　所謂「千人邑」，是由某一地區的邑民，包括官吏、僧侶、百姓所組成，
而「千人」只是取其整數，爲一通稱，並非每一邑都達一千人。他們平時對
寺院有定期的布施，當寺院有興建寺院、佛塔、刻佛經、辦法事等活動時，
又由這些邑民給予支持，允諾捐輸財物，以期圓滿完成。〔註44〕。

　　此種辦法在遼代以前，即因佛教在中國社會流傳而行之已久，至遼代又
因佛教在遼國盛行，以及佛教徒慷慨自願捐輸，很自然地形成「千人邑」。根
據王正〈重修范陽白帶山雲居寺碑〉提到「千人邑」的結合，說：

　　但以謙諷等同德經營，協力唱合，結一千人之社，合一千人之心，

　　春不妨耕，秋不廢穫，立其信，導其教，無貧富後先，無貴賤老少，

　　施有定例，納有常期，貯於庫司，補茲寺缺。〔註45〕

沙門智光〈重修雲居寺碑記〉，也說：

　　皇朝應曆十四載，寺主苾芻謙諷，完葺一寺，結邑千人。〔註46〕

清人朱彝尊《曝書亭集·遼雲居寺二碑跋》，對於遼代「千人邑」有進一步的
解釋，說：

　　右王正、智光雲居寺二記，共勒一碑，碑額篆書「重修雲居寺一千
　　人邑會之碑」，一稱「結一千人之社，合一千人之心」，一稱「完葺
　　一寺，結邑千人」，近年京城發地，得仙靈寺《石函記》，後有「千
　　人邑」三字，尼曰「邑頭尼」，覽者疑是地名，合此碑觀之，則知千
　　人邑者，社會之名爾。〔註47〕

〔註42〕書同前，卷九六，列傳第三四，李晏傳，頁2127。
〔註43〕白文固，前引文，頁58～59。
〔註44〕王吉林，前引文，頁166。
〔註45〕王正，〈重修范陽山白帶山雲居寺碑〉，《全遼文》，卷四，頁81。
〔註46〕沙門智光，〈重修雲居寺碑記〉，《全遼文》，卷五，頁104。
〔註47〕註同前。另見朱彝尊，〈遼釋志願葬舍利石匣記跋〉、〈遼雲居寺二碑跋〉，
　　　　《曝書亭集》（台北：世界書局，民國53年2月），卷五一，頁606、607。

可見千人邑的形成，在一個佛教鼎盛的社會中，居於信徒熱心的護持，是有其必然性的，因爲「度功量費，價何啻於萬縑，糾邑隨緣，數須滿於千室。鄉曲斯聽，人誰不從，獨有檀那，潛徵翠琰，所欲令聞不朽，咸可紀於石銘。惟希淨辦既堅，共勿輕於金諾。此所謂千人之邑耶。悉願時資潤屋，日廣精藍，愈固虔誠，即趨良會」。〔註48〕

千人邑對於寺院的貢獻，有時並非捐輸財物，例如韓溫教〈金山演教院千人邑記〉，說：

> 遂結千人之友，爲念佛邑，每會稱念阿彌陀佛名號。〔註49〕

然而還是以捐輸財物爲主，因此有燈邑、供塔邑的結合，沙門行鮮〈涿州雲居寺供塔、燈邑記〉，說：

> 是以燈邑高文用等，與眾誓志，每歲上元，各揆己財，廣設燈燭，環於塔上，三夜不息，從昔至今，殆無闕焉。而後有供塔邑僧義咸等，於佛誕之辰，爐香盤食，以供其所，花菓並陳，螺梵交響，若緇若素，無不響應，郁郁紛紛，若斯之盛也。〔註50〕

尤其是捐輸土地、財物，以建造寺院，或成爲寺田，或助購經藏，更是對寺院經濟有莫大的貢獻。耶律劭〈興中府安德州創建靈巖寺碑銘〉，說：

> 太平五年（1025），復有邑里趙延貞、王承遜、張塋、焦慶等三十有三人，狀施烽臺山四面隙地，以廣佈金之淨域，遠模靈鷲之風規。……重和（熙）二十二年（1053），有寺僧潛奧與悟開上人，鳩集淨財，締結信士，與邑人尹節、李敬、張士禹、高聳等購經一藏，用廣流通。〔註51〕

沙門行闡〈義豐縣臥如院碑記〉，說：

> 爰有清信弟子守民等，特營淨利，可植福田，虔修六度之因，共結千人之邑，肇從昔構，迄至今成。〔註52〕

〈水井村邑人造香幢記〉，說：

> 維大遼國燕京易州淶水縣道亭鄉水井村邑眾等，重修淨戒院，奉爲今聖皇帝，法戒眾生，特建香幢一所，增無量福，齊登覺道。〔註53〕

〔註48〕宋璋，〈廣濟寺佛殿記〉，《全遼文》，卷六，頁134～135。
〔註49〕韓溫教，〈金山演教院千人邑記〉，《全遼文》，卷十，頁281。
〔註50〕沙門行鮮，〈涿州雲居寺供塔、燈邑記〉，《全遼文》，卷十，頁308。
〔註51〕耶律劭，〈興中府安德州創建靈巖寺碑銘〉，《全遼文》，卷十，頁295。
〔註52〕沙門行闡，〈義豐縣臥如院碑記〉，《全遼文》，卷九，頁225。
〔註53〕佚名，〈水井村邑人造香幢記〉，《全遼文》，卷九，頁244。

凡此所引，皆可知遼代千人邑的邑民所捐納布施的土地、財物等，對寺院經濟的貢獻很大，也都成為寺院財產的一部分。〔註54〕

（五）其　他

1. 飯　僧

由於遼代皇帝崇信佛教，因此每當帝后幸寺、病癒、生日、忌日、外國遣使通好祝賀、戰捷、殺敵多、示慰死者、收本國戰亡士卒骸骨、帝后石像告成、為宋主弔慰、天降甘露、諸路濟貧救災，〔註55〕即經常有飯僧的舉措。例如遼太宗會同五年（942）五月「丁丑，聞皇太后不豫，上馳入侍，湯藥必親嘗。仍告太祖廟，幸菩薩堂，飯僧五萬人，七月乃愈」。〔註56〕聖宗統和四年（986）七月「辛巳，以捷告天地，以宋歸命者二百四十人分賜從臣。又以殺敵多，詔上京開龍寺建佛事一月，飯僧萬人」。〔註57〕道宗大康四年（1078）七月「甲戌，諸路奏飯僧尼三十六萬」。〔註58〕可見遼代皇帝飯僧不僅次數多，而且人數也不少，因此這種舉措使寺院減少了必要的開支，相對地也增加了寺院的收入。

2. 放　貸

遼代寺院的經濟來源已有多項，而且又多擁有龐大的財產，但是卻仍常以放貸的方式，來增加寺院的收入。沙門志延〈景州陳公山觀雞寺碑銘並序〉記載該寺增加收入的方式為「啟關典庫，藩利息而資費也；治茸莊園，事播植而供億也」。〔註59〕鄭□〈添修縉陽寺功德碑記〉也提到該寺放貸「粟一千碩，錢五百緡，每年各息利一分」。〔註60〕至於沙門恆劭〈沙門積祥等為先師造經幢記〉，則說：

> 師諱清睿，……天慶三年（1113）夏，疾作，遂捨衣缽，以資其壽，
> 得貨泉二十萬，月息其利，啟無休息。〔註61〕

在這種放貸生息的情況下，當然使遼代某些寺院的經濟更趨於豐厚。

〔註54〕白文固，前引文，頁57～58。

〔註55〕李家祺，〈遼朝佛教研究〉，《中國佛教史論集》（五）〈宋遼金元篇〉（下），頁94。

〔註56〕脫脫，《遼史》，卷四，本紀第四，太宗下，頁52。

〔註57〕書同前，卷十一，本紀第十一，聖宗二，頁123。

〔註58〕書同前，卷二三，本紀第二三，道宗三，頁281。

〔註59〕同註28。

〔註60〕同註16。

〔註61〕沙門恆劭，〈沙門積祥等為先師造經幢記〉，《全遼文》，卷十，頁297。

五、結　論

綜上所論，可知遼代佛教僧侶在統治者大力支持下，不僅居於崇高的政治、社會地位，各地的寺院也常獲得皇帝、宗室、貴族施捨土地、財物；而二稅戶的繳稅，千人邑的布施，以及飯僧、放貸等多項經濟來源，更使寺院擁有龐大的財產。例如遼代「至其末年，經費浩穰，鼓鑄仍舊，國用不給。雖以海雲佛寺千萬之助，受而不拒」。〔註62〕在遼末國用不足之際，海雲寺卻仍然能以錢千萬資助國用，正足以顯示遼代寺院經濟確實具有雄厚的力量。但是相對的，也必然影響及政府財政的收入，以及造成百姓的困苦。蘇轍《欒城集‧北使還論北邊事箚子五之二，論北朝政事大略》，說：

> 北朝皇帝（遼道宗）好佛法，……所在修蓋寺院，度僧甚眾，因此僧徒縱恣，放債營利，侵奪小民，民甚苦之。……此蓋北界之巨蠹，而中朝之利也。〔註63〕

因此《遼史，道宗本紀》贊，說：

> 一歲而飯僧三十六萬，一日而祝髮三千。徒勤小惠，蔑計大本，尚足與論治哉。〔註64〕

顯然遼代皇帝，尤其是道宗的佞弗，影響遼代的國運很大，難怪元世祖忽必烈尚未稱帝時，治理漠南、邢州、關隴等地，曾召見漢臣張德輝，說：「或云：『遼以釋廢，金以儒亡，有諸？』」。〔註65〕另外，王宗沐《宋元資治通鑑》，說：

> 遼之亡也，吾不曰天祚，而曰道宗。何也？……道宗初政，似有可觀者，而晚年讒巧競進，賊殘骨肉，諸部反側，甲兵之用無寧歲。至於一歲而飯僧三十六萬，一日而祝髮三千。故元祖曰：「遼以佛亡」，誰之咎哉？〔註66〕

此二引文所言「遼以釋廢」、「遼以佛亡」，雖然不一定正確，但是已顯示出遼

〔註62〕脫脫，《遼史》，卷六〇，志第二九，食貨志下，頁931。

〔註63〕蘇轍，《欒城集》（台北：台灣商務印書館，四部叢刊初編集部，民國54年12月），第四一卷，〈北使還論北邊箚子五之二，論北朝政事大略〉，頁415。

〔註64〕脫脫，《遼史》，卷二六，本紀第二六，道宗六，頁314。

〔註65〕宋濂，《元史》（台北：鼎文書局，民國66年10月），卷一六三，列傳第五十，張德輝傳，頁3823。

〔註66〕王宗沐，《宋元資治通鑑》，轉引自厲鶚，《遼史拾遺》，卷一二，收錄於《遼史彙編》（台北：鼎文書局，民國62年10月）（三），頁9之75。

代佛教對於其國運的演變，曾經有過深遠的影響，而遼代寺院經濟正是此方面的一項重要史實，值得我們注意。

《空大人文學報》第七期（民國 87 年 6 月），頁 191～205。

第五章　遼代千人邑的探討

摘　要

　　遼代佛教盛行，除了獲得統治階層的支持、尊崇之外，由民間所組成的千人邑，給予寺院長期的布施和奉獻，也發揮很大的力量，扮演了重要的角色。因此要瞭解遼代佛教興盛的情形，不能忽略對遼代千人邑的探討。今筆者詳閱《全遼文》，從中蒐尋有關遼代千人邑的史料，分別就其釋義、成員、功能、種類加以探討，並且予以肯定的評價。

　　關鍵詞：遼、千人邑、佛教、寺院。

一、前　言

遼代佛教的興盛，上自皇帝、宗室、貴族，下至平民、奴隸，信仰佛教者眾。他們對於佛寺的修建、法會的舉辦、佛經的抄刻等有助於佛教廣泛流傳的工作，也都不遺餘力予以支持、施捨，可謂在遼代社會中每一階層人士都曾經對佛教提供其財力、物力、人力。﹝註1﹞今本文擬探討的即是在諸多貢獻力量中的一種民間組織——千人邑。談到遼代的千人邑，國內王吉林教授於三十多年前曾發表過〈遼代千人邑之研究〉，﹝註2﹞該文所討論的問題包括千人邑並非二稅戶、千人邑的釋義、倡組者，邑頭等。最近筆者撰寫〈遼代佛教寺院經濟初探〉，﹝註3﹞詳閱《全遼文》一書，﹝註4﹞發現有許多關於遼代千人邑的史料，可做為探討的依據，因此撰成本文，以期使讀者對此一方面的史實能有進一步的了解。

二、遼代千人邑釋義

所謂千人邑，並非一定達到千人，它只是指某一地區的邑民，平時對佛教寺院例有定期的布施，而當寺院有興建寺塔、刻印佛經、法會活動時，也允諾捐輸財物、人力予以支持，以期圓滿完成。﹝註5﹞此種辦法早在中國南北朝時，「由於北方五胡的國王（南北朝時），歡迎佛教中的神異方術，信仰熱

﹝註1﹞　參閱韓道誠，〈契丹佛教發展考〉，《中國佛教史論集》（五）〈宋遼金元篇〉（下）（台北：大乘文化出版社，民國66年10月），頁45～84；王吉林，〈今存遼文獻中有關佛教史料之研究〉，《中國佛教史論集》（五）〈宋遼金元篇〉（下），頁141～200；王月珽，〈遼朝皇帝的崇佛及其社會影響〉，《內蒙古大學學報》1994年第一期，頁49～57。

﹝註2﹞　王吉林，〈遼代千人邑之研究〉，《大陸雜誌》第三十五卷第五期（民國56年9月），頁16～18，；另收錄於《宋史研究集》第六輯（台北：中華叢書編審委員會，民國60年12月），頁305～311。
　　　　另有日本學者野上俊靜，〈遼代の邑會に就きて〉，《大谷學報》二〇卷1期，昭和二十八年；井上順惠，〈遼代千人邑會について〉，《禪學研究》第六〇號，昭和五十六年一〇月。此二文經查國內國家圖書館和中央研究院各所圖書館，均無該學報或該期學報，而未能閱讀參考，有待筆者繼續蒐尋。

﹝註3﹞　蔣武雄，〈遼代佛教寺院經濟初探〉，《空大人文學報》第七期（台北：空中大學，民國87年6月），頁191～205。

﹝註4﹞　陳述輯校，《全遼文》，收錄於楊家駱主編，《中華全書薈要》（台北：龍文出版社，民國80年），頁1～427，。

﹝註5﹞　王吉林，〈今存遼文獻中有關佛教史料之研究〉，前引書，頁165～166。

烈，國王、大臣以迄一般民眾，風行建塔寺、造佛像，因此而有義邑在民間產生。所謂義邑，是由眾多的在家人為邑子，僧人為邑師，指導邑子而成佛教的團體，這樣的結合，可由許多造像的銘文等處見到。數十百位邑子，在化主邑師的勸導下，建造釋迦、彌陀、彌勒、觀音等像，將此功德為求各自的父母、妻子、自己以及家族的現世利益和來世的願望，這種佛像的開光法會，稱為邑會。〔註6〕

因此遼代千人邑的形成，有其長久以來佛教歷史發展的背景，再加上當時佛教受到各階層人士的支持，以及熱烈地自願捐輸，使千人邑的形成更容易、更普遍。例如沙門智光〈重修雲居寺碑記〉說：「寺主苾芻謙諷，完葺一寺，結邑千人。」〔註7〕王正〈重修范陽白帶山雲居寺碑〉也說：「但以謙諷等同德經營，協力唱合，結一千人之社，合一千人之心，春不妨耕，秋不廢穫，立其信，導其教，無貧富後先，無貴賤老少，施有定例，納有常期，貯於庫司，補茲寺缺。」〔註8〕可見邑民們是在誠信的心意，以及不妨害生產作息的情況下，大家不分貴賤老少，出錢出力，為寺院做長期的奉獻。

這種奉獻的方式和積極的態度形成一股很大的力量，據李仲宣〈祐廣寺籾建講堂碑〉說：

> 此皆邑人等心猶慕善，志乃忘筌，知浮生石火以難停，覺幻質風煙而
> 易滅，各抽淨施，共構良因，即寺主希悟大德激勸之所致也。〔註9〕

宋璋〈廣濟寺佛殿記〉說：

> 度功量費，價何當於萬緡，糾邑隨緣，數須滿於千室。鄉曲斯聽，
> 人誰不從。獨有檀那，潛徵翠琰，所欲令聞不朽。咸可紀於石銘。
> 惟希淨辦既堅，共勿輕於金諾。此所謂千人之邑耶！悉願時資潤屋，
> 日廣精藍，愈固虔誠，即趨良會。〔註10〕

〔註6〕野上俊靜等著，釋聖嚴譯，《中國佛教史概說》（台北：台灣商務印書館，民國78年12月），頁27～28。另據塚本善隆，〈石經山雲居寺と石刻大藏經〉稱，遼金時代諸寺所結成的千人邑應始於五代，其性質如同南北朝以來的邑會、邑義、義邑等（《東方學報》第5期副刊，房山雲居寺研究號）。另可參閱田村實造，〈遼代佛教の社會史的考察〉，《中國征服王朝の研究》（上）（同朋舍出版株式會社，昭和60年8月），頁364～368。
〔註7〕沙門智光，〈重修雲居寺碑記〉，《全遼文》，卷五，頁104。
〔註8〕王正，〈重修范陽白帶山雲居寺碑〉，《全遼文》，卷四，頁81。
〔註9〕李仲宣，〈祐唐寺籾建講堂碑〉，《全遼文》，卷五，頁97。
〔註10〕宋璋，〈廣濟寺佛殿記〉，《全遼文》，卷六，頁134～135。

沙門行闡〈義豐縣臥如院碑記〉也說：

> 爰有清信弟子守民等，特營淨刹，可植福田，虔修六度之因，共結
> 千人之邑，肇從昔構，迄至今成。〔註11〕

顯然遼代有許多寺院、講堂等是經由千人邑的出錢出力興建完成的，因此王鼎〈薊州神山雲泉寺記〉說：

> 佛法西來，天下響應，國王、大臣與其力，富商彊賈奉其貲，智者
> 獻其謀，巧者輸其藝，互相爲勸，惟恐居其後也，故今海內塔廟相
> 望。〔註12〕

這也顯現出遼代佛教徒的普遍和對佛教信仰的虔誠。

　　至於遼代千人邑的性質，朱彝尊《曝書亭集》先是在〈遼釋志愿葬舍利石匣記跋〉說：「記後有『千人邑』三字，蓋社名也。」〔註13〕但是後來在〈遼雲居寺二碑跋〉有更進一步的說明，「右王正、智光雲居寺二記，共勒一碑，碑額篆書『重修雲居寺一千人邑會之碑』，一稱『結一千人之社，合一千人之心』，一稱『完葺一寺，結邑千人』，近年京城發地，得仙露寺〈石函記〉，後有『千人邑』三字，尼曰『邑頭尼』，覽者疑是地名，合此碑觀之，則知千人邑者，社會之名爾」。〔註14〕可見遼代千人邑乃是附屬於佛教的一種自發性捐輸、布施、奉獻的社會團體。〔註15〕

三、遼代千人邑的成員

　　由於遼代千人邑對於佛教寺院的貢獻很大，因此有許多寺院的碑記都刻有邑眾的姓名，例如李仲宣〈祐唐寺剏建講堂碑〉稱，「其邑人姓氏，具列碑陰」；〔註16〕□庭用〈盤山甘泉寺新創淨光佛塔記〉稱，「邑眾同修上善，並刊芳名」；〔註17〕〈建舍利塔記〉稱，「燕京東薊州漁陽三河兩邑人等。……謹錄漁陽郎中鄭邑人如後」；〔註18〕韓溫教〈金山演教院千人邑記〉稱，「會

〔註11〕沙門行闡，〈義豐縣臥如院碑記〉，《全遼文》，卷九，頁225。
〔註12〕王鼎，〈薊州神山雲泉寺記〉，《全遼文》，卷八，頁204。
〔註13〕朱彝尊，〈遼釋志愿葬舍利石匣記跋〉，《曝書亭集》（台北：世界書局，民國
　　　53年2月），卷五十一，頁606。
〔註14〕朱彝尊，〈遼雲居寺二碑跋〉，書同前，頁607。
〔註15〕王吉林，〈遼代千人邑之研究〉，前引書，頁308。
〔註16〕同註9。
〔註17〕□庭用，〈盤山甘泉寺新創淨光佛塔記〉，《全遼文》，卷五，頁109。
〔註18〕〈建舍利塔記〉，《全遼文》，卷七，頁163。

欲成，鄉人韓溫教嘉其事，遂述其本末，兼列隨人姓名於碑背」；〔註19〕沙門行鮮〈涿州雲居寺供塔燈邑記〉也提到，「所願邑眾等，承是勝緣，俾資遐福，世世生生，恆躋聖處，今具錄姓名於碑陰，傳之無窮，永垂不朽，以俟來哲，見而遷矣」。〔註20〕

這種刻有邑眾姓名的碑記留存至今，使我們可以知道遼代千人邑的成員是如何組成的，據〈北鄭院邑人起建陀羅尼幢記〉說：

> 青白軍使兼西山巡都指揮使銀青崇祿大夫檢校尚書右僕射御史大夫上柱國陳巡貞、郎君李五菩薩留、石經寺主講經論大德謙諷、都維那院主僧惠信、門人僧審紋、門人僧審因、盧龍軍隨使押衙兼衙前兵馬使充營田使劉彥欽、邑錄丁仁德、邑人鄭景韋、……維那鄭景遇、邑人鄭景約、……維那王思曉、邑人王進暉、……維那劉彥珪、邑人王進奇、……在村女邑高氏女小喜、嚴氏、……。〔註21〕

陳覺〈洪福寺碑〉說：

> 大施主都維那縣本典李可久、邑人副維那前義捷指揮使王志白、邑人副維那副兵馬使宋獻、邑人副維那縣本典支祐、邑人副維那宋壽、邑人副維那王斌。〔註22〕

〈建塔題名〉說：

> 糺首西頭供奉官泰州河堤□，同建辦塔弟右班殿直□，提點塔事前館內僧政講經沙門□，……邑長武備右承制劉□，……女邑劉氏、……女邑長高氏、……。〔註23〕

〈懽州西會龍山碑銘〉也說：

> 特建佛身感應舍利塔一所。……因記之爾，丙時當謂大橫帳五朗君必孝、……大橫帳六郎君必慶、……故相公耶律元白、……建塔邑長王冬、……劉必遂等男女各五百人，碑小不能具錄。〔註24〕

從以上諸引文中所提到千人邑成員的各種頭銜，我們可知遼代千人邑的組織很有規劃，而且僧俗、男女、貧富、貴賤者皆可參加，甚至於邑長一職，僧

〔註19〕 韓溫教，〈金山演教院千人邑記〉，《全遼文》，卷十，頁281。

〔註20〕 沙門行鮮，〈涿州雲居寺供塔燈邑記〉，《全遼文》，卷十，頁308。

〔註21〕 〈北鄭院邑人起建陀羅尼幢記〉，《全遼文》，卷四，頁73～74。

〔註22〕 陳覺，〈洪福寺碑〉，《全遼文》，卷八，頁196。

〔註23〕 〈建塔題名〉，《全遼文》，卷九，頁240。

〔註24〕 〈懽州西會龍山碑銘〉，《全遼文》，卷九，頁241～242。

俗、男女者也皆可擔任。

四、遼代千人邑的功能與種類

遼代千人邑具有多方面的功能，因此對於寺院的貢獻涵蓋很廣，包括邀請僧人主持，提供寺地、寺田，建造或修葺寺院佛殿、佛塔、佛像、講堂、僧舍、香幢，雕印、購置佛經，雕刻、補修石經，佈置法會，以及念佛號等。例如耶律劭〈興中府安德州創建靈巖寺碑銘〉說：

> 〔遼聖宗〕太平五年（1025），復有邑里趙延貞、王承遂、張塋、焦慶等三十有三人，狀施烽台山四面隙地，以廣布金之淨域，遠模靈鷲之風規，增大給孤之園，益茂耆陁之樹，……〔遼興宗〕重和（熙）初，元有郡人雄武軍節度使太原王公育，與邑人尹節、高聳等，禮請悟開上人住持，經始營葺，僧眾蝟附，工徒子來，殿宇巍爾有年，錢穀豐衍而不匱，……重和（熙）二十二年（1053），有寺僧潛奧與悟開上人，鳩集淨財，締結信士，與邑人尹節、李敬、張士禹、高聳等購經一藏，用廣流通。〔註25〕

可見這些邑眾對於靈巖寺的創建，做了提供寺地、恭請僧人住持，以及購置佛經的貢獻。

遼代千人邑對佛教所做這一類的貢獻很多，例如李仲宣〈祐唐寺剏建講堂碑〉說：

> 而又請邑人醵緝聚賂，四遠之樂施者，如鱗介之歸巨海也，……其堂也，〔遼景宗〕保寧十年（978）剏建。〔註26〕

劉師民〈涿州超化寺誦法華經沙門法慈修建實錄〉說：

> 有瓦井村邑人王文正三十餘眾，特以茲院，施於悊郡，超化招提，為上院之備也。〔註27〕

段溫恭〈特建葬舍利幢記〉說：

> 邑眾中書省大程官劉公諱清等，……遂復感應舍利一粒，不踰數日，大小自至二十餘粒，……有當邑門前樞密院大程官劉公諱善，……乃與邑眾同弘誓願，期備窖藏，若起塔則止藏其舍利，功德惟一，

〔註25〕耶律劭，〈興中府安德州創建靈巖寺碑銘〉，《全遼文》，卷十，頁295。
〔註26〕李仲宣，前引文，頁96～97。
〔註27〕劉師民，〈涿州超化寺誦法華經沙門法慈修建實錄〉，《全遼文》，卷八，頁172。

建幢則兼銘其秘奧，利益頗多。〔註28〕

〈水東村傅逐秀等造香幢記〉說：

> 燕京易州淶水縣道亭鄉水東村邑眾傅逐秀等，……尚有餘錢，又弘
> 大願，新造香幢一所。〔註29〕

王鼎〈薊州神山雲泉寺記〉說：

> 〔遼興宗〕重熙九年（1040），迺有當郡邑人張從軫等百有餘人，列
> 狀同請，上人始與門徒定遠，同來住持。〔註30〕

〈水井村邑人造香幢記〉說：

> 維大遼國燕京易州淶水縣道亭鄉水井村邑眾等，重修淨戒院，奉爲
> 今聖皇帝，法戒眾生，特建香幢一所。〔註31〕

凡此所引，使我們更加瞭解遼代百姓對於佛教的信仰，確實具有相當高的熱忱，
而他們所做的種種貢獻，在促使佛教的盛行方面，也扮演了很重要的角色。

　　另外，遼代有些千人邑在組成時，因爲比較有規劃，或者予以制度化，因
此依邑眾奉獻的項目而有特定的名稱，例如〈釋迦佛舍利生天塔石匣記〉說：

> 起建釋迦佛生天舍利塔，建塔主李□□，……邑人李□□□，……
> 生天塔邑眾，邑長李孝松，……鍾（鐘）樓邑眾等，邑長李孝存……。
> 〔註32〕

可見這些邑眾在建造該塔時，即明顯地分別負責佛塔或鐘樓的布施，以利工
程的進行。

　　又據〈靳信等造塔記〉說：

> 今則我釋迦佛舍利者，……實燕京析津府涿州范陽縣任和鄉永樂里
> 螺鈸邑眾，先去〔遼道宗〕大安三年（1087）二月十五，興供養三
> 晝夜，大減之後，邑長靳信等收得舍利數顆，自來未成辦至第三年，
> 有當村念佛邑等二十餘人，……遂乃特建寶塔一所。〔註33〕

沙門志才〈永樂村感應舍利石塔記〉說：

> 孰敢思議者，與永樂村螺鈸邑靳信等，……於大安三年二月望日，
> 建圓寂道場三晝夜，……尋欲起塔，奈外緣未備，至大安六年

〔註28〕 段溫恭，〈特建葬舍利幢記〉，《全遼文》，卷八，頁202。
〔註29〕 〈水東村傅逐秀等造香幢記〉，《全遼文》，卷八，頁203。
〔註30〕 同註12。
〔註31〕 〈水井村邑人造香幢記〉，《全遼文》，卷九，頁244。
〔註32〕 〈釋迦佛舍利生天塔石匣記〉，《全遼文》，卷十，頁297～298。
〔註33〕 〈靳信等造塔記〉，《全遼文》，卷九，頁235。

（1090），當村念佛邑眾張辛等，於本村僧院建甂塔一坐，……后輩
螺鈸邑眾韓師嚴等，欲繼前風，以垂后善，〔遼天祚帝〕天慶九年
（1119）二月十五日，亦興圓寂道場七晝夜。〔註34〕

此二引文同述永樂村的邑眾，至少分有螺鈸邑（贏鈸邑）、念佛邑兩種。

有些念佛邑則是純粹專司念佛的布施，例如韓溫教〈金山演教千人邑記〉
說：

復有沙門善信，……為報四種之恩，遂結千人之友，為念佛邑，每
會稱念阿彌陀佛名號，庶盡此報，同生極樂世界，是其願也。〔註35〕

這種念佛邑在法會活動時，固然可以發揮精神方面的功效，但是在法會或佛
教節日時，也頗須要財物的布施，據沙門行鮮〈涿州雲居寺供塔燈邑記〉說：

是時有寺僧文密，與眾謀議，化錢三萬餘緡，建塔一座，……是以
燈邑高文用等，與眾誓志，每歲上元，各捈己財，廣設燈燭，環於
塔上，三夜不息，從昔至今，殆無闕焉。而後有供塔邑僧義威等，
於佛誕之辰，爐香盤食，以供其所，花菓並陳，螺梵交響，若緇若
素，無不響應，郁郁紛紛，若斯之盛也，然而為善雖異，於治亦同，
蓋從人之所欲，固無定矣。〔註36〕

這些邑眾雖然分有燈邑和供塔邑，對於該寺院的奉獻不同，但是其意義則是
一樣的。

另有些地方的邑眾，則是在建造燈幢之後，長期布施燈油、燈燭等物。
據〈造長明燈記〉說：

大遼國幽燕之北，虎縣之東龍門鄉興壽里邑眾楊守金等久弘善念，
特建燈幢，……唯我長明燈乎，邑眾等倡此勝緣，齊之響附，財各
樂施，福須默運，所建燃燈幢於佛前，置之有堅，確然不拔，且夫
鑿其龕，擬象於暘谷，刻其蜧，取類於燭龍，膏油泉注，朝則盛夕
則愈盛也，蘭炬火熱，前則明後則益明也，翼□層簷，門以輕素，
雖雨暗風霾，常皎如也。〔註37〕

這種奉獻應是屬於具有慣例性的定期布施。

〔註34〕沙門志才，〈永樂村感應舍利石塔記〉，《全遼文》，卷十一，頁331。
〔註35〕同註19。
〔註36〕同註20。
〔註37〕〈造長明燈記〉，《全遼文》，卷十，頁286。

五、結　論

　　綜觀以上所論，我們可以體認到，遼代佛教的興盛乃是因爲獲得統治者、宗室、貴族的尊崇與支持，而民間也以其對佛教熱誠的信仰，透過千人邑這種社會宗教團體，鼎力捐輸、布施，因此發揮了很大的力量。游俠〈遼代佛教〉說：「遼代……民間對于寺院佛事，也時常發起團體性的支持，盛行著所謂"千人邑社"的組織。這是地方信徒爲協助寺院舉辦各種佛事而結成的宗教社團，隸屬于寺院，由寺內有德望的長老領導，下設都維那、維那以及邑長、邑証、邑錄等職。社員就是當地居民，分別量力儲資于寺庫，以供寺用；並依興辦的佛事而有種種名稱，如燕京仙露寺的舍利邑，專爲安置佛舍利而組織；房山雲居寺的經寺邑，則爲鐫刻石經和修葺寺院而組織等。此外，更有永久性的供塔燈邑、彌陀邑、兜率邑，以及每年一度紀念佛誕的太子誕邑等組織。寺院印置大藏經，也多組織邑社來舉辦。這樣寺院由于得到更多的資助而佛事愈盛，並且通過邑社的群眾支持使佛教信仰更爲普遍。」〔註38〕另外，《中國佛教史概說》也說：「在民間，以彌陀、觀音、文殊等的信仰爲中心，結成各色的邑會。遼代邑會的特徵，例如房山雲居寺的千人邑會，是以會員千人爲限的邑會。對於巨額的造寺及造塔等費用的承擔，這種邑會便負有很大的使命。」〔註39〕此二文等於將遼代千人邑性質、成員、功能、種類做一簡潔的闡釋，可做爲筆者以上論述的補述，也可做爲讀者瞭解遼代千人邑的參考。

　　　　　　　《空大人文學報》第八期（民國88年6月），頁143～152。

〔註38〕游俠，〈遼代佛教〉，《中國佛教》第一輯（中國佛教協會編，知識出版社，1980年4月），頁90。
〔註39〕同註6，頁146。

第六章　從碑銘探討遼代修建寺院與經費來源

摘　要

　　由於遼代佛教盛行，信仰者眾多，有些寺院不僅本身經濟力量雄厚，又能獲得皇族、貴族、二稅戶、千人邑等團體捐助土地、財物和人力，因此在遼代修建寺院的舉措很頻繁。

　　本文即是根據遼人所撰碑銘的記載，論述遼代修建寺院與經費的來源，以期使讀者對於遼代佛教的發展有進一步的了解，並且能提昇學者對於研究中國修建寺院史的重視。

　　關鍵詞：遼代、佛教、寺院、經費、碑銘。

一、前　言

　　長期以來，中外學者對中國佛教史的研究，似乎比較偏重於各宗派的佛學思想、佛經的譯錄、高僧的事蹟、教義的傳佈等，而對於歷代修建寺院的研究，則顯得比較忽略。其實以中國佛教發展史來看，寺院不僅是僧侶修習、弘法、起居的場所，也是信徒禮佛、拜佛的地方，可謂是佛教傳佈的一個重要基地。但是寺院會隨著年代的久遠，遭受風雨、戰火的破壞，或因僧侶的增多，而必須加以重新修建或創建。因此筆者認為，從中國修建寺院史的角度，來探討中國佛教史的發展，應該也是一項可行的辦法。〔註1〕

　　論及修建寺院一事，又與經費來源是否充足有很大的關係，因為須要有相當的財力、人力、物力支援，才能使修建寺院的事宜順利進行。因此筆者擬以遼代為例，論述遼代修建寺院的盛況與經費的來源。其寫作的動機有二，一是據筆者所知，目前似乎未有學者撰寫專文，針對遼代此方面的問題作過探討；二是在遼代立國的二百一十年（西元916～1125年）當中，佛教受到社會各階層高度的推崇，上自皇族、貴族，下至平民、奴隸，信仰佛教者眾多。〔註2〕因此在信徒以大量的財力、人力、物力捐助之下，遼代修建寺院的舉措進行得很頻繁，正可謂是一個研究中國歷代修建寺院與經費來源的典型例子。

　　而遼代修建寺院的事蹟大多記載於遼人所撰的碑銘中，因此筆者特別以〈從碑銘探討遼代修建寺院與經費來源〉為題，在本文中引用較多《全遼文》〔註3〕和《遼代石刻文編》〔註4〕所收錄的碑銘拓文，做為論述遼代修建寺院盛況與經費來源的舉證。希望藉著本文的發表，能幫助讀者對於遼代佛教的

〔註1〕關於研究中國修建寺院的專書，可參閱何孝榮，《明代北京佛教寺院修建研究》（天津：南開大學出版社，2006年），頁1～792。

〔註2〕遼代社會各階層信仰佛教的情形，可參閱韓道誠，〈契丹佛教發展考〉，《東北論文集》第五輯（台北：中華大典編印會，1972年），頁105～143；唐統天，〈遼道宗崇佛原因初探〉，《東北地方史研究》1991年第一期，頁78～86；唐統天，〈遼道宗對佛教發展的貢獻〉，《社會科學輯刊》1994年第四期，頁96～100；王月珽，〈遼朝皇帝的崇佛及其社會影響〉，《內蒙古大學學報》1994年第一期，頁49～57；張國慶，〈論遼代家庭生活中佛教文化的影響〉，《北京師範大學學報》2004年第六期，頁67～73。

〔註3〕陳述輯校，《全遼文》，收錄於楊家駱主編，《中華全書薈要》（台北：龍文出版社，民國80年），頁1～427。

〔註4〕向南，《遼代石刻文編》（石家莊：河北教育出版社，1995年4月），頁1～755。

發展有進一步的了解，並且能提昇學者對於研究中國修建寺院史的重視。

二、遼代修建寺院的盛況

　　由於遼代佛教盛行，僧侶、信徒眾多，使佛教寺院廣佈於全國各地，〔註5〕在遼人所撰的碑銘中，對於此種盛況也多有記載，例如耶律興公，〈創建靜安寺碑銘〉：

> ……三教並化，皇國崇乎至道，則梵剎之制，布域中焉。〔註6〕

王鼎，〈薊州神山雲泉寺記〉：

> ……佛法西來，天下響應。……故今海內塔廟相望。〔註7〕

佚名，〈安次縣祠垡里寺院內起建堂殿并內藏碑記〉：

> ……自漢明帝創建白馬寺以還，迄至於今，法宇不絕也。我國家尊居萬乘，道貫百王，恆崇三寶之心，大究二宗之理，處處而敕興佛事，方方而宣創精藍。〔註8〕

沙門志延，〈景州陳公觀雞寺碑銘〉：

> ……我鉅遼啓運，奄有中土。……浮圖為勝，……故今昔相沿，歷朝所尚，城山勝處，列剎交望矣。〔註9〕

耶律劭，〈興中府安德州創建靈巖寺碑銘〉：

> ……我國家右文敷治，偃革濟時，……闡二宗而禪定，傳佛燈於有生，廣樹仁祠，大宏慈蔭。〔註10〕

沙門行鮮，〈涿州雲居寺供塔燈邑記〉：

> 昔我釋迦氏出世也，聲教被於大千世界。……自炎漢而下，迄於我朝，城邑繁富之地，山林爽塏之所，尠不建於塔廟，興於佛像。〔註11〕

〔註 5〕遼代寺院分佈全國各地的情形，可參閱神尾弌春，〈契丹の寺院〉，《契丹佛教文化史考》（東京：第一書房，昭和 57 年），頁 17～55；李家祺，〈遼朝寺廟分佈研究〉，《時代》12 卷 8 期（1972 年），頁 37～41。該文將遼代皇帝祖廟也計算在內，另外有些重複（例如興國寺）或錯誤（例如監寺、前監寺）之處。

〔註 6〕陳述輯校，《全遼文》，卷八，頁 199；另見向南，《遼代石刻文編》，頁 360。

〔註 7〕陳述輯校，《全遼文》，卷八，頁 204；另見向南，《遼代石刻文編》，頁 358。

〔註 8〕陳述輯校，《全遼文》，卷九，頁 233；另見向南，《遼代石刻文編》，頁 418。

〔註 9〕陳述輯校，《全遼文》，卷八，頁 188；另見向南，《遼代石刻文編》，頁 452。

〔註 10〕陳述輯校，《全遼文》，卷十，頁 295；另見向南，《遼代石刻文編》，頁 592。

〔註 11〕陳述輯校，《全遼文》，卷十，頁 308；另見向南，《遼代石刻文編》，頁 614。

張嗣初，〈靈感寺釋迦佛舍利塔碑銘〉：

> ……能解生死之縛，而得不生不滅者，唯釋迦而已。……皇朝定天
> 下以武，守天下以文，太平既久，而人心向善，故此教所以盛弘。
> 凡民間建立佛寺，靡弗如意。〔註12〕

從以上各項記載，使我們知道遼代的寺院確實很多，尤其自從遼太宗取得燕、
雲十六州之後，燕京本來即是「僧居佛寺，冠于北方」，〔註13〕因此更形成了「梵
刹之制，布域中焉」、〔註14〕「海內塔廟相望」、〔註15〕「列刹交望」〔註16〕的
盛況。

　　但是我們也可想而知，遼代有一些寺院固然是隨著當時佛教的發展而創
建，然而也有相當多的寺院是承襲了前代的基礎，再加以重新修建（包括重
修、重建、擴建等）而成。因此筆者將遼代修建寺院的情形，概略分為重新
修建和創建兩項。

（一）遼代重新修建寺院舉例

　　遼代寺院有很多是前代所建，但是或因歷經風雨，年久失修；或因戰火
破壞，多有殘破；或因居留的僧侶增多，不敷安置，因此必須重修、重建、
擴建。此種情形在遼代的寺院中很普遍，筆者在此依其碑銘所記年代的先後，
舉例如下：

1、崇聖院（遼穆宗應曆十年，960年）

據王鳴鳳，〈大都崇聖院碑記〉：

> ……時有范陽僧人惠誠，……逕過此處，地名三盆山崇聖院，見
> 其……殿宇頹毀，古蹟猶存，石幢一座，乃晉唐之興修，實往代之
> 遺踪。……遂迺發心，募化眾緣。……於大遼應曆二年（952年）
> 戊辰歲三月內興工，至應曆八年（958年）甲戌歲八月中秋，……
> 今則殿宇一新，金碧燦爛，山門廊廡，俱已克備。……銘曰：應曆
> 年間重建，……殿宇金碧交輝，聖容燦爛爭鮮。……大遼應曆十年

〔註12〕陳述輯校，《全遼文》，卷十一，頁325；另見向南，《遼代石刻文編》，頁661
　　　　～662。
〔註13〕葉隆禮，《契丹國志》，收錄於《遼史彙編》（七）（台北：鼎文書局，民國62
　　　　年10月），卷二十二，四京本末，頁189。
〔註14〕同註6。
〔註15〕同註7。
〔註16〕同註9。

（960 年）丙子歲四月吉日立碑。〔註17〕

從此碑記內容來看，當時崇聖院的重新修建，前後共費時近七年之久始得完成，因此規模不小，「山門廊廡，俱已克備」。〔註18〕

2、雲居寺（遼穆宗應曆十五年，965 年）

據王正，〈重修范陽白帶山雲居寺碑〉：

> ……致此雲居之寺，多以石經為名。……寺主謙諷和尚……見風雨
> 之壞者，及兵火之殘者，……故建庫堂一座，……故建廚房一座，……
> 故建轉輪佛殿一座，……故建暖廳一座，……建講堂一座，……建
> 碑樓一座，……建飯廊二十三間四架；次又建東庫，……次建梵網
> 經廊房，……次蓋後門屋四座。餘有捨短從長，加朱施粉，……。

〔註19〕

由此碑文所記，可知雲居寺自古即以典藏石經聞名，但是因長期以來受到風雨、戰火的破壞，因此至遼代有寺主謙諷和尚進行重新修建，終於成為遼代頗具規模的寺院之一。〔註20〕

3、祐唐寺（遼聖宗統和五年，987 年）

據李仲宣，〈祐唐寺剏建講堂碑〉：

> 夫幽燕之分，列郡有四，薊門為上，……有盤山者，……此境舊有
> 五寺，祐唐者，乃備其一。……爰自大兵之後，竝已爐滅，……寺
> 主大德……覽斯基址，……壞碑毀塔，……徐興同造之心，爰起從
> 新之務，……應曆十二年（962 年）化求財賣，蓋佛殿一座，……
> 保寧四年（972 年），又建廚庫僧堂二座，……其堂（講堂）也，保
> 寧十（978 年）年剏建。……統和五年（987 年）歲次丁亥四月八日。

〔註21〕

〔註17〕 陳述輯校，《全遼文》，卷四，頁 79。引文中提到三個年代和干支紀年，但是都不相符合，例如應曆二年「戊辰」，應為「壬子」；應曆八年「甲戌」，應為「己未」；應曆十年「丙子」，應為「庚申」；另見〈三盆山崇聖院碑記〉，向南，《遼代石刻文編》，頁 30～31、註 2。

〔註18〕 同上註。

〔註19〕 陳述輯校，《全遼文》，卷四，頁 80；另見向南，《遼代石刻文編》，頁 32～33。

〔註20〕 關於雲居寺典藏石經情形，可參閱陳燕珠，《新編補正房山石經題記彙編》（台北：覺苑文教基金會，民國 84 年 6 月），頁 1～483。

〔註21〕 陳述輯校，《全遼文》，卷五，頁 96；另見向南，《遼代石刻文編》，頁 89～

顯然祐唐寺也是曾經受到戰火的破壞，只留殘址，幸好至遼代由寺主大德進行重新修建，先後建造了佛殿、廚庫、僧堂、講堂等。

4、仙露寺（遼興宗重熙九年，1040 年）

據張震，〈仙露寺碑〉：

> ……（仙露寺）唐高宗乾封元年（666 年）所建，……至遼聖宗太平十年（1030 年）鳩工重修，倚碣石之故基，面築金之遺蹟。重熙九年（1040 年）二月尚書戶部侍郎張震譔記。〔註22〕

此一仙露寺，從唐高宗乾封元年（666 年）創建，至遼聖宗太平十年（1030 年），已歷三百六十五年，必然已多有殘破，因此在遼聖宗時進行重新修建，使其恢復舊觀。

5、超化寺（遼道宗清寧二年，1056 年）

據劉師民，〈涿州超化寺誦法華經沙門法慈修建實錄〉：

> 案地誌，燕南良鄉縣黃山之陽，有古院□□，……歷載頗深，遺堙靡具，廊宇圮毀，垣墻廢傾，……逮重熙十祀（1041 年），有瓦井村邑人王文正三十餘眾，特以茲院，施以懋郡，超化招提，爲上院之備也。乃有綱首沙門守能等，愍此荒穢，……特於正面建慈氏堂一坐，……西位蓋僧堂一坐，□□□□□□□二十坐。定光佛舍利塔一所，……清寧二年（1056 年）。〔註23〕

超化寺既然爲一古代寺院，因此至遼興宗重熙十年（1041 年），在已殘破不堪的原址上，進行重新修建。

6、淨覺寺（遼道宗大安二年，1086 年）

據邢希古，〈易州太寧山淨覺寺碑銘〉：

> ……淨覺寺也，本諸經始，乃沙門制止，俗高其惠，稱曰呂上人，暨門弟子協力而成矣。……今繼呂上人綱紀其事者，……寺之造，始重熙十八年（1049）也，告成之時，清寧二年（1056 年）也。……詔賜淨覺爲額。……乃爲銘曰：古建招提，……今創精舍，……寺曰淨覺，……。〔註24〕

91。

〔註22〕陳述輯校，《全遼文》，卷七，頁151；另見向南，《遼代石刻文編》，頁222。

〔註23〕陳述輯校，《全遼文》，卷八，頁172；另見向南，《遼代石刻文編》，頁277～278。

〔註24〕陳述輯校，《全遼文》，卷九，頁229；另見向南，《遼代石刻文編》，頁403～

可知此淨覺寺乃是古已有之，在遼興宗重熙十八年（1049年）開始重新修建，至清寧二年（1056年），歷經八年才修建完成。

7、聖塔院（遼天祚帝乾統三年，1103年）

據沙門惠察，〈易州重修聖塔院記〉：

> 夫聖塔者，幢誌塵昏，莫能詳究。……續有清信耆老劉楷者，……崇重空門，好興佛□，欣繼其後，銳志光前，以廣其居，……復展故址，……上建瓶塔一坐，……正位西構屋三間，……巽位造僧舍三間，東序之北□淨廚一所，院之四周，砌以瓶瓶，招提告成。〔註25〕

由於此一碑文損壞嚴重，漏字頗多，因此只能從殘餘內容，知其為一古代寺院，也是經過遼人重新修建，始稍具規模。

8、演教院（遼天祚帝乾統三年，1103年）

據韓溫教，〈金山演教院千人邑記〉：

> ……有精藍，古老相傳號演教院。……至景福間，有沙門道誨居焉，縈石成垣，葺茅為舍，……自是所居之眾，相繼不絕。次有沙門弘幽居焉，……時有縣之豪士董生，數詣參訪，……遂罄其家產，構大藏一座，……及建僧房數間，……有四村人等於山下建此下院，……前左道場房各□□□邊僧舍數間，東北廚房一座，……次有沙門弘昇志霞，……與闍院大眾及近鄰檀越田辛等，於亭子後建正堂五間，……乾統三年（1103年）癸未歲十月丁未朔十五辛未日乙未時建。〔註26〕

顯然演教院亦為一座古老寺院，至遼興宗景福年間（1031～1032年），由於所居僧侶逐漸增多，因此進行了幾次的擴建。

（二）遼代創建寺院舉例

1、沽漁山寺（遼興宗重熙十七年，1047年）

據佚名，〈薊州沽漁山寺碑銘〉：

> 沽漁山院者，自統和紀曆二十有八載（1010年），苾芻釋義訕創建

405。

〔註25〕陳述輯校，《全遼文》，卷十，頁278；另見向南，《遼代石刻文編》，頁531～532。

〔註26〕陳述輯校，《全遼文》，卷十，頁281；另見向南，《遼代石刻文編》，頁533～534。

也。……簷廡悉成，巍峩前殿，掩映後堂，……上建無垢淨光塔，……
逦後采亭村創建下院，……燕山村亦起建到下院，……逮至重熙紀
號十有七歲（1047 年），……特建六門陁羅尼幢一座。〔註27〕

由此碑銘所言，可知此一沽漁山寺在遼聖宗統和二十八年（1010 年）創建，
並且在遼代時期又有幾次的擴建。

2、靜安寺（遼道宗咸雍八年，1072 年）

據耶律興公，〈創建靜安寺碑銘〉：

> 今蘭陵郡夫人蕭氏主之，……遂卜此地，肇開勝藍。……眾工衒勤，
> 百事偕作。起於清寧八年（1062 年）庚子歲，成於咸雍八年（1072
> 年）壬子歲，辰次一周，元功告畢。……咸雍六年（1070 年）冬，
> 事達黈聽，上（遼道宗）用嘉之，勅賜曰靜安寺，獎勤意而賞山藍
> 也。〔註28〕

此一碑銘的相關資料，陳述先生在其所輯錄的《全遼文》中，有按語，說：「按
靜安寺在大寧故城南十家兒村，遼咸雍間蘭陵郡蕭夫人建。……今大寧城南
里許，有古寺基址，周圍數十畝，碑文尚存，額書『大遼義州大橫帳蘭陵夫
人蕭氏創建靜安寺碑』……。」〔註 29〕因此可以確知靜安寺為遼道宗時期，
前後約歷十二年創建而成的寺院。

3、臥如院（遼道宗大康七年，1081 年）

據沙門行闡，〈義豐縣臥如院碑記〉：

> ……斯院也，創建清寧癸卯之年（清寧九年，1063 年），特興太康
> 辛酉之歲（太康 7 年，1081 年）。〔註30〕

可知臥如院在遼道宗清寧九年（1063 年）創建，至太康七年（1081 年）已頗
負盛名。

〔註27〕陳述輯校，《全遼文》，卷七，頁 162；另見向南，《遼代石刻文編》，頁 254
　　　～255。

〔註28〕陳述輯校，《全遼文》，卷八，頁 199～200。引文中所提「起於清寧八年（1062
　　　年）庚子歲」，年代和干支紀年不符合，應以「清寧六年（1060 年）庚子」
　　　才為正確，而且文中提到「咸雍八年（1072 年）壬子歲，辰次一周，元功
　　　告畢」，可印證「清寧八年」與「庚子」不符合。

〔註29〕同上註，頁 200。

〔註30〕陳述輯校，《全遼文》，卷九，頁 225；另見向南，《遼代石刻文編》，頁
　　　395。

4、靈巖寺（遼天祚帝乾統八年，1108 年）

據耶律劭，〈興中府安德州創建靈巖寺碑銘〉：

> 安德州靈巖寺者，……初統和中，有山主僧可觀與其同志，……因
> 遂出家，卜築結菴，……太平五年（1025 年），復有邑里趙延貞、……
> 等三十有三人，狀施烽臺山四面隙地，以廣布金之淨域，……增大
> 給孤之園，……清寧四載（1058 年），特賜淨覺之名。咸雍六年（1070
> 年），復錫靈巖之號，……乾統八年（1108 年）歲次戊子九月朔庚
> 申日建。〔註31〕

靈巖寺在遼聖宗統和年間初建時，僅爲一菴房，後來在遼代太平、清寧、咸
雍年間，逐漸擴大規模，並且獲得賜名曰靈巖。

以上爲遼代創建寺院舉例，但是另有一種情形是由皇族、貴族的館第改
建而成，筆者也將其視爲創建。

5、大昊天寺（咸雍三年，1067 年）

據王觀，〈燕京大昊天寺碑〉：

> ……燕爲大邦，……中有公主之館第，雕華宏冠，甲於都會。改而
> 爲寺，遵遺託而薦冥福也。詔王行己督轄工匠，……三霜未逾而功
> 告畢。〔註32〕

可知大昊天寺是由公主捐贈其館第改建而成，也顯現出遼代皇族推崇佛教的
熱忱。

以上所列，雖然僅是遼代修建寺院事例部分的舉證，但是應該已足以說
明當時確實修建了頗多的寺院，包括重修、重建、擴建、創建或改建等，均
使寺院煥然一新，規模擴大，也使僧徒禮佛、講經等活動更能方便進行。

三、遼代修建寺院的經費來源

遼代修建寺院的風氣很盛，筆者認爲其原因固然與遼人崇信佛教有關，
但是與經費來源充足以及多元化也有很大的關係，因此將其經費來源，除了
平常化緣的收入之外，分爲下列幾項加以論述：

〔註31〕陳述輯校，《全遼文》，卷十，頁 295；另見向南，《遼代石刻文編》，頁 592
～594。

〔註32〕陳述輯校，《全遼文》，卷八，頁 186；另見向南，《遼代石刻文編》，頁
330。

（一）遼代有些寺院本身經濟力量雄厚

遼代有些寺院中的僧侶，因為和皇族、貴族有密切的關係，〔註33〕常可獲賜大量的良田和民戶，因此這些寺院往往擁有雄厚的經濟力量，〔註34〕遇有需要修建寺院時，在經費的供應上，比較不會有所困難。例如遼國景州陳公（宮）山觀雞寺，其經濟情況為「廣莊土逮三千畝，增山林數百餘頃，樹菓木七千餘株，總佛宇僧房，泊廚房舍次，兼永濟寺店舍共一百七十間，聚僧徒大小百餘眾。」〔註35〕擁有如此廣大的寺田和菓林，當然容易擴大規模，不必擔心經費短缺。

薊州上方感化寺的經濟情況則為「松杪雲際，高低相望，居然緇屬，殆至三百。自師資傳衣而後，無城郭乞食之勞。以其籾始以來，占籍斯廣，野有良田百餘頃，園有甘栗萬餘株，清泉茂林，半在疆域。……先于薊之屬縣三河北鄉，自乾亨前有莊一所，闢土三十頃，間藝麥千畝，皆原隰沃壤，可謂上腴。營田距今，即有年禩，利資日用，眾實賴之。」〔註36〕顯然感化寺的經濟力量相當雄厚，不僅擁有寺田一百多頃，和廣大的菓林，而且都是良田沃壤，因此收入頗豐，足以自給自足，僧侶不必有乞食之勞。

另外，據鄭□，〈添修縉陽寺功德碑記〉：

> 粟一千碩，錢五百緡，每年各息利一分。〔註37〕

由於此一碑記拓文缺略頗多，筆者另據沙門守約，〈縉陽寺莊帳記〉，其對於該寺田產有詳細的記載：

> 迄至我朝興宗皇帝，乃賜縉陽之□□後□□□殿僧房共三百八十餘
> 架，地□園林曰□（下缺）小道之北，東連翠嶺，西接青嶰，受具
> 僧人百一十□勤□□□客五百已上，資生之物，盛興於□□（下缺）

〔註33〕關於遼代上層僧侶與皇族的關係，可參閱張國慶，〈略論遼代上層僧侶之特色〉，《松遼學刊》1993年第三期，頁57～64。

〔註34〕有關遼代寺院經濟的文章，可參閱白文固，〈遼代的寺院經濟初探〉，《社會科學》1981年第四期，頁54～59；田華，〈淺談遼代寺院經濟的一些問題〉，《北方文物》1986年第七期，頁74～76；蔣武雄，〈遼代佛教寺院經濟初探〉，《空大人文學報》1998年第七期，頁191～205；神尾弌春，〈契丹寺院の經濟〉，《契丹佛教文化史考》，頁55～61。

〔註35〕沙門志延，〈景州陳公（宮）山觀雞寺碑銘〉，陳述輯校，《全遼文》，卷八，頁189；另見向南，《遼代石刻文編》，頁453。

〔註36〕南抃，〈上方感化寺碑〉，陳述輯校，《全遼文》，卷十，頁290；另見向南，《遼代石刻文編》，頁563～564。

〔註37〕陳述輯校，《全遼文》，卷九，頁246；另見向南，《遼代石刻文編》，頁465。

成大寺，今爲驗矣。傳有道側墳主高大王，合家施根後莊田，託眾僧爲遠嗣，至今仍爾。因此前後并□□□敏具（下缺）頃六十畝，浮圖子地一段十畝，次北一段二十畝，又次北一段二十畝，中間□寺主施二十畝，南道北一段，□□二十畝，北道北一段，□□□（下缺）土共□□□西至澗□至官道，山東葛家峪地一頃，東至澗，南西至張化，北至山頂，□□地一頃二十三畝，（下缺）家坎地三十畝，四至懷霍，崔家安地一頃二十畝，東至山，南至道，西北至翟公諒，中山□□一□二十畝□（下缺）可言，南至呂廣倪，西北至道，林墓地四十畝，東至賈守諒，南至墓，西至翟公諒，北至道，坊子□地三十□（下缺）道，南至翟嘉進，次道西一段六十畝，東至□□于可言，西至張守仁，北至道，次北一段四十畝，東至張守仁，南至□（下缺）韋謙讓次東北地□□□□□東□西至道，北至□懿次北一段四十畝，東北至道，南至崔□西至河，次道□（下缺）四十四畝。〔註38〕

可知縉陽寺也擁有廣大的寺田，多達十幾段，每段從二十畝至六十畝不等，因此每年收入很可觀，甚至可以放利息增加收入。

　　以上所舉三例，顯現出遼代確實有些寺院資產豐厚，擁有廣大田園，因此不僅使其僧侶生活無缺，而且如有必要修建寺院時，均可提出相當的經費來源。

（二）皇族施捨宅第、土地和財物協助修建寺院

　　遼代寺院的田產固然有些是源自隋、唐以來舊有的寺田，但是在當時皇帝的崇佛之下，也有些皇族會施捨宅第、土地和財物來協助修建寺院。此種施捨宅第的舉措，在南北朝即頗盛行，據《魏書·釋老志》，說：「……未幾，天下喪亂，……朝士死者，其家多捨居宅，以施僧尼，京邑第舍，略爲寺矣。」〔註39〕後來歷經隋、唐至遼，此種風氣仍盛。

　　據沙門即滿，〈妙行大師行狀碑〉：

　　　　……清寧五年（1059年），大駕幸燕。秦越長（公）主首參（妙行）

〔註38〕陳述輯校，《全遼文》，卷十二，頁343～344；另見向南，《遼代石刻文編》，頁466～467。

〔註39〕魏收，《魏書》（台北：鼎文書局，民國64年9月），卷一一四，志第二十，釋老十，頁3047。

大師，便云弟子以所居第宅爲施，請師建寺。大率宅司諸物罄竭，
永爲常住，及稻畦百頃，戶口百家，棗果蔬園，井□器用等物，皆
有施狀。奏訖，准施。又□□□擇名馬萬匹入進，所得迴賜，示歸
寺門。清寧五年（1059 年），未及進馬，造寺公主薨變，懿德皇后
爲母酬願，施錢十三萬貫，特爲奏聞，專管建寺。道宗皇帝至□五
萬貫，敕宣政殿學士王行己□□□□其寺。〔註40〕

關於此事，另據沙門廣善，〈妙行大師碑銘〉：

清寧五年（1059 年）十月初旬，車駕幸燕，有大長公主以宅爲施。
後懿德皇后爲母酬□□施錢十參萬緡。道宗皇帝又助賜錢五萬緡，
敕令宣政殿學士王行己相與建寺而提控之。〔註41〕

據此二引文互相對照來看，可知當時大昊天寺的創建，乃是先有公主的施捨宅
第、土地、財物，後來又有皇后（公主的女兒）、皇帝的施錢、賜錢，因此使大
昊天寺得以創建完成。其實此種事蹟在遼代並非少見，例如至清寧八年（1062
年），又有「楚國大長公主捨諸私第，𩠐厥精盧，奉勅以竹林爲額。」〔註42〕

（三）貴族施捨土地、財物協助修建寺院

由於遼代佛教廣佈於全國，信仰者眾多，因此貴族富豪也經常施捨土地、
財物協助修建寺院，以表示虔誠的心意。例如王鳴鳳，〈大都崇聖院碑記〉：

郡公王希道、張仲釗、蕭名遠、楊從實等同發誠心，各捨己資，於
大遼應曆二年（952 年）戊辰歲三月內興工，至應曆八年（958 年）
甲戌歲八月中秋，營理大殿三間，……二堂兩廊，僧舍二楹，鍾鼓
二樓。〔註43〕

又例如義州靜安寺的創建，是由曾任檢校太師左千牛衛上將軍知涿州軍州事耶
律昌允之妻蕭氏出資所建，「凡巨細之費，……工徒之役，算日酬庸，𩿾籍一毫
不取，皆賢夫人鬻奩飾減衣御之爲也。寺既成，必假眾以居之，遂延僧四十人，
有講則復益，二□□□僧既居，必資食以給之，遂施地三千頃、栗一萬石、錢
二千貫、人五十戶、牛五十頭、馬四十匹，以爲供億之本。咸雍六年（1070 年）

〔註40〕陳述輯校，《全遼文》，卷十，頁 301；另見向南，《遼代石刻文編》，頁 586。
〔註41〕陳述輯校，《全遼文》，卷十，頁 302。此碑銘在《全遼文》中爲一附錄，因此
　　　　《遼代石刻文編》未予收錄。
〔註42〕佚名，〈奉國寺尊勝陀羅尼幢記〉，《全遼文》，卷八，頁 177；此拓文在《遼代
　　　　石刻文編》（頁 312）題爲〈奉福寺陀羅尼幢記〉。
〔註43〕同註 17。

冬，事達黈聽，上（遼道宗）用嘉之，勅賜曰靜安寺。」〔註44〕可知其不僅施捨財物，資助創建靜安寺，而且也爲該寺僧侶日後的生活費用著想，又捐出土地、財物爲寺田、寺產，使其不虞匱乏。

（四）二稅戶

佛教寺院與二稅戶的關係，可能源自於北魏時期。當北魏高宗時，有「曇曜（沙門統）奏：……平齊戶及諸民，有能歲輸穀六十斛入僧曹者，即爲『僧祇戶』，粟爲『僧祇粟』，至於儉歲，賑給饑民。又請民犯重罪及官奴以爲『佛圖戶』，以供諸寺掃灑，歲兼營田輸粟。高宗並許之。於是僧祇戶、粟及寺戶，徧於州鎮矣」。〔註45〕此種辦法至遼代，在統治者的崇佛情況下，仍然被採行，因此元好問，《中州集・李晏傳》：

> 初，遼人掠中原人及得奚、渤海諸國生口，分賜貴近或有功者，大至一、二州，少亦數百，皆爲奴婢，輸租爲官，且納課給其主，謂之二稅戶。〔註46〕

另外，根據《金史・食貨志》：

> （金）世宗大定二年（1162 年），詔免二稅戶爲民。初，遼人佞佛尤甚，多以良民賜諸寺，分其稅一半輸官，一半輸寺，故謂之二稅戶。遼亡，僧多匿其實，抑爲賤，有援左證以告者，有司各執以聞，上素知其事，故特免之。〔註47〕

同書〈李晏傳〉：

> 錦州龍宮寺，遼主撥賜戶民俾輸稅于寺，歲久皆以爲奴，……遼以良民爲二稅戶，此不道之甚。〔註48〕

《中州集》與《金史》所言，雖然關於二稅戶的身分互有不同，但是已足以說明遼代確實有二稅戶，其每年定期繳稅，一半繳予官府，一半繳予寺院，而且又負有勞役，因此也成爲遼代修建寺院時，提供人力、財力的來源之一。

〔註44〕 同註28。
〔註45〕 魏收，《魏書》，卷一一四，志第二十，釋老十，頁 3037。
〔註46〕 元好問，《中州集》（台北：鼎文書局，民國 62 年 9 月）〈李晏傳〉，頁 24。
〔註47〕 脫脫，《金史》（台北：鼎文書局，民國 65 年 11 月），卷四十六，志第二十七，〈食貨志〉，頁 1033。
〔註48〕 脫脫，《金史》，卷九十六，列傳第三十四，〈李晏傳〉，頁 2127。

（五）千人邑

　　所謂「千人邑」，只是取其整數，為一通稱，並非每一邑都達一千人。他們是由某一地區的邑眾，包括官吏、僧侶、百姓所組成。平時對寺院即有定期的布施，另外當寺院有修建寺院、佛塔、刻佛經、辦法事等活動時，又由這些邑眾給予支持，允諾捐助財物和人力，以期圓滿完成。

　　此種辦法在遼代以前，即因佛教在中國社會流傳而行之已久，至遼代又因佛教在遼國盛行，以及佛教徒慷慨自願捐助，很自然地形成「千人邑」。[註49]王正，〈重修范陽白帶山雲居寺碑〉提到「千人邑」的結合：

> 但以謙諷等同德經營，協力唱和，結一千人之社，合一千人之心，春不妨耕，秋不廢穫，立其信，導其教，無貧富後先，無貴賤老少，施有定例，納有常期，貯於庫司，補茲寺缺。[註50]

沙門智光，〈重修雲居寺碑記〉，也說：

> 皇朝應曆十四載，寺主苾芻謙諷，完葺一寺，結邑千人。[註51]

清人朱彝尊，〈遼雲居寺二碑跋〉，對於遼代「千人邑」有進一步的解釋：

> 右王正、智光雲居寺二記，共勒一碑，碑額篆書「重修雲居寺一千人邑會之碑」，一稱「結一千人之社，合一千人之心」，一稱「完葺一寺，結邑千人」。近年京城發地，得仙靈寺《石函記》，後有「千人邑」三字，尼曰「邑頭尼」，覽者疑是地名，合此碑觀之，則知千人邑者，社會之名爾。[註52]

可見遼代千人邑乃是附屬於佛教自發性捐輸、布施、奉獻的社會團體。

　　遼代千人邑對於寺院的貢獻很多，功能也有很多種，包括提供寺地、寺田，修建寺院、佛殿、佛塔、佛像、講堂、僧舍、香幢，雕印、購置佛經，雕刻、修補石經，佈置法會以及念佛號等。其中施捨土地、財物協助修建寺

〔註49〕關於遼代佛教千人邑的情形，可參閱王吉林，〈遼代千人邑之研究〉，《大陸雜誌》第三十五卷第五期，民國56年9月，頁16～18；蔣武雄，〈遼代千人邑的探討〉，《空大人文學報》第八期，民國88年6月，頁143～152；野上俊靜，〈遼代の邑會について〉，《大谷學報》20卷1期（昭和14年），頁46～61，該文另收錄於野上俊靜，《遼金の佛教》（京都：平樂寺書店，昭和28年），頁121～141；井上順惠，〈遼代千人邑會について〉，《禪學研究》60號（京都：禪學研究會，昭和56年）。

〔註50〕同註19。

〔註51〕陳述輯校，《全遼文》，卷5，頁104；另見向南，《遼代石刻文編》，頁117。

〔註52〕朱彝尊，《曝書亭集》（台北：世界書局，民國53年2月），卷五十一，跋十，頁607。

院一項，除了上文所提〈重修雲居寺碑記〉稱「完葺一寺，結邑千人」之外，另據耶律劭，〈興中府安德州創建靈巖寺碑銘〉：

> （遼聖宗）太平五年（1025 年），復有邑里趙延貞、王承遂、張塋、焦慶等三十有三人，狀施烽臺山四面隙地，以廣佈金之淨域，遠模靈鷲之風規。〔註53〕

以及佚名，〈水井村邑人造香幢記〉：

> 維大遼國燕京易州淶水縣道亭鄉水井村邑眾等，重修淨戒院，奉爲今聖皇帝，法界眾生，特建香幢一所，增無量福，齊登覺道。〔註54〕

依此二段引文，可知遼代千人邑的邑眾對於寺院的創建或重新修建都曾經給予土地、財物的捐助，成爲遼代修建寺院的經費來源之一。因此野上俊靜在《中國佛教史概說》稱：「遼代邑會的特徵，例如房山雲居寺的千人邑會，……對於巨額的造寺及造塔等費用的承擔，這種邑會便負有很大的使命。」〔註55〕

四、結　論

綜合以上的論述，可知在遼代時期修建寺院的舉措蔚然成風，有些寺院固然是當時所創建，但是也有很多寺院是在前代的基礎上，進行了重新修建的工作，包括重修、重建、擴建等，因此使佛教寺院廣佈於遼國各地。

然而修建一座寺院，需要相當財力、人力、物力的支援，因此遼代寺院的分佈能既多且廣，筆者認爲應是在當時佛教廣受遼人的崇信之下，獲得充裕的經費來源，包括寺院本身雄厚的經濟力量，以及皇族、貴族、二稅戶、千人邑等團體的資助所形成的結果。誠如王鼎，〈薊州神山雲泉寺記〉所說：

> 佛法西來，天下響應，國王、大臣與其力，富商彊賈奉其貲，智者獻其謀，巧者輸其藝，互相爲勸，惟恐居其後也，故今海內塔廟相望。〔註56〕

此段引文所言，可謂正是遼代寺院的修建，確實得到當時社會各階層人士捐助、施捨、出力的寫照。因此論述至此，筆者認爲遼人這種提供充足經費協

〔註53〕同註31。

〔註54〕陳述輯校，《全遼文》，卷九，頁244；另見向南，《遼代石刻文編》，頁446。

〔註55〕野上俊靜等著、釋聖嚴譯，《中國佛教史概說》（台北：台灣商務印書館，民國78年12月），頁146。

〔註56〕同註7。

助修建寺院的表現，是值得肯定的，因爲其不僅促進了遼代佛教的發展，也在中國修建寺院史上佔有重要的一頁。

《玄奘佛學研究》第十四期（民國 99 年 9 月），頁 1～24。

第七章　《三朝北盟會編》的編纂與史料價值

摘　要

　　南宋徐夢莘所編的《三朝北盟會編》，史料價值很高。其收編的史料，涵蓋北宋徽宗、欽宗、南宋高宗三朝和金代太祖、太宗、熙宗、海陵王時期外交、軍事等關係的記載。共計引錄公私文書二百種以上，而且其中有許多失傳者。因此筆者在本文中先論述徐氏編纂《會編》的目的、次論其取材的範圍和態度，進而論述其史料的價值。

　　關鍵詞：南宋、金、徐夢莘、《三朝北盟會編》。

一、前　言

　　《三朝北盟會編》〔註1〕（以下簡稱《會編》）是徐夢莘〔註2〕於南宋光宗紹熙五年（西元1194年）編纂完成。據其在《會編》序，說：

　　　　起〔北宋徽宗〕政和七年（1117）登州航海通虜之初，初〔南宋高宗〕紹興三十二年（1162）逆亮犯淮敗盟之日，繫以日月。以政（和）、宣（和）爲上帙，靖康爲中帙，建炎、紹興爲下帙，總名曰《三朝北盟會編》，盡四十有六年，分二百五十卷。〔註3〕

可見《會編》收編的史料，涵蓋北宋徽宗、欽宗、南宋高宗三朝和金代太祖、太宗、熙宗、海陵王時期外交、軍事等關係的記載。共計引錄公私文書二百種以上，其中有許多已經失傳者，因此《會編》的史料價值很高。今本文擬綜合前人的研究成果，對此書的史料價值作一介紹，期使更多的讀者重視此書，因此先論述徐氏編纂《會編》的目的，次論其取材的範圍和態度，進而論述其史料的價值。

二、編纂《會編》的目的

　　《會編》的編成，和編纂者徐夢莘的生平事蹟有密切的關係，〔註4〕因此

〔註1〕　《三朝北盟會編》刊本以清光緒三十四年許涵度校刊本爲最善。但是筆者未見，今本文所據爲較通行的光緒四年袁祖安校讎本《三朝北盟會編附校勘記》，台北：文海出版社，民國66年10月。另可參閱仲偉民〈《三朝北盟會編》傳本及其體例〉，《史學史研究》1990年第二期，頁36～42。

〔註2〕　關於徐夢莘的生平事蹟，可參閱樓鑰，〈直秘閣徐公墓誌銘〉，《攻媿集》（台北：新文豐出版公司，民國73年6月），卷一〇八，頁1526～1529；脫脫，《宋史》（台北：鼎文書局，民國67年9月），卷四三八，列傳第一九七，〈徐夢莘傳〉，頁12982～12983；徐顥滿，《江西臨江府志》，卷七，人物志第七之二，〈徐夢莘傳〉，頁2，明嘉靖十五年刊本，天一閣藏明代方志選刊續編，上海書局，1990年12月；秦鏞，《江西清江縣志》卷七，〈徐夢莘傳〉，頁15～16，明崇禎十五年刊本，台北：國家圖書館微捲；陳樂素，〈徐夢莘考〉，《國學季刊》第四卷第三號上，頁357～395，民國23年9月；王德毅，〈徐夢莘年表〉，《大陸雜誌》第三十一卷第八期，頁225～234，民國54年10月。

〔註3〕　本序言轉引自陳樂素，〈徐夢莘考〉，頁358，其來源則取自清光緒三十四年許涵度刊本。關於《會編》的抄本、刊本，可參閱仲偉民，〈《三朝北盟會編》傳本及其體例〉；仲偉民，〈新發現的《三朝北盟會編》摘抄本之特色及其重要的史料價值〉，《華東師範大學學報（哲學社會科學版）》1990年第一期，頁47、48～56。

〔註4〕　陳樂素，〈《三朝北盟會盟》考（上）〉，中央研究院《歷史語言研究所集刊》

從徐氏的事蹟可知其編纂《會編》的目的。他生於北宋欽宗靖康元年（1126），翌年北宋即被金人所滅，而南宋雖建國於江南，但是局勢並不穩定，在初期仍然遭受金人的入犯。據和徐氏同時代的樓鑰，在其所撰〈直秘閣徐公墓誌銘〉敘述徐氏早年的事蹟，說：

> 始公（徐夢莘），生于靖康之初元，歲在丙午。是冬，金人再犯闕，海內雲擾。建炎二（三）年（1129），寇躪江右，叛將大盜蜂起。公之生纔四年，母氏褓負走陂頭劉氏家，僅免于難。〔註5〕

可見在徐氏幼年的成長過程中，曾經飽受戰爭紛亂所帶來的禍害，使他有深切的體認。其本人曾感嘆說：「嗚呼！靖康之禍古未有也！夷狄為中國患久矣！昔在虞、周，猶不免有苗、玁狁之征。漢、唐以來，如冒頓之圍平城，佛狸之臨瓜步，頡利之盟渭上，此其盛者。又其盛則屠各陷落，耶律入汴而已。是皆乘草昧凌遲之時，未聞以全治盛際遭此其易且酷也。」〔註6〕從徐氏將靖康之禍和古代史事相比較來看，顯然他對於當時的國難有比一般人更深刻的體認和感受。陳樂素先生在〈《三朝北盟會編》考（上）〉也提到，「彼（徐夢莘）生之年值京師兩度為敵國攻圍而陷，翌年新舊兩帝被擄北遷不還，北宋因此遂亡。此不特宋人所不能遺忘之痛，亦漢民族史上最大恥辱之一。又況徐氏生當此年，其所感受自更深也」。〔註7〕

徐氏的幼年既然曾遭受國難之苦，因此長大之後，即時常思考北宋亡國的緣由和經過，他認為「揆厥造端，誤國首惡罪有在矣。迨至臨難，無不恨焉。當其兩河長驅而來，使有以死捍敵，青城變議之日，使有以死拒命，尚有挫其凶燄而折其姦鋒。惜乎仗節死義之士僅有一二，而諭生嗜利之徒，雖近臣名士，俯首承順惟恐其後，文吏武將望風降走，比比皆是。使彼公肆凌籍，知無人焉故也。尚忍言之哉」。〔註8〕從此段激切之語，可知徐氏有強烈的愛國心和民族意識，因此常將靖康之禍的國難記掛於心，並且想深入地探究此事的前因後果。樓鑰〈直秘閣徐公墓誌銘〉，說：「公（徐夢莘）既省事，自念生長兵間，欲得盡見事之始末」。〔註9〕陳樂素先生〈《三朝北盟會編》

　　第六本第二分，頁 197～198，民國 25 年 7 月。

〔註 5〕樓鑰，前引書，頁 1526。

〔註 6〕徐夢莘，《三朝北盟會編》序，同註 3。

〔註 7〕陳樂素，〈《三朝北盟會編》考（上）〉，頁 197。

〔註 8〕徐夢莘，《三朝北盟會編》序，同註 3。

〔註 9〕同註 5。

考（上）〉，說：「〔徐夢莘〕及長，漸知家難實隨國難而來，痛憤之回憶遂導
之爲事實之尋究」、〔註10〕「因感靖康所遭遇爲前古未有之奇禍、奇辱而欲
過細記敘之誌痛，故以靖康之事爲主幹；而認政、宣之事爲其根源，炎、興
之事爲其枝葉」。〔註11〕另外，陳樂素先生〈徐夢莘考〉一文，也說：「徐氏
早年之事蹟，除四歲外，墓誌銘無若何敘述。然以當時其所處之環境言，自
初生至十六歲，即靖康元年（1126）京城之陷，至紹興十一年（1141）與金
之議和，其間以不斷之外來壓逼與內部變亂，……於是厭世思想、民族思想
與政治思想同時產生。……其後半生之成《三朝北盟會編》，……皆早年感
受時代思潮之反應也」、〔註12〕「徐氏以生於國難嚴重時期，而自幼備嘗變
亂之苦，致造成其史學上之愛好，同時感染時代之民族思想，故不特現代史
爲其所欲攻究，且如〈墓誌銘〉所云，尤熟晉、南北、五代史事也」。〔註13〕
而王德毅先生〈徐夢莘年表〉，則說：「他（徐夢莘）生在靖康元年，從兒時
就在兵荒馬亂的日子裏度過。所看到的是國勢的危殆，人民的流離失所，山
河的破碎，和政治的不安，他嘗盡了在強敵壓境下所過的痛苦生活，於是激
發出一股愛國的血誠，立志考究這一國難的始末，他有悲痛，有憤慨，這一
些，都表現在《會編》裏」。〔註14〕從以上諸人所論，我們可知徐氏編纂《會
編》，顯然確實和其早年遭遇靖康之禍，身歷其事，感受深刻，激起強烈的
民族意識有關。

　　徐氏編纂《會編》的心志既如上所述，但是筆者認爲，尚有另一目的應
該也是促使他編成《會編》的原動力，因爲據其在《會編》序中，說：

　　　　縉紳草茅傷時感事，忠憤所激，據所聞見筆而爲記錄者無慮數百家。
　　　　然各有所同異，事有疑信。深懼日月寖久，是非混淆，臣子大節邪
　　　　正莫辨，一介忠歟湮沒不傳。〔註15〕

可見徐氏除了居於民族意識，想探究靖康之禍的史實之外，他也具有史家的
心志，深恐各家所言不一，容易混淆失眞，因此興起編纂《會編》的念頭。

　　但是徐氏「幼年之印象與故老之傳說固爲一部分有力之資料，然祇爲一極

〔註10〕同註7。
〔註11〕同註7，頁199。
〔註12〕陳樂素，〈徐夢莘考〉，頁373～374。
〔註13〕註同前，頁382。
〔註14〕王德毅，前引文，頁225。
〔註15〕徐夢莘，《三朝北盟會編》序，同註3。

小部分而已，且不盡眞也。國家方面，處大亂之後，百廢待舉，舊藏典籍盡散，又未暇爲新史之編纂；私人方面，述作雖多，未必敢遽公於世，偶有一二，亦各異其地而未聚，且人各有說，眞僞難判，固極不易言研究也」。〔註16〕因此他想編成《會編》，在當時實際上尙有許多困難必須加以克服，尤其是史料方面，他投注了相當多的時間和精力收集、取捨、抄錄、考證有關的史料。他常利用「宦游四方，收羅野史及他文書，多至二百餘家，爲編年之體，會粹成書，傳聞異辭者，又從而訂正之」。〔註17〕也就是徐氏「仕宦幾五十年，既予以長期間多方面搜羅史料之便利，而閒居之日爲多，復予以從容研究、整理、選擇等種種機會」、〔註18〕「二十餘年間南北往來，仕途頗不得意。然其所欲尋究之國難史，有此南北遼闊之地域供其搜求，有此二十餘年之長時間供其研究，則無寧曰不易得之特殊機會也」，〔註19〕可見徐氏在編纂《會編》的過程中，曾遭遇許多困難，幸好「徐氏不因其難而怯，隨在訪求，而復天假以年，故卒能成其志。蓋《會編》完成，年已六十九矣」。〔註20〕

三、《會編》的取材範圍與態度

從上節的論述，可知徐夢莘編纂《會編》的主要目的乃是爲了存留靖康之禍的史實。關於此，王德毅先生有如下的統計和說明：「《會編》記事始自政和七年（1117），終於紹興三十二年（1162），前後合計四十六年，總二百五十卷，政和、宣和爲上帙，計九年，二十六卷；靖康爲中帙，僅一年又四個月，七十四卷；建炎、紹興爲下帙，總三十五年又三個月，一百五十卷。可見以靖康時期爲中心，說明禍亂之所以發生及其演變和結果」。〔註21〕因此徐氏以諸家有關靖康之禍的專錄爲《會編》取材的重點，因爲這些專錄大部分是該作者的親身經歷，具有第一手史料的價値。而且這些記載是由不同的作者親歷不同的狀況，彼此觀察、評論事情的角度也不相同，正好可以供徐氏

〔註16〕 同註7。
〔註17〕 同註5。
〔註18〕 陳樂素，〈徐夢莘考〉，頁382。
〔註19〕 陳樂素，《三朝北盟會編》考（上），頁197～198。
〔註20〕 同註7。
〔註21〕 王德毅，〈《三朝北盟會編》出版前言〉（台北：大化書局，民國68年1月），頁3。關於《會編》中，各年代所佔的卷數，另可參閱陳樂素，《三朝北盟會編》考（上），頁199～203。

互相比對、印證，以存其眞。至於政府公文和臣僚奏疏，可說是靖康之禍的見證，也是比較可靠的第一手史料。因此徐氏在編纂《會編》時，常徵引這些史料的全文或部分內容，以證明確有其事發生，而不是杜撰的。另外，和靖康之禍有關的重要人物，他們的傳記、行實、碑誌，以及某些雜著等，雖然或多或少有溢美之辭，但是這些史料概述了某人的一生，對於研究某人的生平事蹟仍然有參考的價值，同時對某些史事也有補充的作用。再值得一提的是，徐氏也不忽略專記遼、金情況的專書，例如《亡遼錄》、《金虜圖經》、《金虜節要》等，都在他引錄的範圍內。〔註22〕對於以上的做法，徐氏曾自謂：「取諸家所說及詔、敕、制、誥、書、疏、奏、議、記傳、行實、碑誌、文集、雜著事涉北盟者悉取詮次。」〔註23〕可見徐氏編纂《會編》，取材的對象相當廣泛、豐富，並且有高度的史料價值。

　　至於徐氏編纂《會編》的態度如何呢？這和《會編》的史料價值很有關係，因此本文擬加以討論，據《四庫全書總目》說：「其徵引皆全錄原文，無所去取，亦無所論斷。蓋是非並見，同異互存，以備史家之探擇。」〔註24〕而據徐氏《會編》序，說：

> 其辭則因元本之舊，其事則集諸家之說，不敢私爲去取，不敢妄立褒貶。參考折衷，其實自見。使忠臣、義士、亂臣、賊子善惡之跡，萬世之下不得而掩沒也。自成一家之書，以補史官之闕，此《會編》之本志也。若夫事不主此，皆在所略，嗣有所得，續繫於後。〔註25〕

漢代史家司馬遷撰《史記》，其目標是「成一家之言」，〔註26〕而徐氏則是「自成一家之書」，可見其取材的態度自有原則，也相當嚴謹。茲再據其《會編》序中所言加以申論：

1. 「其辭則因元本之舊」──即是將原文照本地抄錄，不做文字的更動。
2. 「其事則集諸家之說」──由於記載某事常有多家說法，因此徐氏收集諸家記載，以編年體方式，列出某年某月某日發生某事的綱要，再依

〔註22〕 曾貽芬，〈宋代的類書及其他資料匯編〉，《史學史研究》1992 年第二期，頁56～57。

〔註23〕 徐夢莘，《三朝北盟會編》序，同註3。

〔註24〕 清永瑢等撰，《文淵閣四庫全書總目》（台北：台灣商務印書館，民國 75 年 3 月），卷四九，〈史部、紀事本末類〉，頁4～5，。

〔註25〕 徐夢莘，《三朝北盟會編》序，同註3。

〔註26〕 司馬遷，《史記》（台北：鼎文書局，民國 67 年 4 月），〈太史公自序〉第七十。

序排比徵引各書有關的史料。

3.「不敢私爲去取」──這表示徐氏所引錄的史料，不以自己的成見、好惡予以增補、修飾、改正，只是客觀地存留史料。

4.「不敢妄立褒貶」──徐氏既然客觀的羅列史料，因此也不予以是非的評斷，讓讀者自己去思考、品評。〔註27〕

論至此，我們可知徐氏在編纂《會編》時，是如此用心收集史料，而引錄的態度又是如此嚴謹，因此提昇了《會編》的史料價值，也誠如陳樂素先生所說：「《會編》之可貴，貴其引用材料豐富，而能保存其本來面目。後人雖不得見其所引用書之全面，但至少可見其一斑」。〔註28〕

四、《會編》的史料價值

一、《會編》對宋代史事的史料價值

《會編》成書後的第二年，爲南宋寧宗慶元二年（1196），是時「史官方修高宗皇帝實錄，修撰楊公輔率同寮十人奏乞取公（徐夢莘）所編之書（《會編》），仍下臨江軍給筆札抄錄以進。十一月，史官又奏其書有補于史筆爲多，仍薦公之賢。大略云：廉靜樂道，好學不衰。故有是命（除直秘閣）。又奏所編書目內有百餘家館所未備，復命錄其全書。諸公欲相挽一出與同筆削。有謫公者，答曰：『此書本不爲進身計。』力辭之」。〔註29〕可見《會編》的史料價值在當時已深受朝廷著作實錄的史官們所重視。至元代擬修《宋史》，史官袁桷也曾經奏請採參《會編》，據袁氏《清容居士集・修遼金宋史搜訪遺書條例事狀》，說：

> 徽、欽圍城受辱，北行遭幽，正史不載。所有雜書野史，可備編纂，
> 今具于後：《三朝北盟會編》……。〔註30〕

袁氏共列書二十種，而將《會編》列於最前，正顯示出其對《會編》史料價值的重視。〔註31〕另外，《四庫全書總目》也予《會編》史料價值高度的肯定，說：

〔註27〕曾貽芬，前引文，頁57～58。

〔註28〕陳樂素，〈《三朝北盟會編》考（上）〉，頁213。

〔註29〕樓鑰，前引書，頁1527。

〔註30〕袁桷，《清容居士集》（台北：新文豐出版公司，民國73年6月），卷四一，〈修遼金宋史搜訪遺書條例事狀〉，頁703。

〔註31〕陳樂素，〈徐夢莘考〉，頁359～360。

　　自汴都喪敗，及南渡立國之始，其治亂得失，循文考證，比事推求，
　　已皆可具見其所以然。……其博贍淹通，南宋諸野史中，自李心傳
　　《繫年要錄》以外，未有能過之者。〔註32〕

可見《會編》對於保存北宋、南宋之際的史事尤具貢獻。

二、《會編》對宋金關係史事的史料價值

　　如上所論，《會編》既然是以金人滅亡北宋的靖康之禍爲其編纂的重點，
因此書中所引錄者，大多爲宋金關係的史料，包括宋金互遞國書、外交使節
的往來、宋金戰爭等，其中的內容有很多比《宋史》、《金史》所記載還要詳
細，確實是研究宋金關係史事的重要史料。例如上帙卷一記載北宋徽宗政和
七年（1117）派遣高藥師、馬政出使金，交涉夾攻滅遼的事宜，此一史實在《宋
史》中提及不多，而在《會編》中卻有詳細的敘述。另外以《會編》和《金
史‧交聘表》互相校勘，不僅可發現前者比後者詳盡很多，並且可發現後者
有許多錯誤的地方。更難得的是，《會編》中所錄《燕雲奉使錄》、《茅齋自敘》、
《北征紀實》、《建炎通問錄》、《紹興甲寅通知錄》等，至今都已佚失，更顯
現出《會編》在宋金關係史事方面頗具珍貴的史料價值。〔註33〕

三、《會編》對金代史事的史料價值

　　《會編》中所引錄金代史事的記載，有很多比《金史》、《大金國志》、《大
金集禮》還要詳細、豐富，而且有些內容在此些書中並沒有提及。因此就金
代史事來說，《會編》也具有很高的史料價值，尤其是關於金代女眞族的由來、
名稱、演變，以及早期的居住、衣服、飲食、宗教、市易、喪葬等社會、經
濟、文化情形，在其他史書中的記載不多，而《會編》中的第三、四、十八
卷則有這些方面的史料可供參考。正如陳樂素先生〈《三朝北盟會編》考
（上）〉，說：

　　《會編》卷三有關於女眞之記事，此記事頗長，佔全卷，逾五千字，
　　爲一首尾具備而有條理之文，可稱曰女眞傳。……關於此新興民族
　　之史事若此文之詳備者實不多見，而又多爲他書所未載；要爲研究
　　女眞史者所不可忽之一種材料也。〔註34〕

〔註32〕同註24，頁5。
〔註33〕仲偉民，〈《三朝北盟會編》對金史研究的價值〉，《史學史研究》1991年第四
　　　　期，頁76。
〔註34〕註同前，頁73～74。

至於金代建國後，政治、社會、軍事、地理等方面的史料，收錄於《會編》中的政、宣上帙卷二十、炎、興下帙卷一百四十四、一百四十五，其所引的原書大多已失傳，而《會編》卻有較集中、較詳細的內容，正可供我們做為參考。〔註35〕例如上帙卷二十引錄鍾邦直《宣和乙巳奉使行程錄》，是研究當時宋金交通路線和今日東北地理的重要史料。下帙卷一百四十四引錄張棣《金虜圖經》的「地理驛程」部分，詳細地介紹了會寧、東京、上京與其周圍城鎮之間的里程。同卷引錄《攬轡錄》和《金虜圖經》也詳細記載海陵王亮由上京遷都於南京的經過和新都的情形。另外，金代的宗廟、儀衛、旗幟、冠服、刑法、選舉、屯田等，也都有不少史料被收錄在《會錄》中，更提昇了《會編》對金代史事的史料價值。〔註36〕

四、《會編》對遼代、西夏史事的史料價值

由於遼滅亡於天祚帝保大五年（北宋徽宗宣和七年，1125），而《會編》的記載則開始於遼天祚帝開慶七年（北宋政和七年，1117），因此在《會編》的前二十一卷中，收錄了一些遼代後期的史料，其中有些正可以補充《遼史》記載的不足。至於西夏，雖然處於偏遠，但是其國運很長，也曾經和遼、金、北宋、南宋並存一段很長的時期，因此《會編》中有收錄一些關於西夏史事的史料，雖然不多，但是仍有高度的史料價值。〔註37〕

五、結　論

綜上所論，可知徐夢莘所編纂的《會編》，乃是緣於強烈的動機和目的，而其收錄史料的範圍和態度，又曾經付以頗長的時間和嚴謹的功夫，因此其能採摭群書，取材廣泛，凡涉及宋金關係的史料均予收入，計其書中所列採用書目有一九六種，而宋人文集並未計算在內，另有約三分之一的材料未標明出處，因此實際上有二百多種。更難能可貴的是，這些所引錄的史料，大部分是出自當時對金和戰的決策者、使臣和執行者親手記載，同時有很多史料今已不存。而徐氏《會編》不僅多有留存，更能照錄原文，不加去取，這與當時的其他史書有所不同，例如李燾《續資治通鑑長編》、李心傳《建炎以來繫年要錄》等書，雖然是出自實錄、國史等，但是只摘引對其有用的文字，

〔註35〕陳樂素，〈《三朝北盟會編》（上）〉，頁 258～259。
〔註36〕仲偉民，〈《三朝北盟會編》對金史研究的價值〉，頁 73～75。
〔註37〕註同前，頁 76。

而且作者曾予以潤色加工，纂修成書，在實際上已非眞正的第一手史料。這些情形都益加凸顯出《會編》史料價值的可貴，因此陳樂素先生在〈《三朝北盟會編》考（上）〉中，給予《會編》很高的評價，說：

> 司馬光作《通鑑》，先為長編，而李燾於是有《續資治通鑑長編》。然李氏書實已非長編之體。若徐氏此書（《會編》）乃眞可稱之。我國史籍中保存史料之本來面目若此書而又若此書之豐富者實所罕見。我輩於千年後之今日因此得間接獲知許之珍貴史料以資重新研究，誠屬大幸也。〔註38〕

可見《會編》一書所留存的史料相當珍貴，也具有深遠的意義。

另外，《會編》所收錄者既然都是宋代、金代、宋金關係、遼代、西夏史事的珍貴史料，因此陳樂素先生在〈徐夢莘考〉中，也強調《會編》的史料價值和稱贊徐氏，說：

> 以其有獨特之史學見解，對於史料之處置，主張「其辭則因元本之舊，其事則集諸家之說，不私為去取，不妄立褒貶」，再加以盡其畢生之力專注於此書，對於史料為廣博之搜集，致所徵引多至二百餘種。因此此二百餘種之原始史料不特為研究宋遼金當時國際上之外交與軍事關係最重要之根據；且三國當時之政治上，經濟上，地理上，民俗上，社會上以至一部分人之個性，私生活及特殊事件之經過等種種材料，蘊藏於其中者亦極豐富，留以待今日史家之開發。徐氏之功不可磨滅也。〔註39〕

以上二文為陳氏在民國二十五年和二十三年所稱之語，對於後輩史學研究者參閱《會編》應有提醒、鼓勵的作用。因此近幾十年來有許多中外學者頗能不以《會編》卷帙浩繁為苦，而透過《會編》的記載對有關各朝代的史事做深入研究，這不僅顯現出《會編》具有很高的史料價值，也反映了他們對《會編》史料價值的肯定和重視。

《史學與文獻》（二）（民國 87 年 5 月），頁 163～173。

〔註38〕 陳樂素，〈《三朝北盟會編》考（上）〉，頁 203～204。
〔註39〕 陳樂素，〈徐夢莘考〉，頁 360～361。

第八章　蒙古用兵對金夏結盟的影響

摘　要

　　本文以西夏爲行文論述的主軸，探討蒙古興起之後，運用其強大的武力和靈活的戰略，對金與西夏結盟的關係的影響，以期使讀者更能瞭解當時金、西夏、蒙古三國之間軍政關係的演變，以及這一時期中國北疆情勢的發展。本文除前言和結論之外，所探討的內容，包括蒙古興起前金夏結盟的演變、蒙古興起後對西夏用兵導致金夏結盟關係破裂、蒙夏聯兵攻金與蒙夏關係不穩、蒙古攻夏與金夏再度結盟、蒙古滅夏等項。而在結論中，則強調西夏依附蒙古並非絕對有利，以及金夏結盟在當時中國北疆情勢發展中的重要性。

　　關鍵詞：蒙古、金、西夏、成吉思汗。

一、前　言

筆者研究中國歷史，常有一個感想，即是唐代亡國之後，至元代建立之前（約十世紀初至十三世紀中葉），中國歷史上先後出現遼、五代十國、北宋、西夏、金、南宋、蒙古等政權，其中有些政權曾長時間重疊存在，而且彼此無法和平交往，經常發生戰爭，因此在為了求生存或企圖征服對方的情況下，不僅加強本國的軍事武力，也常利用當時的情勢，互相結盟或運用戰略，以達到牽制、擊敗、滅亡對方的效果。因此這一段時期所呈現的歷史特徵，其中一項即是相當錯綜複雜的外交策略、軍事行動和國際情勢。

今筆者擬以西夏為本文行文論述的主軸，探討蒙古興起之後，運用其強大的武力和靈活的戰略，對金與西夏結盟的影響。因為西夏長期以來，即是一個騎牆派的國家，常常為了求生存，隨著國際局勢的變化，而尋求值得結盟的國家，以換取生存的空間，或聯兵攻打敵國，以取得好處。因此其初結遼而興，並聯遼扼北宋，遼亡金興後，又與金結盟，至蒙古興起漠北，南下攻金時，西夏又依附蒙古打擊金。但是此時的國際情勢已和往昔不同，西夏依附蒙古並非絕對有利，尤其是新興的蒙古擁有超強武力，也自有一套南下發展的策略，因此蒙古可以從中充分利用與蒙古武力相差甚多的西夏，不必顧慮西夏的感受如何，或與其聯兵攻金，或予以征伐以示警告，最後終於達到滅西夏、滅金的目的。因此探討蒙古用兵對金夏結盟的影響，可以使我們更能瞭解當時金、西夏、蒙古三國之間軍政關係的演變，以及這一時期中國北疆情勢的發展。

二、蒙古興起前金夏結盟的演變

金的開國者完顏阿骨打在遼天祚帝天慶五年（西元 1115 年）稱帝建國後，先後攻占遼的上京、中京，使天祚帝逃至西京，又逃至天德軍、雲內州一帶。至金太祖天輔六年（遼保大二年，夏崇宗元德四年，1122 年）四月，金將領「耶律坦招徠西南諸部，西至夏」，[註 1] 使金與西夏的版圖開始有所接觸。而夏崇宗乾順基於長期和遼的姻親、盟友關係，數次派兵援遼，甚至於夏元德五年（金天會元年，遼保大三年，1123 年）五月，「遣使請〔遼天祚帝〕臨

〔註 1〕脫脫，《金史》（台北：鼎文書局，民國 74 年 6 月），卷二，本紀第二，太祖，頁 37。

其國」，〔註2〕而遼則於六月「遣使冊李乾順為夏國皇帝」。〔註3〕

　　在同年初，金將領宗望「至陰山，以便宜與夏國議和」〔註4〕，曾致書夏崇宗，說：

> 今茲已舉遼國，若能如事遼之日以效職貢，當聽其來，毋致疑貳。
>
> 若遼主至彼，可令執送。〔註5〕

不料五月夏崇宗卻請遼天祚帝至西夏避難，宗望遂又致書，說：

> 果欲附我，當如前諭，執送遼主。若猶疑貳，恐有後悔。〔註6〕

此次諭書使夏崇宗不得不考量當時的局勢，因為遼已陷於亡國之際，而金的強國姿態此時也已隱然成形，因此為了西夏的生存，遂在元德六年（金天會二年，遼保大四年，1124 年）正月，向金「始奉誓表，以事遼之禮稱藩，請受割賜之地」。〔註7〕至三月，夏崇宗遣使至金上誓表，說：

> 蒙降德音以寬前罪，仍賜土地用廣藩籬，……自今已後，凡於歲時
> 朝賀、貢進表章、使人往復等事，一切永依臣事遼國舊例。其契丹
> 昏主今不在臣境，至如奔竄到此，不復存泊，即當執獻。若大朝知
> 其所在，以兵追捕，無敢為地及依前援助。其或徵兵，即當依應。
> 至如殊方異域朝覲天闕，合經當國道路，亦不阻節。〔註8〕

翌月，金賜西夏誓詔，並允其所請，自此金與西夏乃成為主從的結盟關係。

　　但是實際上，金與西夏的結盟關係並不穩定，因為「是時，金國方盛，脅而從之」，〔註9〕使西夏並未真正的誠心臣服。而且當時西夏利用金與北宋軍事對立之際，曾侵佔北宋天德、雲內等地，金以該地區為交通要衝，不願被西夏所獲，即派兵從西夏手中奪回該地區。因此金與西夏的結盟關係一開始即不和諧，隱含變數。另外，遼滅亡後，遼將領耶律大石所建立的西遼與西夏為鄰，使金頗顧慮西夏會與西遼結盟攻金，因此金將領完顏希尹上奏金

〔註2〕 脫脫，《遼史》（台北：鼎文書局，民國73年6月），卷二九，本紀第二九，天祚皇帝三，頁347。

〔註3〕 註同前。

〔註4〕 《金史》，卷一三四，列傳第七二，外國上，西夏，頁2865。

〔註5〕 書同前，頁2865～2866。

〔註6〕 書同前，卷七四，列傳第十二，宗望，頁1703。

〔註7〕 同註4，頁2866。

〔註8〕 註同前。

〔註9〕 宇文懋昭，《大金國志》（成都：巴蜀書社，《中國野史集成》第十冊，1993年11月），卷五，太宗文烈皇帝三，頁4。

太宗說：「聞夏使人約大石取山西諸部，以臣觀之，夏盟不可信也。」金太宗答說：「夏事酌宜行之。軍入其境，不知信與否也。大石合謀，不可不察，其嚴備之。」〔註10〕而導致金與西夏結盟失和的主要原因，還是在於西夏一意利用北宋邊防薄弱的情況，與金互爭陝西等地，使金立僞楚、僞齊時，都曾先後自作主張劃定與西夏的國界，以防西夏的擴張。〔註11〕西夏則以金擬將陝西賜給僞齊爲藉口，請求金割讓環、慶二州，被金太宗拒絕，西夏遂拒金借道攻宋的要求。〔註12〕未久金將領粘罕兩次派使要求西夏依照盟約出兵攻打南宋時，夏崇宗也都不應。〔註13〕但是此時金因正在全力攻打南宋，無法西顧，因此對於西夏的不從，並未採取制裁的行動。

　　夏仁宗仁孝即位後（夏大慶元年，金天眷三年，1140 年），西夏先後發生蕭（李）合達、慕洧等人的叛亂，以及嚴重饑荒，〔註14〕使夏仁宗不得不與金修好。但是至金海陵王天德二年（夏天盛二年，1150 年），派使至西夏告哀，並諭廢立之事時，夏仁宗「使人止之境上」，〔註15〕並且責問使者，「聖德皇帝（金熙宗）何爲見廢？」〔註16〕不肯接納使者。這件事又使金與西夏的關係趨於緊張，海陵王曾「議平宋之後，以兵由陝西定夏國」，〔註17〕也於「正隆元年（夏天盛八年，1156 年），命與夏國邊界對立烽堠，以防侵軼」，〔註18〕更於正隆三年（夏天盛十年，1158 年），下詔說：「今朕親將五百萬兵，速降夏國，以九月下旬回國。」〔註19〕雖然海陵王終未付之行動，但是西夏也不甘示弱，在海陵王入侵南宋時，於天盛十三年（金正隆六年，1161 年），攻佔金的會川、通峽等寨。直至同年海陵王被殺，金世宗即位後，改變對西夏的

〔註10〕《金史》，卷七三，列傳第十一，完顏希尹，頁 1685。

〔註11〕佚名，《大金弔伐錄》（成都：巴蜀書社，《中國野史集成》第十冊，1993 年 11 月），卷四，〈與楚計會陝西地書〉、〈與齊計會陝西地書〉，頁 10～11、13～14。

〔註12〕宇文懋昭，前引書，卷九，熙宗孝成皇帝一，頁 4。

〔註13〕吳廣成，《西夏書事》（成都：巴蜀書社，《中國野史集成》第十一冊，1993 年 11 月），卷三四，頁 14。

〔註14〕書同前，卷三五，頁 9、11、12；脫脫，《宋史》（台北：鼎文書局，民國 72 年 11 月），卷四八六，列傳第二四五，外國二，夏國下，頁 14024。

〔註15〕吳廣成，前引書，卷三六，頁 6。

〔註16〕註同前。另見《金史》，卷一三四，列傳第七二，外國上，西夏，頁 2868。

〔註17〕吳廣成，前引書，卷三六，頁 15。

〔註18〕《金史》，卷二六，志第七，地理志下，頁 653。

〔註19〕徐夢莘，《三朝北盟會編》（台北：文海出版社有限公司，民國 66 年 12 月），卷一三一，頁 5。

態度，再度開放對西夏的榷場，西夏則歸還所奪諸寨，才使雙方的緊張關係趨於緩和。但是至大定十二年、十七年（夏乾祐三年、八年，1172 年、1177年），金爲了加強邊防，先後關閉蘭州、保安，以及陝西沿邊的榷場，只留一處，使西夏的經濟大受影響，乃發動軍隊攻打金麟州，將該城擄掠一空。至金明昌元年（夏乾祐二十一年，1190 年），金章宗即位，派使至西夏，「禮意頗倨」，〔註20〕又引起夏仁宗以此爲藉口，派兵攻打金嵐、石等州，隔年，西夏兵又攻打金鄜、坊、保安等州。金因國內局勢不穩，以及在大定、明昌年間，天災頻生，黃河三次泛濫，社會經濟破壞嚴重，對西夏的屢次犯邊，只好採取忍讓的態度，使雙方的關係還不致太壞。至乾祐二十四（金明昌四年，1193 年），夏桓宗純祐即位，與金重修舊好，而金也於承安二年（夏天慶四年，1197 年），恢復與西夏的榷場貿易，使金與西夏的外交關係獲得暫時性的和平。

以上的論述是蒙古尚未興起以前，金與西夏結盟關係演變的情形，可見雙方的關係相當不穩定，雖然從金天會二年（夏元德六年，1124 年），兩國議和之後八十年間，無大規模的戰爭，但是局部地區的衝突卻屢次發生，一直存在著不穩定的因素。〔註 21〕因此當蒙古族興起壯大，用兵於西夏時，金不予支援，遂使金與西夏的結盟關係隨即產生很大的變化。

三、蒙古興起後對夏用兵導致金夏結盟破裂

在蒙古族領袖鐵木眞統一各部的過程中，曾於夏天慶十年（金泰和三年，1203 年），攻打克烈部，該部首領王罕子亦刺合‧桑昆逃入西夏境內，使鐵木眞以西夏收納蒙古的敵人爲由，於天慶十二年（金泰和五年，1205年），率兵攻打西夏。《元史‧太祖本紀》，說：「歲乙丑，帝征西夏，拔力吉里寨，經落思城，大掠人民及其橐駝而還。」〔註22〕拉施特《史集》則說：

> 成吉思汗整集軍隊去征討被稱做唐兀惕的合申地區。〔他們進入該地
> 區後，〕先到了力卜勒乞寨（加吉里寨），該寨修築得非常牢固。他
> 們包圍了它，在短時期內攻了下來，將寨牆和基礎全部平毀。他們

〔註20〕 吳廣成，前引書，卷三八，頁 14。

〔註21〕 參閱王亞男，〈西夏軍事衰落時期的戰爭〉，王天順主編《西夏戰史》（寧夏人民出版社，1993 年 10 月），頁 234～246；劉建麗、湯開建，〈金夏關係述評〉，《西北師大學報》1986 年第二期，頁 89～96。

〔註22〕 宋濂，《元史》（台北：鼎文書局，民國 75 年 3 月），卷一，本紀第一，太祖，頁 13。

從那裏進到克鄰——羅失城，這是座很大的城，他們攻下了它，進行了洗劫。〔接著〕他們又占領了唐兀惕若干其他地區，進行了洗劫，并將那些地區找到的牲畜全部驅走。〔然後〕他們帶著許多戰利品和無數駱駝、牲畜回來，以奴隸順服之禮來見成吉思汗。〔註23〕

此次戰爭是蒙古族興起後，第一次對西夏用兵，是一次屬於試探性、抄掠性的侵犯。而且此時蒙古尚無攻城作戰的經驗，沒有準備充分的攻城用具，即使攻下一兩座城，也無法久留，因此大掠西夏邊地數州即行撤回。〔註24〕但是已引起西夏的警覺，在蒙古軍撤走之後，夏桓宗即下令「修復被兵諸城堡」。〔註25〕而在同年十一月，西夏趁蒙古與金在河東地區對峙時，派兵進入蒙古境內，「行數日，無所得，諜報蒙古已敗金兵，回師來救，乃還」。〔註26〕

西夏的軍事行動促使鐵木真在即汗位的第二年（夏應天二年，金泰和七年，1207 年）秋天，以西夏不肯稱臣納貢爲理由，再度親率軍隊攻打西夏。據拉施特《史集》，說：

〔1207 年〕秋，由于唐兀惕地區經常作亂，不納貢賦，沒有表示〔應有的〕尊敬，成吉思汗再次出兵征討他們，當時他將整個地區征服，如意地凱旋歸來。〔註27〕

可是實際上因爲西夏對蒙古的入侵已有警覺，因此遭遇到堅強的抵抗，經過四十多天始攻下西夏北方要塞斡羅孩城，而夏襄宗安全又趕緊調集軍隊前來抵抗，使成吉思汗「見夏國兵勢尚盛，不敢驟進，逾五月糧匱，引還」。〔註28〕

至夏襄宗應天四年（成吉思汗四年，金大安元年，1209 年）三月，成吉思汗又率軍進行一次大規模攻打西夏的軍事行動，深入河西，西夏兵抵抗不利，使斡羅孩城再度被占。蒙古軍乘勝進逼至西夏都城中興府外圍克夷門，其爲一隘口，形勢險要，西夏兵死力抵抗，先勝後敗，至七月，終被攻陷，蒙古軍直入河套平原，包圍中興府，西夏面臨立國以來首次有可能亡國的危機，因此夏

〔註23〕拉施特，《史集》漢譯（北京：商務印書館，1986 年版）第二卷第二分冊，頁207。

〔註24〕三軍大學編著，《中國歷代戰爭史》（台北：黎明文化公司，民國 67 年 9 月）第十三冊，頁170。

〔註25〕吳廣成，前引書，卷三九，頁 11。

〔註26〕註同前。

〔註27〕拉施特，前引書，頁 209。

〔註28〕吳廣成，前引書，卷三九，頁 15。

襄宗「親督將士，登城守禦，蒙古兵不能破」。〔註29〕至九月，「會大雨，河水暴漲，蒙古主（成吉思汗）遣將築防遏水灌城，居民溺死無算」，〔註30〕情況相當危急。夏襄宗遂於十月派使求援於金，金朝臣認爲「西夏若亡，蒙古必來加我，不如與西夏首尾夾攻，可以進取而退守」。〔註31〕但是金衛紹王完顏永濟卻認爲「敵人相攻，吾國之福，何患焉？」〔註32〕因此拒不派兵援救西夏。幸好至十二月，「河水久灌，城址將圮，會外隄決，水勢四潰，蒙古兵不能支，遂解圍，退已，遣其太傅訛答入城諭降，安全乃納女請和」。〔註33〕《蒙古祕史》第二四九節記載雙方議和的情形，說：

> 從那裏〔成吉思可汗〕就向合申〔西夏〕進兵，到達之後，合申的不兒罕就降服了。說：「願做你的右翼，給你效力。」就把叫察合的女兒給了成吉思可汗。不兒罕又說：「聽見成吉思可汗的聲名，我已經害怕。如今你〔這〕有靈威的人親身蒞臨，因敬畏〔你的〕靈威，我們唐兀惕人願給你做右翼效力。」〔又〕奏請說：「給〔可汗〕效力，我們是定居的，是築有城廓的，〔即使〕做伴，在疾速的行軍中，在鋒利的廝殺中，〔既〕追不上疾速行動〔又〕做不到鋒利廝殺。如蒙成吉思可汗恩典，我們唐兀惕人，願把在高蓆棘草遮護地方所牧養的駱駝當做家畜獻給〔你〕；織成毛布當做緞匹〔獻〕給〔你〕；訓練捉獵的鷹鷂，挑選好的經常呈送〔你〕。」於是就實踐他所說的話，從唐兀惕百姓科斂駱駝，拿來呈獻〔多得〕都趕不動了。〔註34〕

至此時西夏遂臣服於蒙古，成爲其藩屬國家。

從以上所論，我們可知蒙古興起之後，對西夏的用兵，使西夏幾乎亡國，而金以盟國的身份卻不予以軍援，致使西夏非常怨恨金，引發了後來的金與西夏的戰爭，長期以來的結盟關係也因而破裂。尤其是西夏爲了求生存，其對外關係也只好從聯金抗蒙轉變爲附蒙攻金，這可以說是金、西夏、蒙古三國的歷史發展中，一個相當重要的關鍵。因爲蒙古興起壯大後，對外擴張的

〔註29〕書同前，卷四〇，頁2。

〔註30〕註同前。

〔註31〕同註29。

〔註32〕同註29。

〔註33〕同註29，頁2～3。

〔註34〕札奇斯欽，《蒙古祕史新譯並註釋》（台北：聯經出版公司，民國68年12月），續卷一，第二四九節，頁378～379。

主要目標，即是向南攻打金，其遠因在於金太宗時，蒙古合不勒汗殺死金的使臣，金曾多次派兵征討，蒙古忽圖剌汗也曾率兵攻金。而金世宗時更採三年一次「滅丁」的辦法，肆殺蒙古百姓，使蒙古對金有相當深的仇恨。至成吉思汗統一漠北後，即亟思復仇，但是金國經濟、軍事力量仍強，而且西夏為金的屬國，雙方結有盟約，如果蒙古攻金，金與西夏可能聯兵反擊或西夏派偏師北上，將使蒙古必須東西兼顧。因此至此時西夏對外政策的轉向，臣服依附於蒙古，使蒙古無西顧之憂，得以全力攻打金，從西夏東方邊境攻金，圍攻金西京，攻陷金烏沙堡，交戰於野狐嶺，取得金大水濼、豐利縣，又交戰於會河堡，進取居庸關、昌州、桓州、撫州，並且攻打金東京、中京，佔領金北京，戰果相當豐碩。〔註35〕

四、蒙夏聯兵攻金與蒙夏關係不穩

　　既然金與西夏關係交惡，因此西夏即在第二年，皇建元年（金大安二年，成吉思汗五年，1210 年）秋，派兵攻打金葭州，不料被擊退，但是也開始了金與西夏兩國近十多年的戰爭，而且西夏從這一次的交戰中，發現由其單獨主動攻金，對其並非有利，因此改以偏師或與蒙古聯兵攻金的模式。至夏光定元年（成吉思汗六年，金大安三年，1211 年），夏襄宗被廢，遵頊即位，是為神宗。同年九月，蒙古大舉攻金，進逼金中京，西夏即乘機派兵攻打金西邊諸州，雖然進行不順利，但是使金兩面受敵，相對的也提高了蒙古攻金的戰果。至夏光定三年（成吉思汗八年，金貞祐元年，1213 年），成吉思汗再度攻金，佔有金黃河以北大部分土地，只剩中都（即中京）等數城未破。同年八月，金發生政變，金衛紹王被殺，宣宗即位，除向蒙古求和外，也無力顧及西面的戰事，使西夏得以乘機積極攻金，獲得多次勝利，攻陷金邠州、保安州、涇州等地。直至蒙古與金議和後，蒙古退兵，西夏才減緩對金的攻勢。

　　當時蒙古與金的和議很快即破裂，因金宣宗在貞祐二年（成吉思汗九年，夏光定四年，1214 年）五月，將都城中都遷至南京（汴京），引起成吉思汗相當不悅，「曰：『既和而復遷，是有疑心，特以和議款我耳。』遣阿剌淺往詰責之」。〔註36〕因此於同年七月，再度圍攻金中都，次年五月攻陷中都。而西

〔註35〕參閱湯曉芳，〈試論成吉思汗用兵西夏的戰略意義〉，《內蒙古社會科學》1984
　　　　年第三期，頁 77～81；《中國歷代戰爭史》第十三冊，頁 191。
〔註36〕柯劭忞，《新元史》（上海：上海古籍出版社，1989 年 12 月），卷二，本紀第

夏則又乘機攻金，但是金與蒙古議和後，已加強西境的防守，因此這次西夏
犯金，敗多勝少，使西夏從以偏師攻金，改採與蒙古聯兵攻金的策略，在夏
光定六年（成吉思汗十一年，金貞祐四年，1216 年），蒙古軍南下攻金陝西時，
夏神宗即派兵與蒙古軍會合，攻打金延安府、代州、潼關等地。

　　但是蒙古與西夏在此數年中，相處得並不融洽，因為金與西夏雖然常有
戰爭，但是雙方卻仍時相通好，例如在金衛紹王崇慶元年（成吉思汗七年，
夏光定二年，1212 年）三月，曾派使冊封夏神宗為夏國王。此舉使成吉思汗
耿耿於懷，在夏光定四年（成吉思汗九年，金貞祐二年，1214 年），派兵三臨
西夏邊境，並且攻破威哈喇城，〔註 37〕以警告西夏兩面討好的作風，才促使
西夏不得不加強對金的攻擊。至夏光定七年（成吉思汗十二年，金興定元年，
1217 年）夏，一方面因西夏曾派使至金國賀正旦，一方面成吉思汗在此年率
軍遠征西域時，派人至西夏徵調軍隊，卻受到譏諷，引起成吉思汗相當不悅，
《蒙古秘史》第二五六節記載此事，說：

　　　成吉思可汗將出發的時候，派使臣去對唐兀惕人的不兒罕說：「你曾
　　　說過『願給你做右翼。』〔如今〕回回截斷我黃金韁轡，我要出發前
　　　去折証，你做我的右翼出征。」在不兒罕尚未作聲之前，阿沙敢不
　　　說：「力量尚且不足，何必做可汗？」說著大話，不肯出師援助，打
　　　發〔使臣回〕來了。成吉思可汗說：「怎能讓阿沙敢不這樣說！馬上
　　　計劃去征討他們又有何難？但是正在指向著他人的時候，姑且作
　　　罷。若蒙長生天保祐，緊握黃金韁勒，〔勝利〕歸來，那時再做計較。
　　〔註 38〕

　　因此在同年十二月，成吉思汗以西夏「禮意漸疏」為理由，由木華黎派
兵圍攻中興府，迫使夏神宗奉表謝罪投降。此次蒙古軍攻打西夏的目的，本
來是薄懲西夏大臣阿沙敢不的妄言，以及警告西夏不要利用蒙古軍西征時，
而有所妄動，而且要其繼續協助蒙古攻金。但是卻引起西夏考慮調整其與蒙
古、金三者之間的關係，據《金史·西夏傳》，說：

　　　興定二年（成吉思汗十三年，夏光定八年，1218 年）三月，右都監

三，太祖下，頁 20。
〔註 37〕戴錫章，《西夏紀》（成都：巴蜀書社，《中國野史集成》第十一冊，1993 年
　　　　11 月），卷二七，頁 5。
〔註 38〕札奇斯欽，前引書，續卷一，第二五六節，頁 394～395。

　　慶山奴奏：「夏人有乞和意，保安、綏德、葭州得文報，乞復互市，以尋舊盟，以臣觀之，此出於遵頊（夏神宗），非邊吏所敢專者。」朝廷不以爲然。〔註39〕

　　金拒絕西夏議和的提議，使西夏繼續對金的作戰。而在金方面，因成吉思汗率領精兵西征，使金遭受蒙古的威脅稍獲降低，因此在應付木華黎所率領的中原蒙古軍之外，尙有餘力攻打南宋、西夏。而西夏也不甘示弱，與金交戰數次，並且聯合南宋攻金，惟成效不大，互有勝負，使西夏只好從光定十年（成吉思汗十五年，金興定四年，1220年）至十三年（成吉思汗十八年，金元光二年，1223年），又繼續採取與蒙古聯兵攻打金的策略。

五、蒙古攻夏與金夏再度結盟

　　從上節的論述，我們可知西夏對蒙古的臣服，以及兩國的聯兵，其實也隱含矛盾，呈現出不穩定的情況，因此在西夏朝廷中時有主張與金恢復結盟者。例如夏光定十三年（成吉思汗十八年，金元光二年，1223年），夏神宗要太子德任率兵攻金，德任不依，並且「諫曰：『彼兵勢尙強，不若與之約和。』遵頊（夏神宗）笑曰：『是非爾所知也。彼此蘭州竟不能復，何強之有？』德任固諫不從，乞避太子位，願爲僧。遵頊怒，幽之靈州，遣人代將，會天旱不果」。〔註40〕可見當時聯蒙或聯金，不僅影響西夏的軍事行動，也影響其內政，而且西夏與蒙古聯兵之後，進攻或撤退的決定權都操在蒙古人手中，西夏不能自己作主，例如夏光定十三年，夏神宗「遵頊起步、騎十萬，合木華黎兵圍鳳翔，東自扶風、岐山，西連汧隴，數百里皆立營柵，攻城甚急。金行元帥府事赤盞石喜與同知臨洮府事郭蝦蟆登陴捍禦。夏首領共據胡床坐濠外指揮自若。蝦蟆持弓矢，伺一將舉肘時，一發中腋下甲不掩處，諸將大駭，知不能克，遂不告木華黎，引眾先歸」，〔註41〕使蒙古軍無法攻下鳳翔。這是西夏依附蒙古後，與蒙古聯兵攻金，第一次的主動不予配合，但是卻引起蒙古方面的不悅，乃於同年十月，派兵圍攻西夏剛佔領的金積石州，以懲罰其於鳳翔之役不告而退的行動，甚至於派使責問夏神宗，西夏唯有屈意忍受。同時也造成夏神宗惶恐不安，乃於同年十二月，傳位給太子德旺，是爲夏獻宗。

〔註39〕《金史》，卷一三四，列傳第七二，外國上，西夏，頁2874。
〔註40〕書同前，頁2875。
〔註41〕吳廣成，前引書，卷四一，頁14。

夏獻宗對於蒙古的態度，和其父夏神宗頗不相同，不願再受蒙古的驅使、控制，因此在夏乾定二年（成吉思汗十九年，金正大元年，1224 年）二月，利用「蒙古主征西域未還，遣使結漠北諸部爲外援，陰圖拒守計，諸部出兵應」。〔註 42〕成吉思汗得知西夏的行動後，先令在中原的蒙古將領孛魯伺機攻打西夏。五月，成吉思汗從西域東返，即圍攻西夏沙州，但久攻不下，乃於同年九月，令孛魯從河東率軍攻打西夏銀州，使西夏東西兩面受敵，不久攻陷銀州，漠北諸部也被瓦解，夏獻宗只好派使請降，而成吉思汗也從沙州撤軍，返回漠北。

此次戰役，本質上仍然是蒙古對西夏的脅迫，要求西夏遵守與蒙古的結盟和藩屬關係，聯兵攻打金。因此蒙古願意接受西夏的投降，尚無意滅亡西夏，但是夏獻宗卻因而有恢復聯金抗蒙的構想，採納大臣高良惠的建議，先派使至金請求修好，並且不向蒙古派遣質子。次年（夏乾定三年，成吉思汗二十年，金正大二年，1225 年）三月，當蒙古派使來索人質時，夏獻宗即對朝臣「曰：『我方修好金源，共支北敵，任子一往，受其束縛，後悔何追。』樞密使李元吉曰：『……金勢浸衰，自守不支，焉能濟我？』」〔註 43〕夏獻宗不聽，除遣回蒙古使臣外，復於六月求直言，殿中御史張公輔「疏陳經國七事，……今宜遣使與金約和，兩國各置邊烽，設偵候，此舉彼應，彼困此援，我兵氣壯，敵亦不敢正視矣」。〔註 44〕至於金國方面，自從金哀宗即位後，更感受到蒙古的威脅，已至危急的地步，因此停止對南宋的進攻，並且於同年九月，與「夏國和議定，以兄事金，各用本國年號，遣使來聘，奉國書稱弟。冬十月，以夏國修好，詔中外」。〔註 45〕至此金與西夏遂又恢復結盟的關係。

六、蒙古滅夏

在金與西夏恢復結盟的同時，成吉思汗也開始發動欲使西夏滅亡的戰爭，其理由是西夏接納蒙古的仇敵亦刺合‧桑昆、不納質子、拒受蒙古西征前的徵調，以及陰謀反叛。〔註 46〕蒙古軍分東西兩路進攻西夏，東路由成吉

〔註 42〕書同前，卷四二，頁 1。
〔註 43〕書同前，頁 3。
〔註 44〕書同前，頁 4。
〔註 45〕《金史》，卷十七，本紀第十七，哀宗上，頁 376。
〔註 46〕參閱姚從吾，《元朝史》（台北：正中書局，《姚從吾先生全集》（四），民國 63 年 9 月），頁 98。

思汗親自率領，於夏乾定四年（成吉思汗二十一年，金正大三年，1226 年）二月，從漠北南下，先取黑水城，再前進至賀蘭山，但是在途中成吉思汗於阿兒不合打獵，發生意外受傷。在養傷時派使至西夏責問其在夏光定七年（成吉思汗十二年，金興定元年，1217 年）被西夏拒絕徵調，以及受到譏諷的往事，據《蒙古秘史》第二六五節，說：

> ……於是就叫使臣前去傳話，〔說〕：「以前，你不兒罕曾經説過：『我們唐兀惕人，願做你的右翼。』因你曾那樣説過，〔所以〕當回回不肯議和之時，〔我〕派人去叫〔你〕出兵，你不兒罕不踐諾言，既不肯出兵〔又〕以言語譏諷。〔當時〕爲了另有所圖，我決定以後〔再向你〕對證，就去征伐回回。蒙長生天祐助，已納回回百姓於正軌，現在來向〔你〕不兒罕把話折證明白。」不兒罕説：「我沒有說過譏諷的話。」阿沙敢不説：「譏諷的話我是已經説過的。你們蒙古人慣於廝殺，若想廝殺，我在賀蘭山住撒帳氊房，有駱駝馱子。〔你們〕可以向賀蘭山來找我，〔在〕那裏廝殺！若想要金、銀、緞匹、財物，你們可以指向寧夏西涼。」〔註47〕

因此成吉思汗派兵攻打賀蘭山，俘阿沙敢不，並且屯兵避暑，待西路軍來會。至於西路軍在阿塔赤的率領下，先後攻陷西夏沙州、肅州，六月，與東路軍會合後，攻陷甘州、西涼府，佔有整個河西走廊。而夏獻宗已於五月死，其姪睍即位，是爲夏末帝。蒙古軍則繼續東進，攻佔應理後，分兵攻夏州，再由北南下，成吉思汗所率軍隊沿黃河由南北上，至夏寶義元年（成吉思汗二十一年，金正大三年，1226 年）十一月，兩路圍攻靈州，西夏兵從中興府來援，兩軍大戰於黃河岸，據拉施特《史集》，說：

> 成吉思汗迎上去作戰，在哈剌沐連〔黃河〕地方有許多湖，湖面全部冰封住了。成吉思汗站在冰上，下令發箭射〔敵人的〕腳，不讓他們從冰上過來，敵人們應弦而倒。作戰時殺死了許多人，〔唐兀惕人〕死者爲〔蒙古人的〕三倍，而據蒙古人所查明的〔唐兀惕人〕被殺死者爲〔蒙古人〕死亡數的十倍。〔註48〕

蒙古軍攻陷靈州後，又於夏寶義二年（成吉思汗二十二年，金正大四年，1227 年）二月，圍攻夏都中興府，但是成吉思汗本人另率軍渡過黃河，攻打

〔註47〕札奇斯欽，前引書，續卷二，第二六五節，頁 415～416。
〔註48〕拉施特，前引書，頁 317～318。

積石州，以及金臨洮、河州、西寧等地，以切斷西夏與金聯繫的通道。

同年閏五月，成吉思汗班師，避暑於六盤山，遣使諭夏末帝投降，至六月，夏末帝出降。拉施特《史集》記載此事，說：

> 其後唐兀惕國王失都兒忽思量道：「我多次反叛對抗成吉思汗，我的國土每次都遭到蒙古人的屠殺、掠奪，自今以後我再也不叛亂了，必須向成吉思汗表示奴隸般的順從。」他遂派遣使者〔到他那裏〕請求和談并訂立誓盟，他說道：「我擔心他能否收我做兒子。」成吉思汗對他的請求很滿意，〔當時〕失都兒忽請求一個月的期限，以便準備禮物，將城裏居民遷出來，〔成吉思汗〕給了他所請求的期限。為了表示尊敬、屈服，他想前來朝謁，但成吉思汗說：「我病了，讓他等我病好一些再來吧！」〔註49〕

但是實際上成吉思汗對於西夏的頑抗，早已相當不悅，當他病情逐漸加重，駐驛於清水縣時，即立下遺囑，說：「我死後，你們不要為我發喪、舉哀，好叫敵人不知我已死去。當唐兀惕國王和居民在指定時間從城裏出來時，你們可將他們一下子全部消滅掉。」〔註50〕因此至七月，夏末帝來到蒙古軍營欲謁見成吉思汗時，成吉思汗已死，而拖雷也依其遺命，執殺夏末帝，並且旋入中興府，滅亡西夏。至此，蒙古征服了中亞、西域、河西走廊和河套地區，在戰略上形成對金的大包圍。

七、結　論

綜上所論，我們可知從西夏出兵救遼於將亡之際，就開始與金經常發生衝突，甚至於在夏元德六年（金天會二年，1124 年）雙方議和結盟後，仍然不斷有局部短暫的衝突，但是至少無大規模的戰爭。至夏應天四年（成吉思汗四年，金大安元年，1209 年），蒙古軍攻打西夏，包圍其都城中興府，情勢相當危急，金卻坐視不救，使西夏被迫向蒙古納女請和，也終使金與西夏的結盟破裂，彼此交惡，大興干戈，兵連十多年猶未能解。尤其是西夏處在蒙古與金兩國之間，只好繼續沿用其往昔附強攻弱，以求自保，伺機取利的策略。《金史·西夏傳》說：

> （西夏）立國二百餘年，抗衡遼、金、宋三國，偭鄉無常，視三國

〔註49〕書同前，頁 320。
〔註50〕書同前，頁 321。

之勢強弱以為異同焉。〔註51〕

另外戴錫章《西夏紀》，也說：

（西夏）抗衡宋、遼、金、元，視四國之強弱以為向背。〔註52〕

此種策略在西夏前期確實發揮了相當的作用，西夏也因而獲得許多好處，但是西夏並沒有和金一樣，有比較明確的北守南攻策略，常隨局勢的變化而改變；也沒有建造長城以防蒙古，只靠城池的防禦力量，因此使蒙古軍隊能來去自如進出其國境，不必繞道避險。而且西夏依附蒙古，只能以蒙古為馬首是瞻，人力、物力皆聽任其徵調，使本身國力大為減弱，終至存亡與否均操在蒙古手中的地步。〔註53〕

　　另外，金與西夏的失和等於是為蒙古切斷金的右翼，也使西夏轉而臣服於蒙古，形成蒙古利用西夏聯兵夾攻金的有利形勢，導致金大部分領土被蒙古攻佔，軍隊主力也大多被打敗。而在成吉思汗率蒙古軍西征時，金不僅未乘機對在中原的蒙古軍作戰，反而挑釁於南宋，並且和西夏屢有劇烈的戰爭，以致於兵連禍結，久戰無功。後來西夏不滿蒙古的強力壓制，派使至金表示願意通和恢復舊盟，共同對抗蒙古時，金卻仍不予接受，繼續與西夏交戰，造成兩國精銳盡失，直至夏乾定二年（金正大元年，成吉思汗十九年，1224年），金與西夏才罷兵言和，復為兄弟之國。

　　論至此，筆者認為，就金、西夏、蒙古三個國家在此一時期彼此關係的演變來看，西夏的角色相當重要，因為西夏曾分別與金或與蒙古建立臣服結盟的關係，而金與蒙古卻未有過結盟的關係，因此西夏與金或與蒙古結盟，都成為影響三國情勢是否均衡的重要關鍵。尤其是當時新興的蒙古武力銳不可擋，遠在金和西夏之上，因此金與西夏如能結盟共同對抗蒙古，或尚可求得苟延殘喘的機會，無奈當時西夏迫於蒙古的威脅，必須聯蒙攻金，直至「一勝一負，精銳皆盡，而兩國俱弊」，〔註54〕才又恢復結盟，但是為時已晚，而且距上次雙方結盟已有一百年之久，因此在兩敗俱傷的情況下，西夏與金終於先後被蒙古所滅。

　　總之，金與西夏結盟關係的不穩定和破裂，是因蒙古勢力的介入與用兵

〔註51〕同註39，頁2877。
〔註52〕戴錫章，前引書，卷二八，頁12。
〔註53〕參閱陳育寧、湯曉芳，〈蒙古與西夏關係略論〉，《民族研究》1988年第五期，頁82～89。
〔註54〕同註39，頁2876。

所致，蒙古也從中加以利用，終於將其兩國先後滅亡。這樣的史實正顯現出金夏結盟在當時中國北疆情勢發展中的重要性，甚至於也對當時整個中國歷史情勢變化有很大的影響，穆鴻利、席岫峰在〈試論蒙夏戰爭〉一文中，分析說：「由于金、夏直接與蒙古先後接觸，並發生一系列軍事衝突，所以蒙、夏、金之間便形成了一種新的三角關係，……在舊格局金、宋、夏之間與新格局蒙、夏、金之間的兩重格局中，蒙、夏、金之間的新關係是當時政治關係的主流，而其中夏金關係又是諸關係變化的關鍵所在。夏、金關係的好與壞制約著蒙夏、蒙金、金宋與宋夏之間的關係。」〔註 55〕此一分析相當正確，也突顯出本論題對於擬更正確瞭解蒙古民族與周邊民族關係，甚至於整個中國民族關係史的演變，都有加以探討的必要。

《蒙古民族與周邊民族關係學術會議論文集》（民國 88 年 5 月），頁 273～292。

〔註 55〕穆鴻利、席岫峰，〈試論蒙夏戰爭〉，《寧夏社會科學》1991 年第二期，頁 49。

第九章　論蒙元帝國初期與漢地文化之關係

摘　要

　　本文主要論述蒙古帝國成吉思汗、窩闊臺汗時期與漢地文化之接觸、元帝國世祖、仁宗時期對漢地文化之推崇，以及其對禮樂制度之重視與制作。

　　關鍵詞：蒙古、元代、成吉思汗、窩闊臺汗、元世祖、元仁宗、漢地文化。

一、前　言

　　元代為中國史上偉大之朝代，十三世紀之蒙古人興起後，建立橫跨歐、亞兩洲之大帝國，在中國及整個世界史上均產生極大之影響。魏源《元史新編》特別譽之曰：

> 元有天下，其疆域之袤，海漕之富，兵力物力之雄廓，過於漢唐。
> 自塞外三帝，中原七帝，皆英武踵立，無一童昏暴謬之主。而又內
> 無宮闈奄官之蠱，外無強臣夷狄之擾，其肅清寬厚，亦過於漢唐。
> 〔註1〕

此言固為過譽之論，然而吾人不能否認者，即是蒙元帝國與四大汗國之建立，以及初期之三次西征，確實使當時歐、亞兩洲間之許多部族，得以從事文化之交流。故如就此一偉大貢獻而論，吾人實在即可對蒙元帝國之建立，在人類歷史上所扮演之角色，予以極高之評價。李思純《元史學》有云：

> 吾人以近代民族接觸文化轉輸之眼光觀之，則蒙古崛起，雖僅為沙
> 漠間一野蠻部落之事實紀載，若其南併中國西侵歐洲兩役，則於東
> 西兩方文化史上，有較重要之影響與價值。〔註2〕

　　可惜蒙元帝國之國祚不長，國勢之發展亦不穩定，雖然曾有數位君主頗重視漢地文化，但是並未得到大多數蒙古人之響應與合作，無論在朝廷或民間，種種偏見仍深，故其成效並不顯著。否則，蒙元帝國在長期安定之下，必能吸收漢地文化，且與其他部族之文化相互融合，而孕育出另一新生文化。如此，其影響力之所及，將必更為深遠、遼闊。日本學者高桑駒吉在《中國文化史》中，曾對此一史實表示極深之憾意。其言曰：

> 假使這個曠古的大帝國，而像唐、宋一般的國祚長久，那麼，一定
> 會吸收新文明，鼓吹新思想，而為數千年的學術界，開一新生面，
> 在中國文化史上劃出一新紀元來。惜乎世祖以後更不見有英主，帝
> 業忽衰，國命遂絕，這是我們現在所以為此大帝國的生命，尚不及
> 百年而悲，而同時又為此新興國的文化，於將開未開之際，即已為
> 風霜所侵而凋落，實抱無涯之遺憾也。〔註3〕

〔註1〕　魏源，《元史新編》，收錄於《古微堂外集》（台北：文海出版社，民國58年11月），卷三，擬進呈元史新編敘。
〔註2〕　李思純，《元史學》（台北：華世出版社，民國63年12月），頁3。
〔註3〕　高桑駒吉著，李繼煌譯，《中國文化史》（台北：台灣商務印書館，民國59年

論至此，吾人愈可體認蒙元帝國之建立，在中國及世界文化史上，誠然佔有極重要之地位。

然而有些學者，似頗受明人所言「元代無文」及「九儒十丐」之影響，而對蒙元帝國之破壞漢地文化常有微詞，其實元人亦頗重視中國歷史文化傳統之維護。陳垣《元西域人華化考》曰：

> 元時並不輕視儒學，至大元年（1308），加號孔子爲大成至聖文宣王；延祐三年（1316），詔春秋釋奠，以顏曾思孟配享；皇慶二年（1313），以許衡從祀，又以周程張朱等九人從祀；至順元年（1330），以董仲舒從祀；至正二十一年（1361），以楊時、李侗等從祀。又並不輕視文學，延祐五年（1318）七月，加封屈原爲忠節清烈公；致和元年（1328）四月，改封柳宗元爲文惠昭靈公；後至元三年（1337）四月，且諡杜甫爲文貞，其崇尚文儒若此。〔註4〕

故吾人可知蒙元帝國確有數帝對於儒學、儒士，乃是頗爲尊重與推崇的。今本文即是欲從其數位君主與漢地文化之接觸，而對此一史實加以分析與討論。

二、成吉思汗與漢地文化之接觸

成吉思汗興起後，隨著軍事之急遽發展，連年征伐，根本無暇顧及內政，與漢地之接壤亦尚未深潤，故成吉思汗與漢地文化之接觸仍未深入、密切，僅限於間接性之接觸而已。

然而吾人仍可舉出二事，予以論述之。其一即是長春眞人邱處機與成吉思汗在雪山上之三次談道，邱處機當時回答成吉思汗許多問題，其中有關道家之思想，以及養生之道，使久歷戰爭之成吉思汗對於漢地文化不禁產生仰慕、欽敬之意。〔註5〕另一可論者，即是耶律楚材之爲成吉思汗介紹漢文化，〔註6〕

1月），頁338。

〔註4〕 陳垣，《元西域人華化考》（台北：九思出版社，民國66年8月），卷八，頁125。

〔註5〕 成吉思汗與邱處機之交往，《元文類》，卷二十二，姚燧〈長春宮碑銘〉，頁269～270（台北：臺灣商務印書館，民國57年6月），曰：「長春子邱處機，爲全眞學於寧海之崑崳山。太祖聖武皇帝（成吉思汗）剷金之十年，方事西域，聞其（邱處機）有道，自奈蠻偹近臣劉仲祿持詔求之，又急於其見，而遲其來，繼伻之迓之，抽兵以衛之，與語雪山之陽，帝之所問，師之所對，如敬天愛民以治國，慈儉清淨以養身，帝大然之，曰：『天遣仙翁，以寤朕。』命左史書其言，又以訓諸皇子者，……癸未至燕，年七十六矣，而河之北南已

殘，首鼠未平，而鼎魚方急，乃大闢玄門，於戰伐之際，或一戴黃冠而持其
署牒，奴者必民，死賴以生者，無慮二三鉅萬人。其推厚德，植深仁，致吾
君於義軒者，歷古外臣，當受命之初，能為是乎。」
另外李志常〈長春真人西遊記〉（張星烺編，《中西交通史料彙編》，第五冊九
十六節，長春真人西遊記卷下，頁420～425，台北：世界書局，民國58年8
月），述及邱處機與成吉思汗會見之情形，甚是詳細，茲錄其與漢文化有關者，
其曰：「九月朔，渡航橋而北。師（邱處機）奏：『話期將至，可召太師阿海。』
其月望，上設幄齋莊，退侍女左右。鐙燭煒煌，惟闍利必、鎮海，宣差仲祿
侍於外。師與太師阿海、阿里鮮入帳坐。奏曰：『仲祿萬里周旋，鎮海數千里
遠送，亦可入帳與聞道話。』於是召二人入。師有所說，即令太師阿海以蒙
古語譯奏，頗愜聖懷。十有九日，清夜，再召師論道，上大悅。二十有三日，
又宣師入幄，禮如初，上溫顏以聽，令左右錄之，仍敕誌以漢字，意示不忘，
謂左右曰：『神仙三說養生之道，我甚入心，使勿泄于外。』……帝問以震雷
事，對曰：『山野聞國人夏不浴于河，不浣衣，不造氈，野有菌，則禁其採，
畏天威也，此非奉天之道也。嘗聞三千之罪，莫大于不孝者，天故以是警之。
今聞國俗多不孝父母，帝乘威德，可戒其眾。』上悅曰：『神仙是言正合朕心。』
敕左右記以回紇字。師請徧諭國人，上從之，又集太子諸王大臣曰：『漢人尊
重神仙，猶汝等敬天，我今愈信，真天人也。』乃以師前後奏對語諭之。且
云：『天俾神仙為朕言此，汝輩各銘諸心。』師辭退。……二十有四日，（邱
處機）再辭朝，上曰：『神仙將去，當與何物，朕將思之，更少待幾日。』師
知不可遽辭，徊翔以待。三月七日，又辭。上賜牛馬等物，師皆不受，曰：『祇
得驛騎足矣。』上問通事阿里鮮曰：『漢地神仙弟子多少？』對曰：『甚眾。
神仙來時，德興府龍陽觀中，嘗見官司催督差發。』上謂曰：『應于門下人，
悉令蠲免。』」

〔註6〕　《元文類》，卷五十七，宋子貞〈元故領中書省耶律公神道碑〉，頁830～831，
述及耶律楚材對蒙元帝國之貢獻，以及受成吉思汗重用之情形，曰：「國家之
興，肇基於朔方。惟太祖皇帝以聖德受命，恭行天罰，馬首所向，蔑有能國。
太宗承之，既懷八荒，遂定中原，薄海內外，罔不臣妾，於是立大政而建皇
極，作新宮以朝諸侯，蓋將樹不拔之基，垂可繼之統者也。而公（耶律楚材）
以命世之才，值興王之運，本之以廊廟之器，輔之天人之學，纏綿二紀，開
濟兩朝，贊經綸於草昧之初，一制度於安寧之後，自任以天下之重，屹然如
砥柱之在中流，用能道濟生靈，視千古無愧者也。……（耶律楚材）年十七，
書無所不讀，為文有作者氣。……（金）章宗特賜就試，則中甲科。……貞
祐甲戌（1214），（金）宣宗南渡，……表公為左右司員外郎。越明年京城不
守，遂屬國朝。太祖素有并吞天下之志，嘗訪遼宗室近族，至是徵詣行在。……
處之左右，以備咨訪。」
《元史》，卷一百四十六，列傳第三十三，〈耶律楚材傳〉，頁3455～3456（台
北：鼎文書局，民國66年10月），亦記之曰：「太祖定燕，聞其（耶律楚材）
名，召見，……帝偉之，曰：『遼、金世讎，朕為汝雪之。』對曰：『臣父祖
嘗委質事之，既為之臣，敢讎君耶？』帝重其言，處之左右。……夏人常八
斤，以善造弓，見知於帝，因每自矜曰：『國家方用武，耶律儒者何用？』楚
材曰：『治弓尚須用弓匠，為天下者豈可不用治天下匠耶？』帝聞之甚喜，曰

雖然當時耶律楚材之所以受成吉思汗之信任與重用，並非因其具有漢地文化之涵養，而是因其頗通曉天文、地理、醫學等雜學。〔註7〕但是在耶律楚材間接性之介紹下，畢竟使成吉思汗與漢地文化有或多或少之接觸。故法國史家格魯賽（R. Grousset）在《蒙古史略》提到耶律楚材對成吉思汗之影響，曰：

> 成吉思汗雖然是個殘忍政治家，（但）他對於文明人的經驗，並非扞格不入者。他親信人中，……有個契丹人耶律楚材，……竟能使他的主人薰染點文化，有時還能夠阻止屠殺。……成吉思汗且曾任命耶律楚材為大都的長官。……賴有耶律楚材同他那些畏兀兒的顧問，所以成吉思汗雖處屠殺之中，還能粗創一種蒙古行政。……契丹民族使此新建的蒙古帝國歸向中國文化，我們可以說這兩種人（指契丹人與畏兀兒人）是他們的文化導師。〔註8〕

耶律楚材既是對成吉思汗有如此鉅大之功勞，故成吉思汗曾「指楚材謂太宗（窩濶臺汗）曰：『此人，天賜我家。爾後軍國庶政，當悉委之。』」〔註9〕蓋當時耶律楚材之輔佐成吉思汗，已見成效，故諭示窩濶臺須繼續重用之。

三、窩濶臺汗與漢地文化之接觸

　　窩濶臺汗滅金，佔有中原地區後，與漢地百姓之接觸日見深廣。如何使漢地迅速恢復秩序，遂成為勢在必行之工作，故開始重用漢儒、採行漢法。其中以耶律楚材尤得窩濶臺汗之信任，初當「己丑（1229）秋，太宗將即位，宗親咸會，議猶未決。時睿宗為太宗親弟，故楚材言於睿宗曰：『此宗社大計，

見親用。」

〔註7〕耶律楚材因通曉天文、地理、醫學等類雜學，故深得成吉思汗之器重，其事蹟有如《元史》，卷一百四十六，列傳第三十三，〈耶律楚材傳〉，頁3456，曰：「己卯（1219）夏六月，帝西討回回國。禡旗之日，雨雪三尺，帝疑之，楚材曰：『玄冥之氣，見於盛夏，克敵之徵也。』庚辰（1220）冬，大雷，復問之，對曰：『回回國主當死于野』後皆驗。……西域曆人奏五月望夜月當蝕。楚材曰：『否。』卒不蝕。明年十月，楚材言月當蝕，西域人曰不蝕，至期果蝕八分。壬午（1222）八月，長星見西方，楚材曰：『女直將易主矣。』明年，金宣宗果死。帝每征討，必命楚材卜，帝亦自灼羊胛，以相符應。……丙戌（1226）冬，從下靈武，諸將爭取子女金帛，楚材獨收遺書及大黃藥材。既而士卒病疫，得大黃輒愈。」

〔註8〕格魯賽（Prof. R. Grousset）撰《極東史·蒙古史篇》，馮承鈞譯為《蒙古史略》，第一卷六節，頁28～29，台北：臺灣商務印書館，民國51年9月。

〔註9〕《元史》，卷一百四十六，列傳第三十三，〈耶律楚材傳〉，頁3456。

宜早定。』睿宗曰：『事猶未集，別擇日可乎？』楚材曰：『過是無吉日矣！』
遂定策，立儀制。乃告親王察合臺曰：『王雖兄，位則臣也，禮當拜。王拜，
則眾莫敢不拜。』王深然之。及即位，王率皇族及臣僚拜帳下。既退，王撫
楚材曰：『眞社稷臣也！』國朝尊屬有拜禮，自此始。時朝集後期應死者眾，
楚材奏曰：『陛下新即位，宜宥之。』太宗從之。」〔註10〕耶律楚材對窩濶臺
汗之即位與權位之提高，既是有如此深遠之影響力，故益受重用。

耶律楚材常以儒術施政，雖然有一次，因「太原路轉運使呂振、副使劉
子振，以贓抵罪。帝責楚材曰：『卿言孔子之教可行，儒者爲好人，何故乃有
此輩？』對曰：『君父教臣子，亦不欲令陷不義。三綱五常，聖人之名教，有
國家者莫不由之，如天之有日月也。豈得緣一夫之失，使萬世常行之道獨見
廢於我朝乎！』帝意乃解。」〔註11〕故耶律楚材在窩濶臺汗時期，屢以儒術
恢復秩序，創立制度，其中事蹟較具顯著者，計有八項：

（一）「奏立燕京等十路徵收課稅使，凡長貳悉用士人。」〔註12〕

（二）「凡州郡宜令長吏專理民事，萬戶總軍政，凡所掌課稅，權貴不得
　　　侵之。」〔註13〕

（三）使「避兵居汴者，得百四十七萬人」，〔註14〕免遭殺身之禍。

（四）「求孔子後，得五十一代孫元措，奏襲封衍聖公，付以林廟地。命
　　　收太常禮樂生，及召名儒梁陟、王萬慶、趙著等，使直釋九經，進
　　　講東宮。又率大臣子孫，執經解義，俾知聖人之道。置編修所於燕
　　　京，經籍所於平陽，由是文治興焉。」〔註15〕

（五）「定天下賦稅。」〔註16〕

（六）「命宣德州宣課使劉中隨郡考試，以經義、詞賦、論分爲三科，儒
　　　人被俘爲奴者，亦令就試，其主匿弗遣者死。得士凡四千三十人，
　　　免於奴者四分一。」〔註17〕

〔註10〕書同前，頁 3457。
〔註11〕書同前，頁 3462。
〔註12〕書同前，頁 3458。
〔註13〕同註 12。
〔註14〕書同前，頁 3459。
〔註15〕同註 14。
〔註16〕書同前，頁 3460。
〔註17〕書同前，頁 3461。

（七）「奏令本利相侔而止，永爲定制，民間所負者，官爲代償之。至一
　　　衡量，給符印，立鈔法，定均輸，布遞傳，明驛券，庶政略備，民
　　　稍蘇息焉。」〔註18〕

（八）「陳時務十策，曰：信賞罰，正名分，給俸祿，官功臣，考殿最，
　　　均科差，選工匠，務農桑，定土貢，制漕運。皆切於時務，悉施行
　　　之。」〔註19〕

　　凡此所引，皆可知耶律楚材以儒術施政，頗受重視，多得採用。而窩濶
臺汗對於儒臣，亦因耶律楚材之推介，已有進一步之了解。例如「丁酉
（1237），楚材奏曰：『制器者必用良工，守成者必用儒臣。儒臣之事業，非
積數十年，殆未易成也。』帝曰：『果爾，可官其人。』」〔註20〕且對於耶律
楚材不僅信任、重用，甚至常予以讚賞，曾「笑謂楚材曰：『汝不去朕左右，
而能使國用充足，南國之臣復有如卿者乎？』」〔註21〕亦曾「親執觴賜楚材
曰：『朕之所以推誠任卿者，先帝之命也。非卿，則中原無今日。朕所以得
安枕者，卿之力也。』」〔註22〕此一感激之語，不但顯示出耶律楚材幫助蒙
古人治理漢地之功勞甚大，且亦說明當時蒙元朝廷如欲統治漢地，則以採行
漢法、重用漢臣，較爲妥當，亦較有可能成功。

四、忽必烈汗之推崇漢地文化

　　元世祖忽必烈汗似乎深知以漢法統治漢地之妙用，故其爲蒙元帝國數位
君主中，與漢地文化接觸最密切者。其行漢法、用儒臣，及維護中國傳統文
化之努力，實在並不亞於由漢人出身而爲皇帝者。尤其早在潛邸時期，即因
與漢地文化之接觸，而有以漢法治漢地之意。《元史·世祖本紀》曰：

　　　歲甲辰（1244），帝在潛邸，思大有爲於天下。延藩府舊臣及四方文
　　　學之士，問以治道。〔註23〕

未久，「歲辛亥（1251）六月，憲宗（蒙哥汗）即位，同母弟惟帝（世祖）

〔註18〕同註17。
〔註19〕同註11。
〔註20〕同註17。
〔註21〕同註12。
〔註22〕同註16。
〔註23〕書同前，卷四，本紀第四，世祖一，頁57。

最長且賢，故憲宗盡屬以漠南漢地軍國庶事，遂南駐瓜忽都之地」，〔註 24〕
使忽必烈汗在經營漢地時，接觸不少漢地人才，更加認識漢地文化。究之其
在潛邸時期，所重用之儒臣有楊惟中、〔註 25〕姚樞、〔註 26〕張德輝、〔註 27〕
張文謙、〔註 28〕劉秉忠、〔註 29〕竇默、〔註 30〕王鶚、〔註 31〕李冶、〔註 32〕

〔註 24〕 同註 23。

〔註 25〕 《元史》，卷一百四十六，列傳第三十三，〈楊惟中傳〉，頁 3467，曰：「憲宗
　　　　即位，世祖以太弟鎮金蓮川，得開府專封拜。乃立河南道經略司於汴梁，奏
　　　　惟中等爲使。」

〔註 26〕 《元史》，卷一百五十八，列傳第四十五，〈姚樞傳〉，頁 3711，曰：「世祖在
　　　　潛邸，遣趙璧召（姚）樞至，大喜，待以客禮。詢及治道，乃爲書數千言，
　　　　首陳二帝三王之道，以治國平天下之大經，彙爲八目，曰：修身、力學、尊
　　　　賢、親親、畏天、愛民、好善、遠佞，次及救時之弊，爲條三十。」

〔註 27〕 《元史》，卷一百六十三，列傳第五十，〈張德輝傳〉，頁 3823，曰：「歲丁
　　　　未（1247），世祖在潛邸，召見（張德輝），問曰：『孔子歿已久，今其性安
　　　　在？』對曰：『聖人與天地終始，無往不在。殿下能行聖人之道，性即在是
　　　　矣。』又問：『或云，遼以釋廢，金以儒亡，有諸？』對曰：『遼事臣未周知，
　　　　金季乃所親睹。宰執中雖用一二儒臣，餘皆民弁世爵；及論軍國大事，又不
　　　　使預聞，大抵以儒進者三十之一，國之存亡，自有任其責者，儒何咎焉！』
　　　　世祖然之。」

〔註 28〕 《元史》，卷一百五十七，列傳第四十四，〈張文謙傳〉，頁 3695，曰：「文謙
　　　　與秉忠言於世祖，……乃選近侍脫兀脫、尚書劉肅、侍郎李簡往。三人至邢，
　　　　協心爲治，洗滌蠹敝，革去貪暴，流亡復歸，不期月，戶增十倍。由是世祖
　　　　益重儒士，任之以政，皆自文謙發之。」

　　　　又《元文類》，卷五十八，李謙〈中書省右丞張公神道碑〉，頁 844，曰：
　　　　「世祖皇帝始居潛邸，招集天下英俊，訪問治道。一時賢士大夫，雲合輻湊，
　　　　爭進所聞，迨中統至元之閒，布列台閣，分任岳牧，蔚爲一代名臣者，不可
　　　　勝紀。至其愛君憂國，忠勤匪懈，好善疾惡，始終不撓，若時政之臧否，生
　　　　民之利病，知之無不言，言之無不盡，曾不以用舍進退累其心者，公一人而
　　　　已。」

〔註 29〕 《元史》，卷一百五十七，列傳第四十四，〈劉秉忠傳〉，頁 3688，曰：「世祖
　　　　在潛邸……應對稱旨，屢承顧問。秉忠於書無所不讀，尤邃於易，……論天
　　　　下事如指諸掌。世祖大愛之，……秉忠遂留藩邸。」

〔註 30〕 《元史》，卷一百五十八，列傳第四十五，〈竇默傳〉，頁 3730，曰：「世祖在
　　　　潛邸，遣召之，……（竇默）既至，……不令暫去。」

〔註 31〕 《元史》，卷一百六十，列傳第四十七，〈王鶚傳〉，頁 3756，曰：「世祖在藩
　　　　邸，訪求遺逸之士，遣使聘（王）鶚。……進講孝經、書、易，及齊家治國
　　　　之道，古今事物之變，……世祖曰：『我雖未能即行汝言，安知異日不能行之
　　　　耶。』」

〔註 32〕 《元史》，卷一百六十，列傳第四十七，〈李冶傳〉，頁 3759，曰：「世祖在潛
　　　　邸，聞其（李冶）賢，遣使召之。」

魏璠、〔註33〕李俊民、〔註34〕商挺、〔註35〕趙璧、〔註36〕高智耀、〔註37〕
郝經、〔註38〕李德輝〔註39〕等人。後來又因其分地——邢州和關隴等地在儒
臣以漢法施政下，得以大治〔註40〕，使其更知以漢法治漢地之善策。

〔註33〕《元史》，卷一百六十四，列傳第五十一，〈魏初傳〉，頁3857，曰：「從祖璠，……
庚戌（1250）歲，世祖居潛邸，聞璠名，徵至和林，訪以當世之務。」

〔註34〕《元史》，卷一百五十八，列傳第四十五，〈李俊民傳〉，頁3733，曰：「世祖
在潛藩，以安車召之，延訪無虛日。遽乞還山，世祖重違其意，遣中貴人護
送之。」

〔註35〕《元史》，卷一百五十九，列傳第四十六，〈商挺傳〉，頁3738～3739，曰：「癸
丑（1253），世祖在潛邸，受京兆分地，聞（商）挺名，遣使徵至鹽州。入對
稱旨，字而不名。楊惟中宣撫關中，挺為郎中，兵火之餘，八州十二縣，戶
不滿萬，皆驚擾無聊，挺佐惟中，進賢良，黜貪暴，明尊卑，出淹滯，定規
程，主簿責，印楮幣，頒俸祿，務農，薄稅，通其有無，期月，而民安。……
兼治懷孟，境內大治。」

〔註36〕《元史》，卷一百五十九，列傳第四十六，〈趙璧傳〉，頁3747，曰：「世祖為
親王，聞其（趙璧）名召見，呼秀才而不名。賜三僮，給薪水。命后親製衣
賜之，視其試服，不稱，輒為損益，寵遇無與為比。命馳驛四方，聘名士王
鶚等。又命蒙古生十人，從璧受儒書，敕璧習國語（蒙古語），譯『大學衍義』，
時從馬上聽璧陳說，辭旨明貫，世祖嘉之。」

〔註37〕《元史》，卷一百二十五，列傳第十二，〈高智耀傳〉，頁3073，曰：「世祖在
潛邸已聞其（高智耀）賢，及即位，召見。」

〔註38〕《元文類》，卷五十八，盧摯〈翰林侍讀學士郝公神道碑〉，頁848，曰：「世
祖居潛邸，羅致異儁，挹其聞，遣使者一再起公（郝經），既奉清問，上稽唐
虞，下迨湯武，所以仁義天下者，緩頰以談，粲若所陳也，帝喜瑜所聞。」
又《元史》，卷一百五十七，列傳第四十四，〈郝經傳〉，頁3698，曰：「憲宗
二年（1252），世祖以皇弟開邸金蓮川，召（郝）經，諮以經國安民之道，條
上數十事，大悅，遂留王府。」

〔註39〕《元文類》，卷四十九，姚燧〈中書左丞李忠宣公行狀〉，頁701，曰：「歲丁
未（1247），用故太傅劉文貞公秉忠薦，徵（李德輝）至潛藩，俾侍今皇太子
講讀。」
又《元史》，卷一百六十三，列傳第五十，〈李德輝傳〉，頁3815，曰：「時世
祖在潛藩，用劉秉忠薦，使（李德輝）侍裕宗講讀，乃與竇默等皆就辟。」

〔註40〕《元史》，卷四，本紀第四，世祖一，頁57至58，曰：「邢州有兩答剌罕言於
帝曰：『邢，吾分地也。受封之初，民萬餘戶。今日減月削，才五、七百戶耳，
宜選良吏撫循之。』帝從其言，承制以脫兀脫及張耕為邢州安撫使，劉肅為
商榷使，邢乃大治。」
又同書，頁58～59，曰：「癸丑（1253），（忽必烈）受京兆分地，諸將皆築第
京兆，豪侈相尚。帝即分遣，使戍興元諸州。又奏割河東解州鹽池，以供軍
食。立從宣府於京兆，屯田鳳翔，募民受鹽入粟，轉漕嘉陵。夏，遣王府尚
書姚樞立京兆宣撫司，以李蘭及楊惟中為使，關隴大治。又立交鈔提舉司，
印鈔以佐經用。」

　　及至世祖即帝位後，仍繼續重用儒臣，常召之問以修身治國之道，諸如高智耀、〔註41〕李冶、〔註42〕張德輝〔註43〕等人，即是屢以儒家精神進言於世祖。且郝經、許衡等人亦再強調行漢法之好處，〔註44〕使世祖更加堅定以漢法治漢地之決心。故設立學校、〔註45〕振興農業、〔註46〕保存典籍〔註47〕

〔註41〕《元史》，卷一百二十五，列傳第十二，〈高智耀傳〉，頁3073，曰：「世祖……及即位，召見（高智耀），又力言儒術有補治道，反覆辯論，辭累千百。帝異其言，鑄印授之，命凡免役儒戶，皆從之給公文爲左驗。時淮、蜀士遭俘虜者，皆沒爲奴，智耀奏言：『以儒爲驅，古無有也。陛下方以古道爲治，宜除之，以風厲天下。』帝然之，即拜翰林學士，命循郡縣以區別之，得數千人。貴臣或言其詭濫，帝詰之，對曰：『士，譬則金也，金色有深淺，謂之非金不可；才藝有深淺，謂之非士亦不可。』帝悅，更寵賚之。」

〔註42〕《元史》，卷一百六十，列傳第四十七，〈李冶傳〉，頁3759～3760，曰：「（世祖）又問：『天下當何以治之？』（李冶）對曰：『夫治天下，難則難於登天，易則易於反掌。蓋有法度則治，按名責實則治，進君子退小人則治。如是而治天下，豈不易於反掌乎。無法度則亂，有名無實則亂，進小人退君子則亂。如是而治天下，豈不難於登天乎。且爲治之道，不過立法度，正紀綱而已。』」

〔註43〕《元史》，卷一百六十三，列傳第五十，〈張德輝傳〉，頁3824～3825，曰：「歲戊申（1248），（德輝）釋奠，致胙於世祖。世祖曰：『孔子廟食之禮何如？』對曰：『孔子爲萬代王者師，有國者尊之，則嚴其廟貌，修其時祀，其崇與否，於聖人無所損益，但以此見時君崇儒重道之意何如耳。』世祖曰：『今而後，此禮勿廢。』……壬子（1252），德輝與元裕北觀，請世祖爲儒教大宗師，世祖悅而受之。因啓：『累朝有旨蠲儒戶兵賦，乞令有司遵行。』從之。」

〔註44〕《元文類》，卷十四，郝經「立政議」，頁177，曰：「昔元魏始有代地，便參用漢法。至孝文遷都洛陽，一以漢法爲政，典章文物粲然與前代比隆，天下至今，稱爲賢君。王通修元經，即與爲正統，是可以爲鑒也。」此爲中統元年（1260）八年，所奏之文。至元三年（1266），許衡又上奏，論及以漢法施政之必要，《元文類》，卷十三，許衡〈時務五事〉，頁160～161，曰：「國朝土宇曠遠，諸民相雜，俗既不同，論難遽定。考之前代，北方奄有中夏，必行漢法，可以長久。故後魏、遼、金歷年最多，其他不能實用漢法，皆亂亡相繼，史冊具載，昭昭可見也。……以是論之，國家當行漢法無疑也。……以北方之俗，改用中國之法也，非三十年，不可成功。……在陛下篤信而堅守之，不雜小人，不營小利，不責近效，不恤浮言，則天下之心，庶幾可得，而致治之功，庶幾可成也。」

〔註45〕世祖既重用儒士，尊崇儒學，故亦積極設立學校，《元史》，卷八十一，志第三十一，選舉一，學校條，頁2027，曰：「世祖至元八年（1271）春正月，始下詔立京師蒙古國子學，教習諸生，於隨朝蒙古漢人百官，及怯薛歹官員，選子弟俊秀者入學。」
　　又《元文類》，卷四十，治典總敘，儒學教官條，頁534，曰：「世祖皇帝既立國子學，以教國人，及公卿大夫之子，取其賢能俊秀而用之，又推其法於天下，而郡縣皆立學，其司儒之命於朝廷者，曰儒學教授，路府上州則置焉。」
　　當時國子學由許衡負責校務，《元史》，卷一百五十八，列傳第四十五，〈許衡

等維護漢地文化之工作，皆不遺餘力地積極進行。

　　以世祖出身於遊牧民族之背景，而竟能對漢地文化如此重視，實在極爲難得，甚至當「中書左丞許衡集唐虞以來嘉言善政，爲書以進，世祖嘗令（王）恂講解，且命太子受業焉」，〔註48〕並欲達到「以道建極，文軌混同，（乃）內設冑監，外設提舉官，以領郡縣學校之事，於是遐陬絕漠，先王聲教之所未暨者，皆有學焉」。〔註49〕此種舉措，後人多予以稱述之，虞集《道園學古錄》曰：

> 世祖皇帝之知人善任使，何其始終之有道也！考諸惠愍（賀勝）之事而益信焉。大臣子之在宿衛者，言語之間，其教固已密矣，察之固已詳矣。然又以爲未足，又必使之知經術焉。覃懷許文正公衡，方倡道學以佐治化，一時貴遊之英俊必遣使學焉。其所成就，雖深淺不同，要皆各有可稱述。〔註50〕

《元史・世祖本紀》亦曰：

> 世祖度量弘廣，知人善任使，信用儒術，用能以夏變夷，立經陳紀；

傳〉，頁3727～3728，曰：「帝久欲開太學，……（至元）八年（1271），以（許衡）爲集賢大學士，兼國子祭酒，親爲擇蒙古弟子俾教之。衡聞命，喜曰：『此吾事也。國人子大樸未散，視聽專一，若置之善類中，涵養數年，將必爲國用。』乃請微其弟子……十二人爲伴讀。……時所選弟子皆幼稚，衡待之如成人，愛之如子，出入進退，其嚴若君臣。其爲教，因覺以明善，因明以開蔽，相其動息以爲張弛。課誦少暇，即習禮或習書算。少者則令習拜跪、揖讓、進退、應對，或射，或投壺，負者罰讀書若干遍。久之，諸生人人自得，尊師敬樂，下至童子，亦知三綱五常爲生人之道。」

〔註46〕世祖除重視興學外，亦從事農桑之推展，《元文類》，卷四十，經世大典，賦典總序，農桑條，頁537，曰：「我世祖皇帝，從左丞張文謙之請，立司農官，頒農政，化天下，以敦本就實之道，老者得其所養，少者有以自力，教之蓄積之方，申之學校之義，牧民之官，法其勤惰，風紀之司，嚴其體察，歲終以爲殿最，其法可謂至矣。」

〔註47〕世祖對歷代典籍頗盡力維護保存，朱彝尊撰，《曝書亭集》，卷四十四，〈文淵閣書目跋〉，頁540，（台北：世界書局，民國53年2月），曰：「元之平金也，楊中書惟中于軍前收伊洛諸書，載送燕都。及平宋，王承旨構，首請輦送三館圖籍。至元中，又徙平陽經籍所于京師。且括江西諸郡書板，又遣使杭州，悉取在官書籍板刻至大都。……考唐宋元藏書，皆極其愼重，獻書有賚，儲書有庫，勘書有人，曝書有會。」

〔註48〕《元史》，卷一百六十四，列傳第五十一，〈王恂傳〉，頁3844。

〔註49〕《元文類》，卷四十一，〈經世大典序錄〉，禮典總序，學校條，頁548。

〔註50〕虞集，《道園學古錄》（台北：台灣商務印書館，民國57年12月），卷十三，頁130，商務版四部叢刊初編集部。

所以爲一代之制者，規模宏遠矣。〔註51〕

五、元仁宗對漢地文化之尊崇

世祖之後，歷位蒙元帝國君主，亦有尊崇漢地文化者，其中以仁宗爲最。起初，仁宗在藩邸時，深受其儒士老師李孟之影響，據《元史‧李孟傳》曰：

> 武宗、仁宗皆未出閣，徵仁裕聖皇后求名儒輔導，有薦者曰：「布衣李孟有宰相才，宜令爲太子師傅。」大德元年（1297），武宗撫軍北方，仁宗留宮中，孟日陳善言正道，多所進言。……仁宗侍昭憲元聖皇后，降居懷州，又如官山，孟嘗單騎以從。……每進言曰：「堯舜之道，孝悌而已矣。」仁宗深納其言，有暇則就孟講論古先帝王得失成敗，及君君臣臣父父子子之義。……仁宗入清內難，敬事武皇，篤孝母后，端拱以成太平之功，文物典章，號爲極盛。嘗與羣臣語，獨奉示之曰：「所重乎儒者，爲其握持綱常如此其固也。」其講學之功如此其固者，實孟啟之也。〔註52〕

及至仁宗即位後，仍重用世祖時期之老儒臣，特別「召世祖朝諳知政務，素有聲重老臣平章程鵬飛、董士選、太子少傅李謙、少保張驢、左丞陳天祥、尚文劉正、左丞郝天挺、中丞董士珍、太子賓客蕭𣂰、參政劉敏中、王思廉、韓從益、侍御趙君信、廉訪使程鉅夫……等，給傳詣闕，同議政務」，〔註53〕且優禮儒士，「以宋儒周敦頤、程顥、顥弟頤、張載、邵雍、司馬光、朱熹、張栻、呂祖謙及故中書左丞許衡從祀孔子廟廷」，〔註54〕並把「一時賢能材藝之士悉置左右。……當是時，朝之宿學碩儒，能文辭翰墨者，若洛水劉公賡、吳興趙公孟頫、保定郭公貫、清河元公明善，皆被眷顧，士林歆慕以爲榮」。〔註55〕

〔註51〕　《元史》，卷十七，本紀第十七，世祖十四，頁377。

〔註52〕　書同前，卷一百七十五，列傳第六十二，〈李孟傳〉，頁4084～4085。

〔註53〕　書同前，卷二十四，本紀第二十四，仁宗一，頁537。

〔註54〕　書同前，頁557。
又《元文類》，卷十九，程鉅夫〈國子學先師廟碑〉，頁237～238，曰：「皇慶二年（1313）春，皇帝若曰：『我元胤百聖之統，建萬民之極，誕受厥命，作之君師。世祖混一區宇，丕修文教，成宗建廟學，武宗追尊孔子，所以崇化育材也。朕纂丕圖，監前人成憲，期底於治，可樹碑於廟。』……中統二年（1261），以儒臣許衡爲國子祭酒，選朝臣子弟，充弟子員。……元貞元年（1295），詔立先聖廟。……皇帝御極，陞先儒周敦頤、程顥、程頤、司馬光、張載、邵雍、張栻、呂祖謙、許衡從祀。……誠欲人人被服儒行，爲天下國家用耳。」

〔註55〕　蘇天爵，《滋溪文稿》（國立中央圖書館，民國59年3月），卷第十，〈故集賢

仁宗既崇儒學，故亦注重學校之設立及興辦情形，「命中書平章事李孟領
國子監學。諭之曰：『學校人材所自出，卿等宜數詣國學，課試諸生，勉其德
業。』」〔註56〕且舉辦科舉考試，因起初「帝每與（李）孟論用人之方。孟曰：
『人材所出，固非一途，然漢唐宋金科舉得人爲盛，今欲舉天下之賢能，如
於科舉取之，猶勝於多門而進，然必先德行經術而後文詞，乃可得眞材也。』
帝深然其言，決意行之。」〔註57〕「至仁宗皇慶二年（1313）十月，中書省
臣奏：『……夫取士之法，經學實修己治人之道，詞賦乃摛章繪句之學。……
今臣等所擬將律賦省題詩小義皆不用，專立德行明經科。以此取士，庶可得
人。』帝然之。」〔註58〕乃於是年，「詔（程）鉅夫偕平章政事李孟，參知政
事許師敬議行貢舉法。鉅夫建言：『經學當主程頤、朱熹傳註，文章宜革唐宋
宿弊。』命鉅夫草詔〔註59〕行之。」〔註60〕

仁宗時期，學校既興，科舉既行，故當時天下儒士得以進用，人才輩出。
《元史・選舉志・序》論曰：

> 元初，太宗始得中原，輒用耶律楚材言，以科舉選士。世祖既定天
> 下，王鶚獻計，許衡立法，事未果行。至仁宗延祐間，始斟酌舊制
> 而行之，取士以德行爲本，試藝以經術爲先，士襄然舉首，應上所
> 求者，皆彬彬輩出矣。〔註61〕

六、蒙元帝國對禮樂制度之重視與制作

蒙元帝國之建立，雖是以遊牧民族之身份入據中原地區，然而時日一久，

大學士光祿大夫李文簡公（衍）神道碑〉，頁395～396。
〔註56〕《元史》，卷二十四，本紀第二十四，仁宗一，頁538。
〔註57〕書同前，卷一百七十五，列傳第六十二，〈李孟傳〉，頁4089。
〔註58〕書同前，卷八十一，志第三十一，選舉一，頁2018。
〔註59〕程鉅夫，〈行科舉詔〉，《元文類》，卷九，頁13，曰：「惟我祖宗以神武定天下，
世祖皇帝，設官分職，微用儒雅，崇學校爲育才地，議科舉爲取士之方，規
模宏遠矣。朕以眇躬，獲承丕祚，繼志述事，祖訓是式。若稽三代以來，取
士各有科目。要其本末，舉人宜以德行爲首，試藝則以經術爲先，詞章次之，
浮華過實，朕所不取。爰命中書，參酌古今，定其條制。其以皇慶三年（1314）
八月，天下郡縣，舉其賢者能者，充賦有司。次年（1315）二月，會試京師，
中選者朕將親策焉。於戲！經明行修，庶得眞儒之用，風移俗易，益臻至治
之隆！」
〔註60〕《元史》，卷一百七十二，列傳第五十九，〈程鉅夫傳〉，頁4017。
〔註61〕書同前，卷八十一，志第三十一，選舉一，頁2015。

在前述幾位君主之推崇儒術，以及重用儒臣之下，漸受漢地文化之影響，對於代表儒家精神之禮樂制度乃多所制作。

起初，「元之有國，肇興朔漠，朝會燕饗之禮，多從本俗。太祖元年，大會諸侯于阿難河，即皇帝位，始建九斿白旗。世祖至元八年（1271），命劉秉忠、許衡始制朝儀。自是，皇帝即位，元正、天壽節、及諸王外國來朝、冊立皇后、皇太子、羣臣上尊號、進太皇太后、皇太后冊寶、暨郊廟禮成、羣臣朝賀，皆如朝會之儀。而大饗宗親、錫宴大臣，猶用本俗之禮爲多。若其爲樂，則自太祖徵用舊樂於西夏，太宗徵金太常遺樂於燕京，及憲宗始用登歌樂，祀天於日月山。而世祖命宋周臣典領樂工，又用登歌樂享祖宗于中書省。既又命王鏞作大成樂，詔括民間所藏金之樂器。至元三年（1266），初用宮縣、登歌、文武二舞于太廟，烈祖至憲宗八室，皆有樂章。三十年（1293），又撰社稷樂章。成宗大德間，製郊廟曲舞，復撰宣聖廟樂章。仁宗皇慶初，命太常補撥樂工，而樂制日備。大抵其於祭祀，率用雅樂，朝會饗燕，則用燕樂，蓋雅俗兼用者也。元之禮樂，揆之於古，固有可議。然自朝儀既起，規模嚴廣，而人知九重大君之尊，至其樂聲雄偉而宏大，又足以見一代興王之象，其在當時，亦云盛矣。」〔註62〕

至於制樂始末，「太祖初年，以河西高智耀言，徵用西夏舊樂，太宗十年（1238）十一月，宣聖五十一代孫衍聖公元措來朝，言于帝曰：『今禮樂散失，燕京、南京等處，亡金太常故臣及禮冊、樂器多存者，乞降旨收錄。』於是降旨，令各處管民官，如有亡金知禮樂舊人，可并其家屬徙赴東平，令元措領之，於本路稅課所給其食。十一年，元措奉旨至燕京，得金掌樂許政、掌禮王節及樂工翟剛等九十二人。十二年夏四月，始命製登歌樂，肄習于曲阜宣聖廟。……憲宗二年（1252）三月五日，命東平萬戶嚴忠濟立局，製冠冕、法服、鐘磬、筍簴、儀物肄習。五月十三日，召太常禮樂人赴日月山。八月七日，學士魏祥卿、徐世隆、郎中姚樞等，以樂工李明昌、許政、吳德、段楫、寇忠、杜延年、趙德等五十餘人，見于行宮。帝問制作禮樂之始，世隆對曰：『堯舜之世，禮樂興焉。』時明昌等各執鐘、磬、笛、簫、筦、塤、巢笙，於帝前奏之。曲終，復合奏之，凡三終。十一日，始用登歌樂祀昊天上帝于日月山。祭畢，命驛送樂工還東平。三年，時世祖居潛邸，命勾當東

〔註62〕書同前，卷六十七，志第十八，禮樂一，頁 1664。

平府公事宋周臣兼領大樂禮官、樂工人等，常令肄習，仍令萬戶嚴忠濟依己降旨存恤。六年夏五月，世祖以潛邸次灤州，下教令嚴忠濟督宋周臣以所得禮樂舊人肄習，宜如故事勉行之，毋忽。多十有一月，敕樂工老不堪任事者，以子孫代之，不足者，以他戶補之。中統元年（1260）春正月，命宣撫廉希憲等，召太常禮樂人至燕京。夏六月，命許唐臣等製樂器、公服、法服。秋七月七日，工畢。十一日，用新製雅樂，享祖宗于中書省。禮畢，賜預祭官及禮樂人百四十九人鈔有差。八月，命太常禮樂人復還東平。二年秋九月，敕太常少卿王鏞領東平樂工，常加督視肄習，以備朝廷之用。五年，太常寺言：『自古帝王功成作樂，樂各有名，盛德形容，於是乎在。伏觀皇上踐阼以來，留心至治，聲名文物，思復承平之舊。首敕有司，修完登歌、宮縣、八佾樂舞，以備郊廟之用。若稽古典，宜有徽稱。……中書省遂定名曰大成之樂，乃上表稱賀。』」〔註63〕

凡此所述，皆是蒙元帝國數位君主引用孔聖之後，定禮樂以祀昊天上帝之舉措，可謂已得儒家禮教之要旨，且吾人亦可更加了解其對漢地文化之態度。

七、結　論

蒙元帝國建立後，固然因種族偏見之關係，對漢地文化有或多或少之破壞與忽視，然而從上文之論述，吾人可知其數位君主對漢地文化之態度，並未盡是破壞或忽視，尤其是在元世祖時期，對漢地文化推崇之程度，實在不亞於由漢人出身之帝王。故論及蒙元帝國與漢地文化之關係，吾人可謂其亦頗有維護之功。法國史家格魯賽曾客觀論之曰：

> 忽必烈一面為亞洲諸地大汗之嗣君，一面又為中國諸皇朝之承續人，所以在外國皆為大汗，在中國則為天子。其恢復國內元氣，實施比較和平的政策。曾將百年來對戰爭的痛苦，加以消除。他不僅很虛心的將前朝優良的制度，加以保存，而且能錄用舊日優良官吏。侵略土地，得勢以後，而能收攬人心。他最大的光榮，不在臣服中國，而在能將廣大的土地加以安定。〔註64〕

然而吾人再就蒙元帝國本身而言，元世祖雖是借用漢人以漢法治漢地，而

〔註63〕書同前，卷六十八，志第十九，禮樂二，制樂始末，頁1691～1693。
〔註64〕格魯賽，前引書，第三卷五節，頁64。

成功地建立起帝國之規模，但是也未嘗不是蒙元帝國迅速滅亡之遠因。〔註65〕
蓋此一採行漢法之舉措，反而導致蒙古本土日後幾乎成爲荒寒之省分——嶺北
行中書省。且在當時，亦使環於皇兄蒙哥汗周圍，主張欲以西域法治國之蒙古
本位保守主義之重臣們，大爲惶恐不安。〔註66〕《元史・高智耀傳》曰：

> 會西北藩王遣使入朝，謂：「本朝舊俗與漢法異，今留漢地，建都邑
> 城廓，儀文制度，遵用漢法，其故何如？」〔註67〕

《蒙兀兒史記》亦曰：

> 蓋蒙哥汗以前，四朝皆建牙如林，氈盧湩酪，一仍游牧古風，自忽
> 必烈汗定都燕地，濡染華俗，蒙兀老成人，多不善之。〔註68〕

未料不久，蒙哥汗竟戰死於四川合州釣魚山下，致使忽必烈在中國本土以漢
法治理漢地之政策，乃得到絕對之優勢，而反對與其合作之保守主義者，在
不滿意忽必烈之所作所爲下，逐漸脫離忽必烈之統御，終於使蒙元帝國之統
一無法獲得實現，甚至造成許多政治上之紛擾。〔註69〕

　　另一影響，即是後來蒙元帝國之數位君主，並未再重用漢人，反而以蒙
古人、色目人治理漢地，使治道日非，終致不可收拾，《蒙兀兒史記》曰：

> 治漢人當用漢法，忽烈烈所知也。至元初政，八坐之中，漢人幾居
> 其半，其人又賢，當時治績，論者比之有唐貞觀焉，嗣時厥後左右
> 相專用蒙兀、色目人，即平章一位，亦幾無漢人容足地，而治道日
> 非矣！〔註70〕

此誠爲至確之論。

　　《中華文化復興月刊》第十六卷第五期（民國72年5月），頁17～25。

〔註65〕參閱蔣武雄，〈論元朝初期之以漢治漢〉，《中國邊政》第七十六期，頁19～
　　　　22。
〔註66〕參閱札奇師斯欽撰，《西域和中原文化對蒙古帝國的影響和元朝的建立》，收
　　　　錄於《宋史研究集》第四輯（台北：國立編譯館，民國58年6月），頁451。
〔註67〕《元史》，卷一百二十五，列傳第十二，〈高智耀傳〉，頁3073。
〔註68〕屠寄，《蒙兀兒史記》，卷第七，本紀第六上，忽必烈汗，頁39。
〔註69〕參閱沃爾納德斯基著，札奇師斯欽譯，《蒙古與俄羅斯（一）》（台北：中華文
　　　　化出版事業委員會，民國44年），第二章，頁57～58。
〔註70〕屠寄，前引書，卷第一百五十九，表第七下，行省宰相，頁52。

徵引書目

一、基本史料

1. 王稱，《東都事略》，台北：文海出版社，民國 56 年。

2. 王宗沐，《宋元資治通鑑》，轉引自屬鶚，《遼史拾遺》，收錄於《遼史彙編》（三），台北：鼎文書局，民國 62 年。

3. 元好問，《中州集》，台北：鼎文書局，民國 62 年。

4. 司馬光，《資治通鑑》，台北：藝文印書館，民國 44 年。

5. 司馬遷，《史記》，台北：鼎文書局，民國 67 年。

6. 永瑢等撰，《文淵閣四庫全書總目》，台北：台灣商務印書館，民國 75 年。

7. 朱彝尊，《曝書亭集》，台北：世界書局，民國 53 年。

8. 向南，《遼代石刻文編》，石家莊：河北教育出版社，1995 年。

9. 宇文懋昭，《大金國志》，收錄於《中國野史集成》第 10 冊，成都：巴蜀書社，1993 年。

10. 宋綬編，《宋大詔令集》，台北：鼎文書局，民國 61 年。

11. 宋濂，《元史》，台北：鼎文書局，民國 66 年。

12. 李攸，《宋朝事實》，台北：文海出版社，民國 56 年。

13. 李燾，《續資治通鑑長編》，台北：世界書局，民國 50 年。

14. 李有棠，《遼史紀事本末》，收錄於《遼史彙編》（七），台北：鼎文書局，民國 62 年。

15. 李志常，《長春眞人西遊記》，收錄於張星烺編，《中西交通史料彙編》，台北：世界書局，民國 58 年。

16. 佚名，《大金弔伐錄》，收錄於《中國野史集成》第 10 冊，成都：巴蜀書社，1993 年。

17. 吳廣成，《西夏書事》，收錄於《中國野史集成》第 11 冊，成都：巴蜀書社 1993 年。

18. 柯劭忞，《新元史》，上海：上海古籍出版社，1989 年。

19. 洪皓，《松漠紀聞》，收錄於《中國野史集成》第 10 冊，成都：巴蜀書社，1993 年。

20. 馬端臨，《文獻通考》，台北：新興書局，民國 47 年。

21. 徐松，《宋會要輯本》，台北：世界書局，民國 51 年。

22. 徐顥，《江西臨江府志》，明嘉靖十五年刊本，天一閣藏明代方志選刊續編，上海書局，1990 年。

23. 徐夢莘，《三朝北盟會編》，台北：文海出版社，民國 66 年。

24. 袁桷，《清容居士集》，台北：新文豐出版公司，民國 73 年。

25. 袁祖安，《三朝北盟會編附校勘記》校讎本，台北：文海出版社，民國 66 年。

26. 秦鏞，《江西清江縣志》，明崇禎十五年刊本，台北：國家圖書館微捲。

27. 畢沅，《續資治通鑑》，台北：文光出版社，民國 64 年。

28. 脫脫，《遼史》，台北：鼎文書局，民國 65 年。

29. 脫脫，《金史》，台北：鼎文書局，民國 65 年。

30. 脫脫，《宋史》，台北：鼎文書局，民國 67 年。

31. 陳述，《遼文匯》，收錄於《遼史彙編》（六），台北：鼎文書局，民國 62 年。

32. 陳述輯校，《全遼文》，收錄於《中華全書薈要》，台北：龍文出版社，民國 80 年。

33. 彭百川，《太平治蹟統類》，台北：成文出版社，民國 55 年。

34. 葉隆禮，《契丹國志》，收錄於《遼史彙編》（七），台北：鼎文書局，民國 62 年 10 月。

35. 虞集，《道園學古錄》，台北：台灣商務印書館，民國 57 年。

36. 樓鑰，《攻媿集》，台北：新文豐出版公司，民國 73 年。

37. 歐陽修，《新五代史》，台北：鼎文書局，民國 65 年。

38. 戴錫章，《西夏紀》，收錄於《中國野史集成》第 11 冊，成都：巴蜀書社，1993 年。

39. 魏收，《魏書》，台北：鼎文書局，民國 64 年。

40. 魏源，《元史新編》，收錄於《古微堂外集》，台北：文海出版社，民國 58 年。

41. 蘇轍，《欒城集》，台北：台灣商務印書館，四部叢刊初編本，民國 54 年。

42. 蘇天爵編,《元文類》,台北:台灣商務印書館,民國 57 年。

43. 蘇天爵,《滋溪文稿》,台北:國立中央圖書館,民國 59 年。

44. 釋文瑩,《玉壺野史》,台北:廣文書局,民國 59 年。

二、近人著作

1. 三軍大學編著,《中國歷代戰爭史》,台北:黎明文化公司,民國 67 年。

2. 札奇斯欽,《蒙古秘史新譯並註釋》,台北:聯經出版公司,民國 68 年。

3. 何孝榮,《明代北京佛教寺院修建研究》,天津:南開大學出版社,2006 年。

4. 何茲全,《近五十年來漢唐佛教寺院經濟研究》,北京:師範大學,1987 年。

5. 沃爾納德斯基著,札奇斯欽譯,《蒙古與俄羅斯》,台北:中華文化出版事業委員會,民國 44 年。

6. 李思純,《元史學》,台北:華世出版社,民國 63 年。

7. 拉施特,《史集》漢譯,北京:商務印書館,1986 年。

8. 姚從吾,《遼朝史》,台北:正中書局,《姚從吾先生全集》(二),民國 62 年。

9. 姚從吾,《元朝史》,台北:正中書局,《姚從吾先生全集》(四),民國 63 年。

10. 高桑駒吉著,李繼煌譯,《中國文化史》,台北:台灣商務印書館,民國 59 年。

11. 格魯賽,《極東史》〈蒙古史篇〉,馮承鈞譯為《蒙古史略》,台北:台灣商務印書館,民國 51 年。

12. 陶希聖,《唐代寺院經濟》,台北:食貨出版社,民國 68 年。

13. 黃敏枝,《唐代寺院經濟的研究》,台北:台灣大學文史叢刊之二十二,民國 60 年。

14. 黃敏枝,《宋代佛教社會經濟史論集》,台北:學生書局,民國 78 年。

15. 陳垣,《西域人華化考》,台北:九思出版社,民國 66 年。

16. 陳述,《契丹史論證稿》,收錄於《遼史彙編》(七),台北:鼎文書局,民國 62 年。

17. 陳燕珠,《新編補正房山石經題記彙編》,台北:覺苑文教基金會,1995 年。

18. 野上俊靜,《遼金の佛教》,京都:平樂寺書店,昭和 28 年。

19. 野上俊靜等著,釋聖嚴譯,《中國佛教史概說》,台北:台灣商務印書館,民國 78 年。

20. 屠寄,《蒙兀兒史記》,台北:鼎文書局,民國 65 年。

21. 程光裕,《宋太宗對遼戰爭考》,台北:台灣商務印書館,民國 61 年。

22. 道端良秀,《中國佛教社會經濟史の研究》,京都:平樂寺書店,1983 年。

三、論 文

1. 三島一,〈唐宋時代に於ける貴族對寺院の經濟的交涉に關する一考察〉,《市村博士古稀紀念東洋史論集》,1933 年。

2. 王月珽,〈遼朝皇帝的崇佛及其社會影響〉,《內蒙古大學學報》1994 年第一期。

3. 王吉林,〈今存遼文獻中有關佛教史料之研究〉,《中國佛教史論集》(五)宋遼金元篇(下),台北:大乘出版社,民國 66 年 10 月。

4. 王吉林,〈遼代千人邑之研究〉,《大陸雜誌》第三十五卷第五期,民國 56 年。

5. 王亞男,〈西夏軍事衰落時期的戰爭〉,王天順主編《西夏戰史》,寧夏人民出版社,1993 年 10 月。

6. 王明蓀,〈宋初的反戰論〉,《戰爭與中國社會變動》,台北:學生書局,民國 80 年 11 月。

7. 王德毅,〈徐夢莘年表〉,《大陸雜誌》第三十一卷第八期,民國 54 年 10 月。

8. 王德毅,〈《三朝北盟會編》出版前言〉,台北:大化書局,民國 68 年 1 月。

9. 井上順惠,〈遼代千人邑會について〉,《禪學研究》60 號,昭和 56 年。

10. 尹承琳,〈論遼初統治階級內部鬥爭的特點和性質〉,《遼寧大學學報》1983 年第二期。

11. 白文固,〈遼代的寺院經濟初探〉,《社會科學》1981 年第四期。

12. 田華,〈淺談遼代寺院經濟的一些問題〉,《北方文物》1986 年第七期。

13. 田村實造,〈遼代佛教の社會史的考察〉,《中國征服王朝の研究》(上),同朋舍出版株式會社,昭和 60 年 8 月。

14. 札奇斯欽,〈西域和中原文化對蒙古帝國的影響和元朝的建立〉,收錄於《宋史研究集》第四輯,台北:國立編譯館,民國 58 年 6 月。

15. 仲偉民,〈《三朝北盟會編》傳本及其體例〉,《史學史研究》1990 年第二期。

16. 仲偉民,〈新發現的《三朝北盟會編》摘抄本之特色及其重要的史料價值〉,《華東師範大學學報(哲學社會科學版)》1990 年第一期。

17. 仲偉民，〈《三朝北盟會編》對金史研究的價值〉，《史學史研究》1991 年第四期。

18. 吳晗，〈陣圖與宋遼戰爭〉，《新建設》1959 年第四期。

19. 杜光簡，〈宋遼初期對抗形勢〉，《學思》第一卷第十一期，民國 31 年 6 月。

20. 宋常廉，〈高梁河戰役考實〉，《大陸雜誌》第三十九卷第十期，民國 58 年 11 月。

21. 匡裕徹，〈遼宋戰爭中的遼將耶律休哥〉，《中國民族關係史論集》，青海人民出版社，1988 年 8 月。

22. 李家祺，〈遼朝寺廟分佈研究〉，收錄於《中國佛教史論集》（五）宋遼金元篇（下），台北：大乘出版社，民國 66 年 10 月。

23. 李家祺，〈遼朝佛教研究〉，收錄於《中國佛教史論集》（五）宋遼金元篇（下），台北：大乘出版社，民國 66 年 10 月。

24. 李家祺，〈對遼穆宗行為試作精神分析〉，《新時代》第十卷第九期，民國 59 年 9 月。

25. 李漢陽，〈遼太祖諸弟之亂考〉，《史學會刊》第十六期，民國 65 年 6 月。

26. 神尾弌春，〈契丹寺院の經濟〉，《契丹佛教文化史考》，東京：第一書房，昭和 57 年。

27. 唐統天，〈遼道宗崇佛原因初探〉，《東北地方史研究》1991 年第一期。

28. 唐統天，〈遼道宗對佛教發展的貢獻〉，《社會科學輯刊》1994 年第四期。

29. 張國慶，〈略論遼代上層僧侶之特色〉，《松遼學刊》1993 年第三期。

30. 張國慶，〈論遼代家庭生活中佛教文化的影響〉，《北京師範大學學報》2004 年第六期。

31. 野上俊靜，〈遼代の邑會に就きて〉，《大谷學報》20 卷 1 期，昭和 14 年。

32. 曹仕邦，〈從宗教與文化背景論寺院經濟與僧尼私有財產在華發展的原因〉，《華岡佛學學報》第八期，民國 74 年。

33. 陳述，〈論契丹之選汗大會與帝位繼承〉，《史學集刊》第五期，收錄於《遼史彙編》（八），台北：鼎文書局，民國 62 年 10 月。

34. 陳育寧、湯曉芳，〈蒙古與西夏關係略論〉，《民族研究》1998 年第五期。

35. 陳芳明，〈宋初弭兵論的檢討〉，《國立編譯館館刊》第四卷第二期，民國 64 年 12 月。

36. 陳樂素，〈徐夢莘考〉，《國學季刊》第四卷第三號上，民國 22 年 9 月。

37. 陳樂素，〈《三朝北盟會編》考（上）〉，中央研究院《歷史語言研究所集刊》第六本第二分，民國 25 年 7 月。

38. 傅樂煥，〈遼代四時捺鉢考五篇〉，《中央研究院歷史語言研究所集刊》第

十期，民國 43 年 5 月。

39. 曾貽芬，〈宋代的類書及其他資料匯編〉，《史學史研究》1992 年第二期。

40. 曾瑞龍，〈宋遼高梁河戰役考論〉，《大陸雜誌》第八十卷第三期，民國 79 年 3 月。

41. 游俠，〈遼代佛教〉，《中國佛教》第一輯，知識出版社，1980 年 4 月。

42. 湯曉芳，〈試論成吉思汗用兵西夏的戰略意義〉，《內蒙古社會科學》1984 年第三期。

43. 塚本善隆，〈石經山雲居寺と石刻大藏經〉，《東方學報》第五期副刊，房山雲居寺研究號）。

44. 楊樹森，〈略論遼代軍事家耶律休哥──兼說宋兩次攻遼戰爭之敗〉，《遼金史論集》，上海古籍出版社，1987 年 6 月。

45. 廖隆盛，〈宋太宗的聯夷攻遼外交及其二次北伐〉，《師大歷史學報》第十期，民國 71 年 6 月。

46. 穆鴻利、席岫峰，〈試論蒙夏戰爭〉，《寧夏社會科學》1991 年第二期。

47. 劉建麗、湯開建，〈金夏關係述評〉，《西北師大學報》1986 年第二期。

48. 蔣方震述，謝詒徵編，〈宋之外交〉，《蔣百里全集》第五冊，台北：傳記文學社，民國 60 年 6 月。

49. 蔣武雄，論元朝初期之以漢治漢〉，《中國邊政》，第七十六期，民國 70 年 12 月。

50. 蔣武雄，〈宋遼歲幣外交與國運之關係〉，《中華文化復興月刊》，第十五卷第八期，民國 71 年 8 月。

51. 蔣武雄，〈遼太宗入主中國失敗的探討〉，《空大人文學報》第五期，民國 85 年 5 月。

52. 蔣武雄，〈遼與北漢興亡的關係〉，《東吳歷史學報》第三期，民國 86 年 3 月。

53. 蔣武雄，〈遼代佛教寺院經濟初探〉，《空大人文學報》第七期，民國 87 年 6 月。

54. 蔣武雄，〈遼代千人邑的探討〉，《空大人文學報》第八期，民國 88 年 6 月。

55. 韓道誠，〈契丹佛教發展考〉，《東北論文集》五輯，台北：中華大典編印會，1972 年。

56. 羅煌，〈關於宋遼高梁河之戰〉，天津益世報，讀書週刊四十二期，民國 25 年 4 月 2 日。

遼與五代外交研究

蔣武雄 著

作者簡介

蔣武雄，1952 年生。1974 年畢業于東海大學歷史學系；1978 年畢業于政治大學邊政研究所；1986 年畢業于中國文化大學史學研究所博士班；現為東吳大學歷史學系教授。主要研究領域為中國災荒救濟史、中國古人生活史、中國邊疆民族史、宋遼金元史、明史。先後在《東方雜誌》、《中華文化復興月刊》、《中國邊政》、《中國歷史學會史學集刊》、《空大人文學報》、《東吳歷史學報》、《中國中古史研究》、《玄奘佛學研究》、《史匯》、《中央日報長河版》等刊物發表歷史學術論文一百二十餘篇。

提　　要

　　遼與五代在中國歷史上的互動，除了曾以其強勢之姿，對五代政權的轉移頗有介入之外，也在外交方面以上國或對等的地位與五代進行交往。因此該時期外交局勢的演變、層次的問題、使節的任務，以及交聘的禮物等，都值得我們做深入的探討。筆者遂以《遼與五代外交研究》為題，論述以上的史實。全書計五章、三十六節。

　　第一章：遼與後梁外交幾個問題的探討——論述遼太祖與朱全忠的交往，對後梁建國初期的影響，以及兩國在外交上的層次、冊命、使節任務、禮物等問題。

　　第二章：遼與後唐外交幾個問題的探討——論述遼與後唐建國前後的外交、遼藉與後唐外交擴張勢力、遼耶律倍奔赴後唐後雙方的外交、遼與後唐外交絕裂對後唐滅亡的影響，以及兩國在外交上的層次、使節任務、禮物等問題。

　　第三章：遼與後晉外交幾個問題的探討——論述遼與後晉建國前後的外交、安重榮事件對兩國外交的影響、遼與後晉交惡造成後晉滅亡，以及兩國在外交上的層次、使節任務、禮物等問題。

　　第四章：遼與後漢後周外交幾個問題的探討——論述遼與後漢建國前後的交往、後周與北漢競相拉攏遼，以及遼與後周在外交上的層次、使節任務、禮物等問題。

　　第五章：遼與北漢外交幾個問題的探討——論述北漢為求生存與後周競相拉攏遼、遼扣留北漢使節事件，以及兩國在外交上的層次、使節任務、禮物等問題。

自　序

　　在民國八十七年，我出版了《遼與五代政權轉移關係始末》一書，其中所論述的，多偏重於遼與五代軍事爭鬥和政權存亡的關係。但是這並不足以涵蓋遼與五代整個的歷史關係，也不足以闡明遼對五代國運的影響到底有多深？因為這當中還涉及遼與五代外交情勢的發展。也就是遼與五代的外交關係，不論是對等或君臣關係，都必須維持穩定、和平的狀態，假如五代中有某一國與遼發生摩擦、衝突或戰爭，則其政權就會受到遼直接或間接的影響。因此在探討遼與五代政權轉移關係告一段落之後，我即展開遼與五代外交關係的研究，先後發表了五篇相關的論文。

　　如今我以《遼與五代外交研究》為題，將此五篇論文輯合成冊出版，不僅可當作我之前出版《遼與五代政權轉移關係始末》的姊妹書，也可讓讀者將此二書所論述的史實互相作印證。如此，對於遼與五代的歷史關係，以及遼加諸於五代國運的影響力，或可有一比較明確的了解與體認。

蔣武雄　謹識　於民國一〇二年三月一日

東吳大學研究室

目次

第一章 遼與後梁外交幾個問題的探討

摘 要

　　遼朝在未建國之前，是一個長期臣服於唐帝國的契丹部族。但是在唐滅亡之際，遼與五代後梁同年（907）建國後，即改變以往與中原國家的主從關係，不僅以對等國家的地位與中原國家交往，有時更以強國的姿態，居於上國的地位，並且直接或間接影響中原政權的轉移。這種史實的演變頗值得我們加以探討，因此本文除前言與結論之外，擬分別從耶律阿保機與朱全忠交往對後梁建國的影響、遼與後梁外交的層次問題、遼遣使至後梁求冊命、遼與後梁交聘使節任務與禮物等項目探討遼與後梁的外交關係，以期了解中國民族關係史上當時另一新階段開始的情形。

　　關鍵詞：遼、後梁、外交、耶律阿保機、朱全忠、李克用、遼太祖、李存勗。

一、前 言

遼朝（其國號「契丹」、「遼」曾在不同時期採用，本文則不予明顯劃分，二者互用）是發源於中國東北遼河流域的契丹族所建立。在唐朝契丹猶是游牧部族，有時臣服於唐帝國，接受唐的冊封和羈縻統治，因此其與唐是屬於主從的外交關係，並且必須經常向唐朝朝貢。但是至唐朝末年，契丹族逐漸壯大，尤其在耶律阿保機的領導與經營之下，與朱全忠篡唐建立後梁的同一年（後梁太祖開平元年，西元 907 年），也建國稱「契丹」。這可以說是中國東北方面民族關係史上，另一新時期的開始。因為從此以後契丹族與中原國家的外交往來，不再是如同唐朝時期那種部族與帝國之間的外交型態，而是國與國之間的外交。甚至於遼常以強國的姿態和上國的地位，直接或間接影響其他國家的政權，而且和各國的外交有層次等級的劃分。因此筆者近幾年深入研究遼與五代政權轉移關係始末之後，認為在遼的立國期間，其與五代十國、高麗、北宋、西夏，以及其他部族的外交關係，也頗值得我們注意和探討。〔註 1〕今本文即是擬探討遼與五代的第一個朝代——後梁外交的幾個

〔註 1〕 筆者曾發表〈論邊疆民族與中原朝廷建國的關係〉，《中國邊政》第七三期（台北，民國 70 年 3 月），頁 5～7；〈遼太祖與五代前期政權轉移的關係〉，《東吳歷史學報》創刊號（台北，民國 84 年 4 月），頁 109～126；〈遼太宗入主中國失敗的探討〉，《空大人文學報》第五期（台北，民國 85 年 5 月），頁 75～88；〈遼與後漢建國的關係〉，《東吳歷史學報》第二期（台北，民國 85 年 3 月），頁 1～20；〈遼與北漢興亡的關係——兼論遼與後漢、後周政權轉移的間接關係〉，《東吳歷史學報》第三期（台北，民國 86 年 3 月），頁 61～102；〈遼與後晉興亡關係始末〉，《東吳歷史學報》第四期（台北，民國 87 年 3 月），頁 1～46。素來學者討論遼與各國外交關係的論著很多，大多偏於遼與五代十國和北宋的外交。今此處僅依本文主題，列舉有關遼與五代十國外交的部分論著：王吉林，〈契丹與南唐外交關係之探討〉，《幼獅學誌》第五卷第二期（台北，民國 55 年 12 月），頁 1～16；任崇岳，〈略論遼朝與五代的關係〉，《社會科學輯刊》1984 年第四期，頁 109～115；邢義田，〈契丹與五代政權更迭之關係〉，《食貨》復刊第一卷第六期（台北，民國 60 年 9 月），頁 10～21；張亮采，《補遼史交聘表》，收錄於《遼史彙編》（四）（台北：鼎文書局，民國 62 年 10 月），頁 1～164；張國慶，〈遼代契丹皇帝與五代北宋諸帝的結義〉，《史學月刊》1992 年第六期；頁 26～32；傅啟學，〈五代時期與契丹的關係〉，《復興崗學報》第六期（台北，民國 58 年 6 月），頁 35～49；盧逮曾，〈五代十國對遼的外交〉，《現代學報》第一卷第一期，收錄於《遼史彙編》（八），頁 383～407；謝昭男，《五代時期各國關涉契丹史事繫年》，收錄於《遼史彙編》（五）頁 1～439；田村整治，〈遼と北漢との關係〉，《史流》第七期（1996 年 3 月），頁 33～49。

問題，期使讀者能了解遼朝與中原國家外交史上另一階段的情形。

二、耶律阿保機與朱全忠交往對後梁建國的影響

　　五代後梁是唐末據有汴、洛一帶的梁王、宣武節度使朱全忠所建立，而在建國之前，足以和其對抗的是控有河東地區的晉王、河東節度使李克用。當時兩人的企圖心頗不相同，朱全忠是擬篡唐自立者，而李克用則是想要維護唐的國祚，因此雙方對立明顯、尖銳，不僅互相爭奪並拉攏在幽州、鎮州、定州、魏州的節度使，也積極進行拉攏正日益壯大的契丹族。因為契丹自從耶律阿保機擔任八部大人後，任用漢人，努力經營，至此時已形成一股不可忽視的勢力，使朱全忠和李克用兩人都想將其拉攏過來，以期壯大自己，擊敗對方。

　　朱全忠和李克用拉攏契丹的行動，以李克用起步較早。這與他當時所處的情況有關，因高其地盤不及朱全忠，又受河北四鎮的牽制，如果再被北鄰的契丹侵逼，則將岌岌不保，因此必須儘快與契丹結好，以解除威脅，進而聯合起來打擊朱全忠。《新唐書》〈沙陀〉傳，說：

> 克用顧藩鎮皆附汴，不可與共功，惟契丹阿保機尚可用，乃卑辭召
> 之。〔註2〕

可見其此際迫於形勢，惟有拉攏契丹一途或尚有可為。

　　至於耶律阿保機正欲報復幽州盧龍節度使劉仁恭、劉守光父子長期以來對其侵擾的仇恨，因此採行遠交近攻的策略，願意和李克用結盟。據《舊五代史》〈唐武皇本紀〉，說：

> 〔唐哀宗〕天祐二年（905）春，契丹阿保機始盛，武皇（李克用）
> 召之，阿保機領部族三十萬至雲州，與武皇會於雲州之東，握手甚
> 歡，結為兄弟，旬日而去，留馬千匹，牛羊萬計，期以冬初大舉渡
> 河。〔註3〕

同書〈契丹〉傳，也說：

> 天祐四年（907），（契丹）大寇雲中，後唐武皇遣使連和，因與之面
> 會於雲中東城，大具享禮，延入帳中，約為兄弟。謂之曰：「唐室為
> 賊所篡，吾欲今冬大舉，弟可以精騎二萬，同收汴、洛。」阿保機

〔註2〕 歐陽修，《新唐書》（台北：鼎文書局，民國65年10月），卷二一八，列傳一四三，〈沙陀〉，頁6164。

〔註3〕 薛居正，《舊五代史》（台北：鼎文書局，民國66年9月），卷二六，唐書二，武皇紀下，頁360。

　　許之，賜與甚厚，留馬三千匹以答眖。左右咸勸武皇可乘間擄之。

　　武皇曰：「逆賊未殄，不可失信於部落，自亡之道也。」乃盡禮遣之。

　〔註4〕

此兩段史料的年代與內容稍有不同，〔註5〕但是可顯現出李克用迫切想要聯結契丹的心情，以及一意打敗朱全忠的企圖，也凸顯了契丹勢力在李克用心目中的地位。

　　李克用與耶律阿保機的結盟，引起了朱全忠的緊張。因爲以當時的情勢來看，朱全忠所轄地區與契丹的地盤之間，雖然有劉仁恭間隔，可做爲緩衝，而且雙方也尚未有直接的利害關係。但是朱全忠得知李克用與契丹結盟後，很耽心會成爲其篡唐行動的阻礙，盧逮曾〈五代十國與遼的外交〉分析，說：「（一）朱溫（朱全忠）最仇視，而且對他的行動最有阻力的敵人，是處在晉陽的李克用，這時契丹正和李克用交歡；若不把契丹買通，則一旦契丹、沙陀的騎兵連合南下，他的篡竊帝業決難成功。（二）契丹新強，勢將逐漸南下，李唐一世，對邊疆民族頗用恩威並施，平等重視的政策，所以各族對唐室都頗有好感。萬一這新起的契丹借口勤王而興兵，自然也是朱梁極大的威脅」。〔註6〕因此朱全忠趕緊在天祐三年（906）二月，「遣人浮海奉書幣、衣帶、珍玩來聘」〔註7〕於契丹，以期建立與契丹的友好關係，進而突破李克用與契丹的結盟。

　　朱全忠這樣的行動也確實發揮了效果，因爲耶律阿保機起初和李克用結盟，是想降低其本身的西顧之憂，以便全力南下攻打劉仁恭，因此當時只是表面上支持李克用而已，等到其與李克用會於雲州東城之後，便「歸而背盟，更附于梁，晉王（李克用）由是恨之」。〔註8〕王夫之《讀通鑑論》對於耶律阿保機的動作有如下的討論：

　　當是時，朱溫彊而克用弱，助溫以夾攻克用，滅之也易，助克用以

〔註4〕書同前，卷一三七，外國列傳第一，〈契丹〉，頁1828。

〔註5〕參閱陳述，〈阿保機與李克用盟結兄弟之年及其背盟相攻的推測〉，中央研究院《歷史語言研究所集刊》第七本第一分，收錄於《遼史彙編》（八），頁236～245。

〔註6〕盧逮曾，前引文，頁384。

〔註7〕脫脫，《遼史》（台北：鼎文書局，民國65年10月），卷一，本紀第一，太祖上，頁2。

〔註8〕司馬光，《資治通鑑》（台北：明倫書局，民國66年），卷二六六，後梁紀一，太祖開平元年五月丁丑條，頁8676。

遠攻溫，勝之也難，克用乃欲以信結之，約與滅溫，直一晒而已。〔註9〕

可見耶律阿保機很了解自己與中原藩鎮之間的利害形勢，他也想加以利用，因此見朱全忠派人來示好，即轉而支持朱全忠，不僅不願渡河和李克用共擊朱全忠，反而展開與朱全忠更密切的交往。而此種情勢的轉變，使朱全忠篡唐行動的內外阻力大為降低，遂在天祐四年（907）三、四月間，「廢其主（唐哀宗），尋弒之，自立為帝，國號梁」，〔註10〕並且「遣使來告」於遼，而巧合的是耶律阿保機也已在同年春正月，「命有司設壇于如迁王集會堝，燔柴告天，即皇帝位」。〔註11〕因此陳述在〈阿保機與李克用盟結兄弟之年及其背盟相攻之推測〉一文中，分析說：

> 此處最可注意之點，即朱氏之浮海聘契丹。按此後阿保機與朱全忠於同一年內，各稱帝自立，是否此時已有秘約，雖未敢作此假說，最低於阿保機之未果渡河，當關係不小。〔註12〕

論至此，我們可知後梁建國的原因雖然是多方面的，但是無可否認的是其中一個重要原因，應是耶律阿保機違背與李克用的盟約，轉而支持朱全忠所致，使朱全忠得以篡唐成功，建立後梁。另外，值得我們注意的是，耶律阿保機同時建國於北方，以其強大的勢力，影響中原的政局，造成中國歷史的演變轉進至另一新的階段。而且這種情勢的發展，就游牧民族與中原國家交往的關係來說，很明顯的呈現出由游牧民族掌控外交優勢時代的來臨，一直至金、元時期。

三、遼與後梁外交的層次問題

筆者認為想要探討遼與後梁外交的層次問題，可先從遼派遣使節至五代的中原各國一事來看，即是中原國家所修纂的史書當中，提到其和遼的外交，往往受到傳統文化觀念和外交政策的影響，總以為中國是泱泱大國，而視遼為文化低落的外夷，因此常有揚己抑遼，稱遼使「來貢」的字眼。筆者詳細查閱《舊五代史》、《冊府元龜》、《五代會要》、《資治通鑑》均有屬於這一類字眼的記載，例如在後梁開平二年（908）二月，遼派人使後梁，《舊五代史》

〔註 9〕王夫之，《讀通鑑論》（台北：藝文印書館，民國 46 年 5 月），卷二八，頁 4。
〔註10〕脫脫，前引書，頁 3。
〔註11〕註同前。
〔註12〕陳述，前引文，頁 243。

稱，「遣使貢良馬」；〔註13〕《冊府元龜》稱，「遣使貢良馬方物」；〔註14〕《五代會要》稱，「遣使來貢良馬」；〔註15〕類似這樣的記載，容易誤導讀者以爲當時遼在與後梁的外交上是居於下方，而產生梁強遼弱的錯誤印象。北宋歐陽修編纂《新五代史》時，似曾注意到這一方面的問題，因此稱「遣使者來」，〔註16〕而在其書中敘述遼使至後梁，也都稱「來」字，這可謂是比較客觀的筆法，該書有註，說：

> 夷狄來，不言朝，不責其禮，不言貢，不貴其物。故書曰：「來」。
> 五代亂世，著其屢來，以見夷狄之來不來，不因治亂。而亂世屢來，
> 不足貴也。……夷狄君臣姓名、官爵，或書或否，不必備，或因其
> 舊史之詳略，但書其來以示意爾。〔註17〕

但是從以上中原國家所編纂史書的兩種筆法來看，我們實在仍然無法分辨出遼與各國外交的層次如何，只好依據《遼史》，因爲其對各國使遼有比較客觀以及合於史實的記載，盧逮曾〈五代十國對遼的外交〉強調，說：「五代及上述三國（南唐、吳越、北漢）的使遼記載，也多不見於它們本國的史籍，偶有記錄也都是尊己貶夷，聊以自娛。所以眞像實情，或多留於《遼史》。」〔註18〕因此想要探討遼與後梁外交上的層次問題，應當以《遼史》的記載爲主。

當時遼既然捨棄李克用，轉而支持朱全忠，使其得以篡唐建國成功，因此雙方起自後梁開平元年（907）四月，朱全忠稱帝建國，遣使告遼開始，至後唐莊宗李存勗同光元年（923）十月，後梁大梁京城被李存勗攻陷爲止，遼與後梁曾多次互派使節，進行外交的活動。而《遼史》對於後梁使節的使遼，有如下的記載：

> 遼太祖元年（907）……夏四月……，唐梁王朱全忠……丁未朔，廢
> 其主，尋弒之，自立爲帝，國號梁，遣使來告。〔註19〕

〔註13〕薛居正，《舊五代史》（殿版）（台北：啓明書局，民國51年6月），卷四，梁書第四，太祖紀四，頁11。

〔註14〕王欽若，《冊府元龜》（台北：中華書局，民國56年5月），卷九七二，外臣部，朝貢五，頁11。

〔註15〕王溥，《五代會要》（台北：世界書局，民國49年11月），卷二九，契丹條，頁347。

〔註16〕歐陽修，《新五代史》（台北：鼎文書局，民國65年11月），卷二，梁本紀第二，太祖下，頁15。

〔註17〕書同前，頁13～14。

〔註18〕盧逮曾，前引文，頁383。

〔註19〕同註10。

遼太祖三年（909）春，……二月丁酉朔，梁遣郎公遠來聘。〔註20〕

遼太祖神冊元年（916）夏四月甲辰，梁遣郎公遠來賀。〔註21〕

遼太祖神冊三年（918）春……二月……梁遣使來聘。〔註22〕

遼太祖神冊五年（920）……秋……九月己丑朔，梁遣郎公遠來聘。

〔註23〕

遼太祖天贊二年（923）……夏四月己酉，梁遣使來聘。〔註24〕

從以上的記載來看，顯然《遼史》對於後梁使節的到來，是以對等的國家地位看待，因此稱其使遼爲「來聘」，而不稱「來貢」。至於遼派使節至後梁，《遼史》則記載爲：

遼太祖五年（911）……夏四月壬申，遣人使梁。〔註25〕

遼太祖五年（911）……十一月壬午，遣人使梁。〔註26〕

遼太祖六年（912）……夏四月，梁郢王友珪弒父（朱全忠）自立。……
冬十月……甲申，遣人使梁致祭。〔註27〕

從上述「使梁」兩字來看，也可見遼確實是以對等國家的地位對待後梁。因此陶晉生《宋遼關係史研究》，說：「《遼史》中凡遇晉、漢、南唐及諸部落的外交關係，都寫『來貢』，惟有梁、唐及周則是『遣使來聘』。可見這三朝是和契丹處於對等的地位。」〔註28〕這樣的分析相當正確。

四、遼遣使至後梁求冊命

依當時遼與後梁同年（907）建國之後的情勢來看，遼國的勢力強於後梁，但是遼太祖卻於建國之後的第二年遣使至後梁求冊命。關於此一史實，據《資治通鑑》卷二六六，說：

〔註20〕脫脫，前引書，卷一，本紀第一，太祖上，頁4。

〔註21〕書同前，頁11。

〔註22〕書同前，頁12。

〔註23〕書同前，頁16。

〔註24〕書同前，卷二，本紀第二，太祖下，頁18。

〔註25〕書同前，卷一，本紀第一，太祖上，頁5。

〔註26〕註同前。

〔註27〕書同前，頁5、6。

〔註28〕陶晉生，《宋遼關係史研究》（台北：聯經出版公司，民國73年7月），頁17。
另參閱盧逮曾，前引文，頁383～407，該文也提到：「五代對遼的關係各自不同，大略言之，朱梁、後唐、後周三代與遼都是平等關係」，頁384。

〔後梁太祖〕開平二年（908）五月己丑，契丹王阿保機遣使隨高順
入貢，且求冊命。帝復遣司農卿渾特賜以手詔，約共滅沙陀，乃行
封冊。〔註29〕

《新五代史》卷七二，也記載：

逾年，頃（順）還，阿保機遣使者解里隨頃（順），以良馬、貂裘、
朝霞錦聘梁，奉表稱臣，以求封冊。梁復遣公遠及司農卿渾特，以
詔書報勞，別以記事賜之，約共舉兵滅晉，然後封冊爲甥舅之國。⋯⋯
渾特等至契丹，阿保機不能如約，梁亦未嘗封冊。〔註30〕

以上所引關於遼太祖遣使向後梁求冊命一事，只見於中原國家編纂的部分史
書，並未見於《遼史》。據筆者推測可能此一行動後來沒有結果，因此未記載
於《遼史》，而中原國家則以其可顯現出中國的崇高地位，遂特別予以記載。

　　然而到底此事是否爲眞，筆者認爲應有其可能，因爲契丹族在唐代前期，
介於唐與突厥之間，後期則介於唐與回鶻之間，因此在唐太宗、玄宗時，曾
對契丹加以拉攏，並且予以封賜。據《新唐書》〈北狄契丹〉傳，說：

帝（唐太宗）伐高麗，悉發〔契丹〕酋長與奚首領從軍。帝還，過
營州，盡召其長窟哥及老人，差賜繒采，以窟哥爲左武衛將軍。⋯⋯
未幾，窟哥舉部內屬，乃置松漠都督府，以窟哥爲使持節十州諸軍
事，松漠都督，封無極男，賜氏李。⋯⋯窟哥有二孫，曰枯莫離，
爲左衛將軍，⋯⋯封歸順郡王；曰盡忠，爲武衛大將軍、松漠都督。

〔註31〕

同前傳，又說：

開元二年（714），盡忠從父弟都督失活⋯⋯來歸。⋯⋯後二年（716），
與奚長李大酺皆來，詔復置松漠府，以失活爲都督，封松漠郡王，
授左金吾衛大將軍；仍其府置靜析軍，以失活爲經略大使，所統八
部皆擢其酋爲刺史。〔註32〕

　　及至朱全忠篡唐建立後梁，遼太祖認爲後梁乃繼承唐的國祚，因此其在建
國之後，也想沿襲往例，求得中原國家的封冊。如此則可以使其自立爲帝的地

〔註29〕司馬光，前引書，卷二六六，後梁紀一，太祖開平二年五月己丑條，頁8700。
〔註30〕歐陽修，《新五代史》卷七二，四夷附錄第一，頁887。
〔註31〕歐陽修，《新唐書》卷二一九，列傳一四四，〈北狄契丹〉，頁6168。
〔註32〕書同前，頁6170。

位，因獲得中原國家的承認，而趨於穩定，尤其是當初遼太祖稱帝後，其部族中不服者的氣燄頗盛，〔註33〕使其亟須從中原國家方面獲得比較有力的支持，以便降低其國內的不安，另外也可以提昇遼國在北亞諸部族行國中的國際地位，因此遼太祖遣使至後梁求冊命。可惜此時後梁初建，其最迫切想要解決的是如何消弭晉的勢力，正須外力的支援，而遼國卻未能接受此一條件，遂使求冊命與軍事聯合的行動因而中斷，只是遼與後梁的外交往來仍然持續著。

關於遼遣使至後梁求冊命一事，雖然沒有成功，但是已反映出遼在建國之初，仍視後梁為上國，或是以對等的國家看待，盧逮曾〈五代十國對遼的外交〉，說：「後梁對遼的外交形勢，在上國與平等國家之間。因為當時契丹初起，而後梁則承唐室的餘威，『天可汗』的聲光，尚有些微存於邊疆民族的心裡。所以阿保機專使入汴，向朱溫以求封冊。而後以共滅沙陀為約，拒不即予，阿保機亦無可如何，仍相往來，是視梁為上國，而尚以藩服自居。」〔註34〕此說法頗為正確，因為據筆者以上所論，遼代初期與後梁所進行的外交關係，至少是將後梁視為對等或以上層次的國家看待。

五、遼與後梁交聘使節任務與禮物

遼與後梁既然有密切的外交關係，因此雙方使節的來往均負有某項任務。例如：

（一）**告建國使**——《遼史》卷一，說：「太祖元年（907）夏四月丁未朔，唐梁王朱全忠廢其主，尋弒之，自立為帝，國號梁，遣使來告。」〔註35〕

（二）**求冊命使**——《資治通鑑》卷二六六，說：「後梁太祖開平二年（908）五月己丑，契丹王阿保機遣使隨高頎入貢，且求冊命。」〔註36〕

（三）**致奠使**——《遼史》卷一，說：「太祖六年（912）夏四月（《舊五代史》〈梁末帝紀〉作乾化二年（912年6月2日），梁郢友珪弒父（朱全忠）自立。……冬十月……甲申，遣人使梁致祭。」〔註37〕

〔註33〕參閱蔣武雄，〈耶律阿保機諸弟叛亂之始末〉，《空大人文學報》第三期（台北：空中大學人文學系，民國83年4月），頁85～98；李漢陽，〈遼太祖諸弟之亂考〉，《史學會刊》第十六期（台北：國立師範大學，民國65年6月），頁51～61。

〔註34〕盧逮曾，前引文，頁407。

〔註35〕同註10。

〔註36〕同註29。

〔註37〕同註27。

（四）**賀建元使**——《遼史》卷一，說：「神冊元年（916），……夏四月……
甲辰，梁遣郎公遠來賀（遼建元）。」〔註38〕

（五）**宣諭使**——《舊五代史》卷九，說：「貞明三年（917）夏四月……
辛卯，以右千牛衛大將軍劉璙充契丹宣諭使。」〔註39〕

（六）**歡好使**——《舊五代史》卷十，說：「貞明六年（920）九月庚寅，
以供奉官郎公遠充契丹歡好使。」〔註40〕

從以上諸例，我們可知當時兩國互相派遣的外交使節，僅是依本國的需
要或對方所發生的情況而派遣，尚未擴及如同遼朝中期與北宋的外交關係，
有所謂的賀正旦國信使、賀生辰國信使、告哀使等。〔註41〕

至於雙方交聘互贈的禮物，經筆者查閱《舊五代史》、《新五代史》、《資
治通鑑》、《冊府元龜》諸史書，多未提及後梁予遼何種交聘禮物，或許是略
而未記的緣故。而史書對於北宋初期與遼進行外交的記載，竟然也有類似的
情形，聶崇岐〈宋遼交聘考〉，說：

> 遣使必媵禮物，所以敦睦誼也，惟告哀使無之。禮物以賀生辰者為
> 最豐腆，正旦及其他賀弔次之。兩朝初和，遼使所將者，大致不外
> 襲衣、金帶、玉帶、鞍馬、散馬，間有白鶻、弓箭等物，數量多寡，
> 初無定例。宋致遼者無所聞。第由後日禮物推之，蓋為金銀器具及
> 衣、帶之屬。迨澶淵盟後，乃漸有常規。〔註42〕

因此本節無法對後梁予遼何種禮物的史實加以論述，只好僅就遼予後梁的交
聘禮物作探討，其實在史書中對此方面的記載也不多，《冊府元龜》卷九七二，
有較詳細的記載：

> 開平二年五月，契丹國王阿保機遣使進良馬十匹、金花鞍轡、貂鼠
> 皮頭冠并裘，……契丹王妻亦進良馬一匹、朝霞錦、金花頭冠、麝
> 香，前國王欽德亦進馬。……三年，……閏八月，鴻臚寺引進契丹
> 阿保機差首領葛鹿等進金渡（鍍）鐵甲、金渡（鍍）銀甲及水精玉
> 裝鞍轡等物，馬百匹，其阿保機母、妻各進雲霞錦一疋。〔註43〕

〔註38〕同註21。
〔註39〕薛居正，前引書，卷九，梁書九，末帝紀中，頁130。
〔註40〕書同前，卷十，梁書十，末帝紀下，頁144。
〔註41〕聶崇岐，〈宋遼交聘考〉，《燕京學報》第二七期，收錄於《宋史叢考》（下）（台
　　　　北：華世出版社，民國75年12月），頁286～288。
〔註42〕書同前，頁299。
〔註43〕同註14。

以上各項予後梁的交聘禮物，首先引起筆者注意的是良馬。馬匹本來即是遼人的生活資產，也是他們軍事力量的重要憑據。《遼史》〈食貨志〉，說：「契丹舊俗，其富以馬，其強以兵。縱馬於野，弛兵於民。有事而戰，礦騎介夫，卯命辰集。馬逐水草，人仰湩酪，挽強射生，以給日用，糗糧芻茭，道在是矣。」〔註44〕因此遼人很重視馬匹的繁殖，也因而盛產良馬，並且成為遼與中原國家交聘時的重要禮物。〔註45〕

次論朝霞錦、雲霞錦，其是指色澤鮮艷如朝霞、雲霞的絲織品，雖然遼地的絲紡織業是在大批漢人被俘至其統治地區才發達起來，但是我們從引文中看到此類禮物是由遼太祖的母親、妻子所進，可見其皇室所控的綾錦機構在此時已有相當高的絲紡織技術。另外當時部分的蠶絲戶也由太后、皇后支配，路振《乘軺錄》，說：

> 靈河有靈、錦、顯、霸四州，地生桑麻貝錦，州民無田租，但供蠶
> 織，名曰太后絲蠶戶。〔註46〕

這雖是後來北宋路振使遼的記載，但是應該可以說明引文中此類禮物為何由太后、皇后提供的原因。而從以上的史實，也使我們可感受到在遼太祖時期，皇后一族在其國內的勢力，以及在對後梁的外交上，具有某種程度的影響力。

再則論及金花鞍轡、金花頭冠、金渡（鍍）鐵甲、金渡（鍍）銀甲。遼人的冶鐵業從遼太祖父親撒剌的始置鐵冶，教民鼓鑄，〔註47〕至開平元年（907），遼太祖征服室韋之後，有進一步的發展，據《遼史》〈食貨志〉，說：

> 坑冶，則自太祖始併室韋，其地產銅、鐵、金、銀，其人善作銅、
> 鐵器。〔註48〕

因此遼人在此時能製作出精美的金花鞍轡、金花頭冠、金鍍鐵甲、金鍍銀甲，並且成為其與別國進行外交時，一項重要的交聘禮物。

總之，至遼代建國初期，其紡織業和礦冶業應已具相當的水準，因此在給予後梁的交聘禮物中，不僅能餽送其本土的特產，也能贈送其手工業的優秀製品。

〔註44〕脫脫，前引書，卷五九，志第二八，食貨志上，頁923。
〔註45〕參閱漆俠、喬幼梅，《遼夏金經濟史》（保定：河北大學出版社，1994年3月），頁56～60。
〔註46〕路振，《乘軺錄》，收錄於《遼史彙編》（六），頁50。
〔註47〕脫脫，前引書，卷六十，志第二九，食貨志下，頁930。
〔註48〕註同前。

六、結　論

　　綜合以上遼與立國只有十七年的後梁在外交方面幾個問題的探討之後，筆者所得到最大的體認是，遼與後梁同年建國之前，遼原是屬於游牧部族，而且曾長期臣服於唐帝國，因此其和唐是一種主從的外交關係。等到遼與後梁建國之後，其與後梁的外交，即開始進入與中原國家對等層次的外交型態。可是這個階段因為正值遼建國初期，其與中原各國交聘的制度、組織等都尚未成熟、完備，因此這一階段，等於是遼與中原各國外交新型態的一個學習、模仿、實驗、摸索、參考、調整的時期。

　　而此一外交關係尚未定型的時期，筆者認為就中國民族關係史來說，還是有其特別的意義。因為後來再經過遼與後唐、後晉、後漢、後周的交往之後，至北宋時期，遼、宋雙方已經比較了解該以何種型態、地位、方式和辦法來進行兩國外交的活動，因此我們所看到遼與北宋的外交，尤其在澶淵之盟後，已經形成為比較具有組織化、制度化的外交，例如使節的選派（包括名目、選擇、官位）、國書的體制（包括兩國君后的稱謂、國書的格式）、使節的接送（包括路徑、伴使的選派、地方官的迎送鄰使）、使節的待遇（包括沿途的待遇、就館及朝見後的待遇）、禮儀（包括正旦或生辰使朝見的禮儀、告哀及發哀的禮儀、祭奠、弔慰的禮儀、告登位致遺留的禮儀、雜儀）等都有相當明確的規定。〔註 49〕而這種已成熟化的外交關係絕非一朝一夕所能形成，因此我們如欲了解遼與中原國家外交的演變，則遼代建國初期與後梁外交上的幾個問題，確實頗值得我們加以探討。

　　　　　　　　　《東吳歷史學報》第五期（民國 88 年 3 月），31～48。

〔註49〕 註同前，頁 283～375。另可參閱《遼史》，卷五十，志十九，禮志二，凶儀，頁 839～844、卷五一，志二十，禮志四，賓儀，頁 846～856、卷五二，志二一，禮志五，嘉儀上，頁 857～865、卷五三，志第二二，禮志六，嘉儀下，頁 867～880；脫脫，《宋史》（台北：鼎文書局，民國 67 年 9 月），卷一百一十，志第六三，禮十三，嘉禮一，頁 2639～2651、卷一百一十一，志第六四，禮十四，嘉禮二，頁 2653～2669、卷一百一十二，志第六五，禮十五，嘉禮三，頁 2671～2681、卷一百一十九，志第七二，禮二二，賓禮四，頁 2804～2808、卷一百二十四，志第七七，禮二七，凶禮三，頁 2897～2901。

第二章　遼與後唐外交幾個問題的探討

摘　要

　　在中國五代後唐時期，遼以強勢的國力與後唐交往，其外交地位已提昇至與後唐對等的地位，因此兩國的外交關係如何演變，本文除了前言與結論之外，擬從下列幾個問題加以探討：（一）遼與後唐建國前後的外交；（二）遼藉與後唐交好擴張勢力；（三）遼與後唐外交的層次問題；（四）遼與後唐交聘的使節任務；（五）遼與後唐交聘的禮物；（六）遼耶律倍奔赴後唐後雙方的外交；（七）遼與後唐外交絕裂對後唐滅亡的影響。

　　關鍵詞：遼、後唐、外交、遼太祖、朱全忠、李克用、遼太宗、李存勗、李嗣源、李從珂、石敬瑭、耶律倍。

一、前　言

遼與五代後唐所進行的外交，是遼建國後，以帝國的型態與中原國家交往的第二個朝代。在此之前，遼已經從原先臣服於李唐帝國的外交關係，藉其強勢的姿態和外交上優越的地位，與五代後梁取得對等的外交關係。而至此時，遼的勢力更加強盛，國內政局也已趨穩定，因此仍然繼續與新建的後唐進行對等外交。但是值得我們注意的是，此時遼與中原國家在外交的制度、組織、辦法等方面，仍在摸索、實驗、調整的階段，不如後來遼宋外交那麼成熟、完備。因此本文擬就下列幾個問題加以探討，例如遼與後唐建國前後雙方外交所產生的影響；遼太祖時期利用與後唐的交好，以利其對外擴張勢力；遼與後唐外交上對等的層次問題；遼與後唐外交使節所負的任務和交聘的禮物。另外，遼太祖的長子耶律倍因不滿其弟遼太宗繼承帝位和逼迫，投奔於後唐，而後唐不僅予以接納，並且加以封爵。但是後來隨著後唐政局的變化，以及遼援石敬瑭滅後唐，使耶律倍遭到殺害，這一階段雙方的外交情形，也是本文擬探討的問題。至於後唐末期與遼外交絕裂，使想要篡後唐的石敬瑭能有機會獲得遼援建立後晉，滅亡後唐，本文對此一史實演變也有所論述。

二、遼與後唐建國前後的外交

契丹族在耶律阿保機（以下均稱遼太祖）的領導下，勢力逐漸興起壯大時，也正值唐末之際諸藩鎮爭鬥劇烈時期，其中宣武節度使朱全忠有篡唐的企圖，與河東節度使李克用想維持唐國祚的作法正好相反。而當時在幽州的盧龍節度使劉仁恭、鎮州的成德節度使王鎔、定州的義成節度使王處直、魏州的魏博節度使羅紹威，又先後被朱全忠拉攏，成為與李克用對立的另一批勢力，對河東地區形成牽制的作用。因此李克用亟思聯結在其東北方的遼國，一則可以避免遼的威脅，二則可以和遼共同對抗朱全忠等人。據《新唐書》〈沙陀〉傳，說：

> 克用顧藩鎮皆附汴，不可與共功，惟契丹阿保機尚可用，乃卑辭召
> 之。〔註1〕

因此在唐哀宗天祐二年（905）春，「武皇（李克用）召之，阿保機領部族三

〔註 1〕歐陽修，《新唐書》（台北：鼎文書局，民國 65 年 10 月），卷二一八，列傳一四三，沙陀，頁 6164。

十萬至雲州，與武皇會於雲州之東，握手甚歡，結爲兄弟，旬日而去，留馬千匹，牛羊萬計，期以冬初大舉渡河」，〔註2〕可是後來遼太祖並未依約前來，反而接受朱全忠的交聘，〔註3〕使李克用深感威脅。至天祐四年（907）四月，又得悉朱全忠「廢其主（唐哀宗），尋弒之，自立爲帝，國號梁」，〔註4〕使其曾「誓於此生，靡敢失節，仰憑廟勝，早殄寇讎」〔註5〕的壯志，更臻於無望，因此至後梁開平二年（908）正月，抱憾而終。

從以上所論述，李存勗在建立後唐之前，有關其先世與遼國交往的一段過程，我們可以了解，當時遼在朱全忠與李克用之間選擇其一，都將影響朱、李二人勢力的發展。也就是當時如果遼全力支持李克用，則唐帝國或不致於被朱全忠篡位，至少尚可延續其國祚。然而史實的發展卻是遼太祖轉向支持朱全忠，使其得以達成建立後梁的企圖。因此朱全忠在建國之後，盡力拉攏遼的辦法，遂成爲其勢必繼續採行的一項重要外交行動。〔註6〕

而李克用的繼位者李存勗也很清楚假如讓這種情勢延續下去，將對自己大爲不利，因此在其嗣位爲晉王之後，「亦遣使（至遼）告哀，賂以金繒，求騎軍救潞州，〔遼太祖〕答其使曰：『我與先王爲兄弟，兒即吾兒也，寧有父不助子耶？』許出師。會潞平而止」。〔註7〕李存勗此一舉動，固然因正值國喪之際，局勢不穩，必須向遼示好，以避免遼軍來犯。另外也想藉此機會拉攏遼國，以試探遼是否能轉向支持自己，而且據《資治通鑑》卷二六九，說：

> 晉王（李存勗）方經營河北，欲結契丹爲援，常以父事阿保機，以叔母事述律后。〔註8〕

但是此時正是遼與後梁交往頗爲友好、密切的時期，實在不可能轉而支持李

〔註2〕 薛居正，《舊五代史》（台北：鼎文書局，民國66年9月），卷二六，唐書二，武皇紀下，頁360；另見同書卷一三七，外國列傳第一，契丹，頁1828。

〔註3〕 脫脫，《遼史》（台北：鼎文書局，民國65年10月），卷一，本紀第一，太祖上，頁2。

〔註4〕 書同前，頁3。

〔註5〕 同註2，頁361。

〔註6〕 參閱盧建曾，〈五代十國對遼的外交〉，《現代學報》第一卷第一期，收錄於《遼史彙編》（八）（台北：鼎文書局，民國62年10月），頁383～386；蔣武雄，〈遼與後梁外交幾個問題的探討〉，《東吳歷史學報》第五期（台北：東吳大學，民國88年2月），頁31～48。

〔註7〕 薛居正，前引書，卷一三七，外國列傳第一，契丹，頁1828。

〔註8〕 司馬光，《資治通鑑》（台北：明倫書局，民國66年），卷二六九，後梁紀四，均王上下，貞明二年條，頁8810。

存勗，其向李存勗表示答應出師，其實只是外交上表面的應付之詞而已。因此使李存勗想與遼建立起外交聯盟的行動宣告失敗，而後梁也因遼的全力支持，得以在中原繼續維持其政權。

　　此種情勢的發展，使李存勗只好獨力與朱全忠等人對抗。先是親率軍隊解除潞州之圍，使晉兵由被動轉為主動，接著又打敗梁軍於柏鄉，使河北的形勢成為晉長梁消的局面，然後又派兵攻下劉仁恭、劉守光所據的幽州，使河北幽、易、定、成德諸鎮均為晉所有。當時遼太祖因諸弟三次叛亂，〔註9〕未能出兵協助後梁，而後梁本身也不振作，竟然發生朱全忠被其次子朱友珪所殺，以及諸子爭奪帝位的內訌，使晉兵又攻下魏州、鄆州，並且打敗來援的遼軍，終於在後梁龍德三年（923）十月滅亡後梁。

　　李存勗於後梁龍德三年四月稱帝，年號同光，國號唐，是為後唐莊宗。至十月，滅後梁，但是此時遼與後唐的外交關係，並沒有馬上建立起來。直至遼天贊四年（後唐同光三年，925）五月，遼「遣使拽鹿孟來（後唐）貢方物」，〔註10〕以及同年十月，後唐遣使至遼告以滅梁事，〔註11〕雙方的外交關係才從此開始密切、友好起來，例如天顯元年（後唐天成元年，926）正月，遼因擬「擊女眞、渤海，恐唐乘虛襲之，……遣梅老鞋里來修好」，〔註12〕二月，遼又「以平渤海遣使報唐」。〔註13〕這表示遼很重視其與後唐兩國之間的外交關係。至同年六月，李存勗死，李嗣源繼位，是為後唐明宗，派遣供奉官姚坤至遼告哀，曾與遼太祖有一番難得的對話，有助於我們了解當時兩國的情勢。據《舊五代史》〈契丹〉傳，說：

> 阿保機先問曰：「聞爾漢土河南、河北各有一天子，信乎？」坤曰：「河南天子，今年四月一日洛陽軍變，今凶問至矣。河北總管令公，比為魏州軍亂，先帝詔令除討，既聞內難，軍眾離心，及京城無主，上下

〔註9〕　參閱蔣武雄，〈耶律阿保機諸弟叛亂之始末〉，《空大人文學報》第三期（台北：空中大學人文學系，民國83年4月），頁85～98；李漢陽，〈遼太祖諸弟之亂考〉，《史學會刊》第十六期（台北：國立師範大學，民國65年6月），頁51～61。

〔註10〕　王溥，《五代會要》（台北：世界書局，民國49年11月），卷二九，契丹條，頁348。

〔註11〕　脫脫，前引書，卷二，本紀二，太祖紀下，頁21。

〔註12〕　司馬光，前引書，卷二七四，後唐紀三，明宗上之上，天成元年正月戊辰條，頁8956。

〔註13〕　同註11，頁22。

堅冊令公，請主社稷，今已順人望登帝位矣。」阿保機號咷，聲淚俱發，曰：「我與河東先世約爲兄弟，河南天子吾兒也。近聞漢地兵亂，點得甲馬五萬騎，比欲自往洛陽救助我兒，又緣渤海未下，我兒果致如此，冤哉！」泣下不能已。又謂坤曰：「今漢土天子，初聞洛陽有難，不急救，致令及此。」坤曰：「非不急切，地遠阻隔不及也。」又曰：「我兒既俎，當合取我商量，安得自立？」坤曰：「吾皇將兵二十年，位至大總管，所部精兵三十萬，眾口一心，堅相推戴，違之則立見禍生，非不知稟天皇王意旨，無奈人心何。」……〔阿保機〕又曰：「漢國兒與我雖父子，亦曾彼此雔敵，俱有惡心，與爾今天子無惡，足得歡好，爾先復命，我續將馬萬騎至幽、鎮以南，與爾家天子面爲盟約，我要幽州，令漢兒把捉，更不復入漢界。」〔註14〕

顯然遼已有足夠的力量影響後唐的政局，而且遼太祖一廂情願的希望後唐假如能給予幽州，他則願意與後唐新即位的皇帝訂盟，繼續維持友好的外交關係。不料「（姚）坤至止三日，阿保機病傷寒。……俄而卒于扶餘城，時（後唐明宗）天成元年七月二十七日也。」〔註15〕

遼太祖死後，其次子耶律德光（堯骨）繼位，是爲遼太宗，並且於十月十八日，遣使至後唐告哀。據《冊府元龜》卷九八〇，說：

契丹告哀使沒骨餒見言：契丹國王阿保機今年七月二十七日薨。〔後唐明宗〕勑曰：「……契丹王世豫歡盟，禮交聘問，遽聞凶訃，倍軫悲懷，可報今月十九日朝參。」〔註16〕

顯見此時遼與後唐各在新君主政之下，均有意推動雙方的外交，因此後來兩國雖然或有衝突，但是外交的活動仍然逐漸趨於頻繁。

三、遼藉與後唐交好擴張勢力

從許多史料可知，在遼太祖興起至其死亡的二十多年當中，經常積極地

〔註14〕 同註 11，頁 1830～1831。另參閱姚從吾，〈阿保機與後唐使臣姚坤會見談話集錄〉，《文史哲學報》第五期（台北，民國 42 年 12 月），頁 91～112；陳能森，〈姚坤出使契丹之事實與分析〉，《史苑》第十五期（台北：輔仁大學，民國 59 年 12 月），頁 27～34。

〔註15〕 同註 7，頁 1832。

〔註16〕 王欽若，《冊府元龜》（台北：中華書局，民國 56 年 5 月），卷九八〇，外臣部，通好，頁 24～25。

四出征戰，以擴大其勢力和地盤。尤其是在建國之後，遼太祖先對南方中原藩鎮採取友好的策略，而將擴展的重點擺在統一鄰近諸部的工作上。因此至後梁開平五年（911），其版圖已達到「東際海，南暨白檀，西踰松漠，北抵潢水，凡五部，咸入版籍」，﹝註17﹞擴展的成果相當豐碩。

　　但是從此年開始，契丹內部因遼太祖諸弟幾次的叛亂，使遼太祖向外擴展的行動受到影響，只好轉而忙於平定和處置叛黨的工作，未能全力向外征伐。﹝註18﹞一直到後梁貞明二年（916），遼太祖在契丹族的領導地位已告確立之後，不僅建立年號神冊，也恢復擴大地盤的行動。此時他衡量周遭的局勢，認爲應先解決來自西北方黨項、吐谷渾諸部的威脅。因此於神冊元年（916）「秋七月壬申，親征突厥、吐（谷）渾、黨項、小蕃、沙陀諸部，皆平之。俘其酋長及其戶萬五千六百，鎧甲、兵仗、器服九十餘萬，寶貨、駝馬、牛羊不可勝算」。﹝註19﹞至天贊三年（924）六月，遼太祖又「召皇后、皇太子、大元帥及二宰相、諸部頭等，詔曰：『……三年之後，歲在丙戌，時值初秋，必有歸處。然未終兩事，豈負親誠？日月非遙，戒嚴是速。』……」。﹝註20﹞此處所謂「未終兩事」，是指征伐黨項和滅亡渤海的行動，因此遼太祖即於當天「大舉征吐谷渾、黨項、阻卜等部，詔皇太子監國，大元帥堯骨從行」。﹝註21﹞

　　而在西征的同時，遼太祖爲了避免後唐趁機派軍來攻，曾多次入犯後唐邊境進行騷擾，其範圍包括幽州、鎮州、蔚州、易州、定州、嵐州，使後唐疲於應付這種頻繁而又忽東忽西的入犯，以減少遼軍在西征時的南顧之憂。當時西征的軍事行動進行得很順利，因此至天贊四年（925）十二月，遼太祖又「詔曰：『所謂兩事，一事已畢，惟渤海世仇未雪，豈宜安駐？』乃舉兵親征渤海大諲譔。皇后、皇太子、大元帥堯骨皆從」。﹝註22﹞

　　此次遼太祖親征渤海，固然仍有南顧之憂，擔心後唐派軍來攻，但是令我們注意的是，遼不再以兵卒入犯後唐邊境做爲牽制，反而改以和平的外交，換取雙方的友好關係。因此遼太祖先於天贊四年五月，「遣使拽鹿孟來〔後唐〕貢方物」。﹝註23﹞此時後唐也想改善與遼的緊張關係，因此同年「十月丁卯，

﹝註17﹞　同註3，頁4。
﹝註18﹞　同註9。
﹝註19﹞　脫脫，前引書，卷一，本紀第一，太祖上，頁11。
﹝註20﹞　書同前，卷二，本紀第二，太祖下，頁19。
﹝註21﹞　書同前，頁19～20。
﹝註22﹞　同註11。
﹝註23﹞　同註10。

唐以滅梁來告」，〔註24〕而遼也「即遣使報聘」。〔註25〕及至遼軍征伐渤海趨於劇烈時，遼更於天顯元年（926）正月，「遣梅老鞋里來修好」，〔註26〕此種舉動的用意，下列諸史書均有明白的指出，例如《新五代史》卷七二，說：

> 〔遼〕患女真、渤海等在其後，欲擊渤海，懼中國乘其虛，乃遣使聘唐以通好。同光之間，使者再至。〔註27〕

《冊府元龜》卷九九八，也說：

> 後唐……莊宗同光四年正月戊寅，〔遼太祖〕遣使梅老鞋里已下三十七人，貢馬三十四匹。時，阿保機將寇渤海，偽修好於我，虜乘虛掩擊故也。〔註28〕

論至此，我們可以了解，當時遼征伐西北諸部以及東北方的渤海國時，為了降低南顧之憂，曾經對後唐先後採取兩種不同的策略，也都發揮了良好的作用。其中又以和平外交的策略比較好，因此使遼得以全力征伐渤海，不及兩個月即拔渤海都城，滅其國。而遼似乎也很感激後唐在此段期間能固守雙方友好的情誼，因此特別在「天顯元年（926）二月壬辰，以平渤海遣使報唐」。〔註29〕可見遼與後唐在雙方皆有誠意的情況下，友好的外交關係終於建立起來了。

四、遼與後唐外交的層次問題

在中國史書中，因為基於中國傳統文化的觀念，往往將遼的外交使節至後唐，稱之為「來貢」，以《舊五代史》為例：「同光四年（926）春正月，……戊寅，契丹阿保機遣使貢良馬」，〔註30〕「天成元年（926）……秋七月……庚申，契丹、渤海國俱遣使朝貢」，〔註31〕「天成二年（927）……秋……九月……己巳……契丹遣使梅老沒骨已下朝貢」，〔註32〕「天成三年（928）春

〔註24〕 同註11。
〔註25〕 同註11。
〔註26〕 同註12。
〔註27〕 歐陽修，《新五代史》（台北：鼎文書局，民國65年11月），卷七二，四夷附錄第一，頁889。
〔註28〕 王欽若，前引書，卷九九八，外臣部，姦詐，頁11。
〔註29〕 同註13。
〔註30〕 薛居正，前引書，卷三四，唐書十，莊宗紀第八，頁468。
〔註31〕 書同前，卷三六，唐書十二，明宗紀第二，頁501。
〔註32〕 書同前，卷三八，唐書十四，明宗紀第四，頁528。

正月，……辛酉……契丹遣使禿汭悲梅老等貢獻」，〔註33〕「天成四年（929）……夏四月……癸丑，契丹遣捺括梅里等來朝貢」，〔註34〕「長興三年（932）……秋……九月乙巳，契丹遣使自幽州進馬」。〔註35〕

　　這種將中原國家自視爲外交關係中上國的情形，在其他史書也多有記載，例如《冊府元龜》說：「同光三年（925）五月……契丹阿保機遣使拽鹿孟貢方物」，〔註36〕「天成元年（926）七月，契丹國王遣梅老里述骨之進內官一人……等」，〔註37〕「天成三年（928）正月，契丹使禿納梅老已下五十人進奉」，〔註38〕「天成三年……閏八月，契丹使梅老……貢奉」，〔註39〕「天成四年（929）四月，契丹差使撩括梅里等朝貢」，〔註40〕「長興二年（931）……八月，契丹遣使邪姑兒朝貢」，〔註41〕「長興三年（932）正月，契丹遣使拽骨等來朝」，〔註42〕「長興三年三月，契丹遣使都督起阿鉢等一百一十人進馬一百疋及方物。……又契丹遣使鐵葛羅卿獻馬三十疋」，〔註43〕「長興三年九月，契丹國遣使都督述祿卿進馬四十疋」，〔註44〕「長興四年（933）五月，契丹遣使朝貢」，〔註45〕「（後唐）閔帝應順元年（934）正月，契丹遣都督沒辣來朝獻馬四百、駞十、羊二千。〔註46〕此種揚己抑遼的筆法，雖然歐陽修在《新五代史》中有所調整，將遼使至中原國家都以「來」字稱之，並且註說：

　　　夷狄來，不言朝，不責其禮，不言貢，不責其物。故書曰：「來」。
　　　五代亂世，著其屢來，以見夷狄之來不來，不因治亂。而亂世屢來，
　　　不足貴也。……夷狄君臣姓名、官爵，或書或否，不必備，或因其
　　　舊史之詳略，但書其來以示意爾。〔註47〕

〔註33〕書同前，卷三九，唐書十五，明宗紀第五，頁534。
〔註34〕書同前，卷四○，唐書十六，明宗紀第六，頁549。
〔註35〕書同前，卷四三，唐書十九，明宗紀第九，頁594。
〔註36〕王欽若，前引書，卷九七二，外臣部，朝貢五，頁13。
〔註37〕書同前，頁14。
〔註38〕註同前。
〔註39〕同註36，頁15。
〔註40〕註同前。
〔註41〕同註36，頁16。
〔註42〕註同前。
〔註43〕同註36，頁17。
〔註44〕註同前。
〔註45〕同註43。
〔註46〕同註43。
〔註47〕《新五代史》，卷二，本紀第二，太祖下，頁13～14。

但是這兩種筆法仍使我們無法知道,後唐與遼進行外交在層次上的定位如何。

至於《遼史》的記載:「天顯三年(928)……十二月……庚戌,聞唐主復遣使來聘」,〔註48〕「天顯六年(931)……夏四月己酉,唐遣使來聘」,〔註49〕「天顯六年……冬……十一月乙酉,唐遣使來聘」,〔註50〕「天顯七年(932),春正月……,己亥,唐遣使來聘。癸卯,遣人使唐」,〔註51〕「天顯七年……夏四月甲戌,唐遣使來聘」,〔註52〕「天顯七年……冬十月乙卯,唐遣使來聘」,〔註53〕「天顯八年(933)……冬十月……辛亥,唐遣使來聘」。〔註54〕可見遼對後唐的外交,在層次的問題上,是不同於中原國家的看法,將其定位為對等的關係。這是因為後唐是取代後梁而建立起來的政權,因此遼沿襲原先對後梁在外交層次上的態度,也以對等的國家看待後唐。盧逮曾〈五代十國對遼的外交〉,說:「五代對遼的關係各自不同,大略言之,朱梁、後唐、後周三代與遼都是平等關係。……沙陀李氏雖終為內奸勾結外敵而滅亡,但莊、明兩朝卻無時不在努力對付這個強敵(遼)。雖時有勝敗,而彼此關係卻終是平等,比之石晉自有足多」。〔註55〕陶晉生《宋遼關係史研究》,也說:「《遼史》中凡遇晉、漢、南唐及諸部落的外交關係,都寫『來貢』,惟有梁、唐及周則是『遣使來聘』,可見這三朝是和契丹處於對等的地位」。〔註56〕此二位前輩學者所論,更有助於我們了解遼與後唐外交的層次問題。

五、遼與後唐交聘的使節任務

從以上的論述,我們可知遼與後唐在外交上,有密切而又頻繁的往來,因此雙方使節所負的任務有很多種:

(一)弔慰使——例如《遼史》〈太祖本紀〉,說:「天祐二年(908)春正月……辛巳……河東李克用卒,子存勖襲,遣使弔慰。」〔註57〕

〔註48〕脫脫,前引書,卷三,本紀三,太宗上,頁29。
〔註49〕書同前,頁32。
〔註50〕同註48,頁33。
〔註51〕註同前。
〔註52〕同註50。
〔註53〕同註49,頁34。
〔註54〕同註49,頁35。
〔註55〕盧逮曾,前引文,頁390。
〔註56〕陶晉生,《宋遼關係史研究》(台北:聯經出版公司,民國73年7月),頁17。
〔註57〕脫脫,前引書,卷一,本紀第一,太祖紀上,頁3。

　　（二）**告滅梁使** ── 例如《遼史》〈太祖本紀〉，說：「天贊四年（925）……冬十月丁卯，唐以滅梁來告，即遣使報聘。」〔註58〕

　　（三）**告哀使** ── 例如後唐莊宗死，遣使告哀於遼，據《資治通鑑》卷二七五，說：「天成元年（926）……秋七月……壬申……帝（李嗣源）遣供奉官姚坤告哀於契丹。」〔註59〕《遼史》〈太祖本紀〉，則說：「天顯元年（926）……六月……丙午……，唐遣姚坤以國哀來告。」〔註60〕而遼太祖死後，也曾遣使告哀於後唐，據《舊五代史》〈唐明宗本紀〉，說：「天成元年……冬十月……辛丑，契丹遣使來告哀，言國主阿保機以今年七月二十七日卒。」〔註61〕《新五代史》〈唐本紀〉，則說：「天成元年……冬十月……辛丑，契丹使沒骨餒來告阿保機哀，廢朝三日。」〔註62〕遼述律太后死，也遣使告哀於後唐，據《遼史》〈太宗本紀〉，說：「天顯八年（933）……十一月辛丑，太皇太后崩，遣使告哀於唐。」〔註63〕至於後唐明宗死，據《遼史》〈太宗本紀〉，說：「天顯九年春正月……閏月戊午，唐遣使告哀。」〔註64〕

　　（四）**弔祭使** ── 例如《遼史》〈太宗本紀〉，說：「天顯九年春正月……閏月戊午，唐遣使告哀，即日遣使弔祭。」〔註65〕

　　（五）**謝弔祭使** ── 例如《遼史》〈太宗本紀〉，說：「天顯九年……六月……辛未，唐李從厚（閔帝）謝弔祭所遣使初至闕。」〔註66〕

　　（六）**報平定渤海國使** ── 例如《遼史》〈太祖本紀〉，說：「天顯元年（926）二月壬辰……以平渤海遣使報唐。」〔註67〕

　　（七）**修好使** ── 例如《資治通鑑》卷二七四，說：「天成元年（926）春正月……戊辰……契丹主擊女真及渤海，恐唐乘虛襲之。戊寅，遣梅老鞋里來修好。」〔註68〕同書卷二七六，說：「天成二年（927）秋……九月……

〔註58〕書同前，卷二，本紀第二，太祖下，頁21。

〔註59〕司馬光，前引書，卷二七五，後唐紀四，明宗上之下，天成元年七月壬申條，頁8989。

〔註60〕同註58，頁23。

〔註61〕薛居正，前引書，卷三七，唐書一三，明宗紀第三，頁512。

〔註62〕《新五代史》，卷六，唐本紀第六，明宗，頁57。

〔註63〕脫脫，前引書，卷三，本紀第三，太宗上，頁35。

〔註64〕註同前。

〔註65〕同註63。

〔註66〕同註63，頁36。

〔註67〕同註58，頁22。

〔註68〕司馬光，前引書，卷二七四，後唐紀三，明宗上之上，天成元年正月戊辰條，

壬申，契丹來請修好，遣使報之。」〔註69〕《舊五代史》〈契丹〉傳，說：「明宗時，德光遣使梅老等三十餘人來修好。」〔註70〕《契丹國志》卷二，說：「天顯元年，後唐天成二年八月朔，……，契丹遣使如唐修好。」〔註71〕《冊府元龜》卷九八○，說：「天成二年十一月，契丹使梅老等三十餘人，見傳本土願和好之意。帝（後唐明宗）謂侍臣曰：『俱保邊鄙，以安疲民，朕豈辭降志耶？彼既求和，足得懷柔矣。』」〔註72〕

（八）索求物品使——例如《舊五代史》〈唐明宗本紀〉，說：「天成二年（927）十月丙申，契丹遣使持書求碑石，欲為其父表其葬所。」〔註73〕同書，又說：「天成三年（928）夏四月甲申，幽州上言：『契丹有書求樂器。』」〔註74〕

（九）送禮物使——例如《舊五代史》〈唐莊宗本紀〉，說：「同光四年（926）春正月……戊寅，契丹阿保機遣使貢良馬。」〔註75〕同書〈唐明宗本紀〉，說「天成二年（927）冬……十二月戊寅朔，……遣飛勝指揮使于契丹，賜契丹王（遼太宗）錦綺、銀器等，兼賜其母繡被纓絡。」〔註76〕《遼史》〈太宗本紀〉，說：「天顯三年……冬十月……己酉，唐遣使遺玉笛。」〔註77〕同書，說：「天顯七年……秋七月……壬辰，唐遣使遺紅牙笙。」〔註78〕《舊五代史》〈唐明宗本紀〉，說「長興三年秋……九月乙丑，契丹遣使自幽州進馬……冬……十一月……乙巳，雲州奏，契丹主在黑榆林南捺剌泊造攻城之具。帝遣使賜契丹王銀器、綵帛。」〔註79〕

（十）請罷征党項兵使——例如《遼史》〈太宗本紀〉，說：「天顯八年……三月……丙申……唐遣使請罷征党項兵，上（遼太宗）以戰捷及党項已聽命

頁 8956。

〔註69〕 書同前，卷二七六，後唐紀五，明宗中之上，天成二年九月壬申條，頁 9009。

〔註70〕 薛居正，前引書，卷一三七，外國列傳第一，契丹，頁 1832。

〔註71〕 葉隆禮，《契丹國志》，收錄於《遼史彙編》（七）（台北：鼎文書局，民國 62 年 10 月），卷二，太宗紀上，頁 11。

〔註72〕 王欽若，前引書，卷九八○，外臣部，通好，頁 25。

〔註73〕 薛居正，卷三八，唐書一四，明宗紀第四，頁 528。

〔註74〕 書同前，卷三九，唐書一五，明宗紀第五，頁 537。

〔註75〕 書同前，卷三四，唐書一○，莊宗紀第八，頁 468。

〔註76〕 同註 73，頁 530。

〔註77〕 脫脫，前引書，卷三，本紀第三，太宗上，頁 29。

〔註78〕 書同前，頁 34。

〔註79〕 薛居正，前引書，卷四三，唐書一九，明宗紀第九，頁 594、596。

報之。」〔註80〕

　　從這麼多項的兩國外交使節任務中，使我們更加體認，當時遼與後唐的交往過程，雖然有時動以干戈，但是和平往來的活動仍然很頻繁，而且任務的項目多又廣。如就兩國的外交情誼來說，已可謂很周延，不失為兩個友邦國家應有的禮儀。另外，筆者也認為當時遼與後唐交往的態度、情誼、動作、項目、種類等，對於日後遼和北宋之間很有組織化、制度化的外交關係，應是產生了或多或少的影響。〔註81〕

六、遼與後唐交聘的禮物

　　遼與後唐的外交，雖然在層次定位上和以往遼與後梁的情形一樣，雙方都是對等的關係。但是兩國交聘禮物的活動卻比後梁時期頻繁，筆者將其交聘禮物的情況，分為（一）後唐贈予遼的禮物；（二）遼向後唐索求的禮物；（三）遼贈予後唐的禮物；（四）遼或後唐賜予對方使節的禮物等四項來加以探討。

　　（一）**後唐贈予遼的禮物** ── 史書中有關後唐贈予遼禮物的記載並不多，例如《舊五代史》、《新五代史》、《資治通鑑》、《冊府元龜》等書均很少有這一類史實的記載。而這種情況至宋代也是如此，因此聶崇岐〈宋遼交聘考〉，說：「遣使必媵禮物，所以敦睦誼也，……兩朝初和，遼使所將者，大致不外襲衣、金帶、玉帶、鞍馬、散馬，間有白鶻、弓箭等物，數量多寡，初無定制。宋致遼者無所聞。第由後日禮物推之，蓋為金銀器具及衣、帶之屬。迨澶淵盟後，乃漸有常規。」〔註82〕

　　但是從甚少的記載當中，有一則頗引起筆者的注意，即是《冊府元龜》卷九七六，說：

　　　　天成二年（927）十二月，〔後唐明宗〕宣飛勝指揮使安念德使於契
　　　　丹，賜契丹王（遼太宗）錦綾羅三百五十疋，金花銀器五百兩，寶
　　　　裝酒器一副，其母（述律太后）繡被一張，寶裝纓絡一副。〔註83〕

可見後唐贈予遼的禮物，分別以遼太宗與其母親述律太后為贈送的對象，也

〔註80〕 同註77，頁34、35。

〔註81〕 參閱蔣武雄，〈遼與後梁外交幾個問題的探討〉，《東吳歷史學報》第五期，頁44～45。

〔註82〕 聶崇岐，〈宋遼交聘考〉，《燕京學報》第二七期，收錄於《宋史叢考》（下）（台北：華世出版社，民國75年12月），頁299。

〔註83〕 王欽若，前引書，卷九七六，外臣部，褒異三，頁17。

可見述律太后在遼太祖死後，其地位與勢力仍然很崇高。

（二）**遼向後唐索求的禮物**——此項是遼與後唐交聘禮物活動中較爲特殊的一種方式，是由遼主動地向後唐索求禮物。例如：

（1）求碑石——據《舊五代史》〈唐明宗本紀〉，說：

> 天成二年（927）十月丙申，契丹遣使持書求碑石，欲爲其父表其葬所。〔註84〕

《新五代史》〈四夷附錄〉，也說：

> 遣使者以名馬聘唐，并求碑石，爲阿保機刻銘，明宗厚禮之，遣飛勝指揮使安念德報聘。〔註85〕

是否遼地欠缺此種碑石材料，筆者不得而知，但是可見後唐明宗儘量滿足遼的要求。

（2）求樂器——據《舊五代史》〈唐明宗本紀〉，說：

> 天成三年（928）夏四月甲申，幽州上言：「契丹有書求樂器。」
> 〔註86〕

《冊府元龜》卷九九九，也說：

> 天成三年四月，幽州奏：「得契丹書，求覓樂器，云要蕃中所有，即亦遵副。」帝（後唐明宗）曰：「招懷之道，且宜依隨。」〔註87〕

到底是那一種樂器呢？也不得而知，但是《遼史》〈太宗本紀〉，說：

> 天顯三年（928）……冬十月……己酉……唐遣使遺玉笛。……天顯七年（932）……秋七月……壬辰，唐遣使遺紅牙笙。〔註88〕

可能遼人索求的樂器就是笛、笙之類。

（3）求果子——據《冊府元龜》卷九九九，說：

> 長興三年（932）二月，雲州上言：「契丹遣使來求果子。」帝（後唐明宗）曰：「虜中雖闕此物，亦非彼實，然蓋當面偵謀，宜阻其求。」
> 但報云：「遣使入朝，當有處分。」〔註89〕

遼使來索求果子，後唐朝廷爲何會認爲不單純，據筆者推測果子似即種子，

〔註84〕同註73。
〔註85〕《新五代史》，卷七二，四夷附錄第一，頁891。
〔註86〕同註74。
〔註87〕王欽若，前引書，卷九九九，外臣部，請求，頁21。
〔註88〕同註77，頁29、34。
〔註89〕同註87，頁21～22。

應限制出口，因此後唐未予答應，而筆者查閱有關史料，也均未見後唐曾以
果子贈予遼。

　　（三）**遼贈予後唐的禮物**——在《遼史》中可能因記載太簡略的緣故，幾
乎未提到遼與後唐交往時，曾以何種禮物贈予後唐。但是在《五代會要》、《冊
府元龜》、《舊五代史》中，卻頗多這一方面的記載，例如《五代會要》卷二九，
說：「同光三年（925）五月，〔遼〕又遣使捥鹿孟等來貢方物。……長興三年七
月，〔遼〕又遣都督述祿進馬三十匹。」〔註90〕《舊五代史》〈唐莊宗本紀〉，說：
「同光四年（926）正月戊寅，契丹阿保機遣使貢良馬。」〔註91〕《冊府元龜》
卷九七二，說：「明宗天成元年（926）七月，契丹國王遣梅老里述骨之進內官
一人、馬二匹、地衣、眞珠裝、金釧、金釵等。……長興三年（932）二月，……
是月契丹穆順義，先是遣還本國，迴進馬三疋及方物等。……三月，契丹遣使
都督起阿鉢等一百一十人，進馬一百疋及方物。又，契丹遣使鐵葛羅卿獻馬三
十疋。」〔註92〕同書卷九八〇，說：「愍（閔）帝應順元年（934）正月乙亥，
契丹遣都督沒辣干來朝，獻馬四百、駞十、羊二千。」〔註93〕可見當時遼國交
聘於後唐的禮物，不外是該國的手工業製品或當地的良馬。

　　（四）**遼或後唐賜予對方使節的禮物**——爲表示禮遇，遼與後唐都曾以禮
物賞賜給對方來聘的使節，例如遼的帝后予後唐使節禮物，據《冊府元龜》九
七六，說：「天成三年（928）正月己酉，契丹王阿保機妻差使送前振武副使劉
在到行闕，賜在金錢、帛、銀器、金帶、鋪陳氈褥甚厚。……十月甲子，差春
州刺史米海金押國信，賜契丹王及迴使梅老秀里等，辭，賜物有差。」〔註94〕
至於後唐帝王予遼使禮物，據《冊府元龜》九七六，說：「天成三年（928）正
月甲子，契丹使禿納悲梅老以下五十人進奉，仍各賜錦衣、銀帶、束帛有差。……
契丹指揮使郭知瑗歸國，錫賚加等。……長興三年（932）五月，契丹入朝使繡
骨梅里辭歸蕃，賜分物鞍馬、錦袍、銀帶。」〔註95〕此種形式所賜的禮物雖非
正式交聘的禮物，但是也可做爲我們了解遼與後唐外交情形的參考。

〔註90〕王溥，前引書，卷二九，契丹條，頁348、350。
〔註91〕薛居正，前引書，卷三四，唐書十，莊宗紀第八，頁468。
〔註92〕王欽若，前引書，卷九七二，外臣部，朝貢五，頁14、17。
〔註93〕書同前，卷九八〇，外臣部，通好，頁27。
〔註94〕書同前，卷九七六，外臣部，褒異，頁17、18。
〔註95〕註同前，頁17、19。

七、遼耶律倍奔赴後唐後雙方的外交

耶律倍（突欲、人皇王）是遼太祖的長子，原先已被封為皇太子，並且受封為東丹王，治理渤海國舊地。但是天顯元年（926）七月，遼太祖死後，並未即時以耶律倍繼承帝位，而是由其母親述律太后「稱制，權決軍國事」，〔註96〕而且偏袒於次子耶律德光（堯骨、遼太宗），使耶律倍頗不甘心，因此在遼太祖死後不及兩個月，「突欲慍，帥數百騎欲奔唐，為邏者所遏，述律后不罪，遣歸東丹」。〔註97〕至天顯二年（927）十一月，雖然「人皇王倍（突欲）率群臣請于后曰：『皇子大元帥勳望，中外攸屬，宜承大統。』后從之。是日即皇帝位。」〔註98〕但是遼太宗即位之後，仍然對耶律倍猜忌很重，並且「以東平為南京，徙倍居之，盡遷其民。又置衛士陰伺動靜。倍既歸國，命王繼遠撰建南京碑，起書樓于西宮。」〔註99〕至天顯五年（930），此種情況被「（後）唐明宗聞之，遣人跨海持書密召倍，倍因畋海上。使再至，倍謂左右曰：『我以天下讓主上，今反見疑，不如適他國，以成吳太伯之名。』立木海上，刻詩曰：『小山壓大山，大山全無力。羞見故鄉人，從此投外國。』攜高美人，載書浮海而去。唐以天子儀衛迎倍，倍坐船殿，眾官陪列上壽。」〔註100〕

筆者曾仔細查閱《五代會要》、《舊五代史》、《新五代史》、《資治通鑑》、《契丹國志》、《文獻通考》等書，關於記載耶律倍奔赴後唐的史實，均未提及後唐明宗在此事件中所扮演的角色，只見《遼史》有如上文的記載。因此後唐明宗為何有此舉動頗值得加以探討，筆者認為應是與天顯三年（928）、四年（929）遼與後唐的軍事衝突有關。據《遼史》〈太宗本紀〉，說：「天顯……三年……三月……乙丑，……唐義武軍節度使王都遣人以定州來歸。唐主出師討之，使來乞援，命奚禿里鐵剌往救之。四月……丙申……鐵剌敗唐將王晏球于定州。唐兵大集，鐵剌請益師。辛丑，命惕隱涅里袞、都統查剌赴之。……秋七月……壬子，王都奏唐兵破定州，鐵剌死之，涅里袞、查剌等數十人被

〔註96〕脫脫，前引書，卷二，本紀第二，太祖下，頁23。
〔註97〕司馬光，前引書，卷二七五，後唐紀四，明宗上之下，天成元年九月癸酉條，頁8993。
〔註98〕脫脫，前引書，卷三，本紀第三，太宗上，頁28。
〔註99〕書同前，卷七二，列傳第二，宗室，義宗倍，頁1210。
〔註100〕註同前。另外，《遼史》〈皇子表〉也記載：「唐遣人來招，倍浮海奔唐，唐人迎以天子儀衛。」（《遼史》，卷六四，表第二，皇子表，頁973。）

執。……十一月……辛丑，自將伐唐。十二月……甲寅，次杏堝，唐使至，遂班師。」〔註101〕天顯四年二月，後唐將領王晏球收復定州，獻俘至洛陽，斬於市。〔註102〕四月，遼派使至後唐，求遼將骸骨，「（後唐）明宗怒其詐，斬之」。〔註103〕雙方戰事屢傳，因此後唐明宗利用耶律倍與遼太宗的不和，招來耶律倍，有離間、分化，使遼國政局不穩的作用。

基於上述的理由，後唐明宗對耶律倍很優待，例如長興二年（931）正月，由後唐「明宗御文明殿召對，及其部曲，慰勞久之，賜以衣冠、金玉帶、鞍馬、錦綵、器物等」。〔註104〕而耶律倍為了表示歸順，也在同月「進馬十疋，氈帳及諸方物，又進本國印三面」。〔註105〕至三月，後唐明宗又進一步詔賜耶律倍姓名，據《五代會要》卷二九，說：

> 中書門下奏：「契丹國東丹王突欲，遠泛滄溟，來歸皇化，請賜姓名，仍准番官入朝例安排，謹按四夷入朝番官，有懷德、懷化、歸德、歸化等將軍中郎將名號。又本朝賜新羅、渤海兩番國王官，初自檢校司空至太保，今突欲是阿保機之子，請比新羅、渤海王例施行。」
> 敕：「渤海國王人皇王突欲，契丹先收渤海國，改為東丹，其突欲宜賜姓東丹，名慕華，授光祿大夫檢校太保，安東都護兼御史大夫，上柱國，渤海郡開國公，食邑一千五百戶，充懷化軍節度使，瑞、慎等州觀察處置押番落等使。」〔註106〕

可見後唐朝廷已完全接納耶律倍，因此耶律倍奔赴後唐一事，至此時也可謂已成定局。

對於後唐明宗招納耶律倍，筆者認為卻是幫助遼解決了其國內皇室帝位繼承的紛爭，因此包括《遼史》以及其他史書均未提到當時遼太宗和述律太后對此事件有任何的立即反應，直至八月，據《五代會要》卷二九，說：

> 其契丹王母述律氏，以其子突欲歸國，遣使朝貢，明宗深慰納之。
> 〔註107〕

〔註101〕同註98，頁28～29。
〔註102〕薛居正，前引書，卷四〇，唐書一六，明宗紀第六，頁548。
〔註103〕同註70。
〔註104〕王溥，前引書，卷二九，契丹條，頁349。
〔註105〕王欽若，前引書，卷九七二，外臣部，朝貢五，頁16。
〔註106〕同註104，頁349～350。
〔註107〕同註104，頁350。

《舊五代史》〈契丹〉傳，說：

> 東丹王突欲在闕下，其母繼發使申報，朝廷亦優容之。〔註108〕

《新五代史》〈四夷附錄〉，說：

> 述律尤思念突欲，由是卑辭厚幣數遣使聘中國。〔註109〕

顯然遼與後唐的外交關係反而因耶律倍奔赴後唐而轉好。至九月，後唐明宗又「勅懷化軍節度使〔東〕丹慕華宜賜李名贊華，仍改封隴西郡開國公，兼應有先配在諸軍契丹直等，並宜賜姓名」。〔註110〕而至翌年二月，耶律倍更「進契丹地圖」，〔註111〕以表示歸順的誠意。因此至此時，就遼、後唐、耶律倍三者來說，似乎都已接受了此種事實，也就是後唐接納耶律倍的來歸，而遼則無可奈何的讓耶律倍入居後唐，至於耶律倍本人則是有長久居留的打算。

遼與後唐的外交關係，既然因耶律倍奔赴後唐事件而轉好，因此雙方的外交使節經常往來，甚至於據《遼史》〈太宗本紀〉，說：「天顯七年（932）四月甲戌，唐遣使來聘，致人皇王倍（突欲）書。」〔註112〕顯然後唐朝廷不僅接納耶律倍，而且派遣使節至遼國時，也還幫耶律倍送書信給遼太宗。另外，據《遼史》〈義宗（突欲）〉傳，說：「倍雖在異國，常思其親，問安之使不絕。」〔註113〕可見後唐朝廷應是允許耶律倍經常派人至遼向其母親述律太后請安。而至天顯八年（933）十一月，當述律太后死，遼也曾經「遣使告哀于唐及人皇王倍」。〔註114〕這都顯示出耶律倍雖然身在後唐，但是仍可以透過後唐與遼的友好外交關係，經常與遼國的家人保持聯繫。

長興四年（天顯八年）十一月，後唐明宗死，由其子李從厚即位，是為閔帝。未久，明宗養子李從珂發動兵變，殺閔帝自立，耶律倍特別「自唐上書〔遼太宗〕請討」，〔註115〕《遼史》〈義宗〉傳，也說：「倍密報〔遼〕太宗曰：『從珂弒君，盍討之。』」〔註116〕耶律倍此一舉動，除了顯示其對後唐明宗和閔帝的效忠外，也反映出耶律倍雖然身在後唐，但是其與遼太宗的情誼

〔註108〕同註70。
〔註109〕《新五代史》，卷七二，四夷附錄第一，契丹，頁892。
〔註110〕王欽若，前引書，卷一七○，帝王部，來遠，頁26。
〔註111〕薛居正，前引書，卷四三，唐書一九，明宗紀第九，頁589。
〔註112〕脫脫，前引書，卷三，本紀第三，太宗上，頁33。
〔註113〕書同前，卷七二，列傳第二，宗室，義宗倍，頁1211。
〔註114〕同註112，頁35。
〔註115〕同註112，頁36。
〔註116〕同註113。

仍然存在，因此他提出請求，希望遼派兵來討伐李從珂。雖然後來史實的演變，促使遼太宗派兵至中原援助石敬瑭攻打李從珂，並且導致石敬瑭建後晉，滅後唐，是因爲石敬瑭向遼太宗稱臣、稱子、納幣的緣故，但是早先耶律倍向遼太宗請兵，或許與這一史實的演變有些微的關係。

　　另外，值得我們注意的是，在李從珂與石敬瑭的衝突過程中，耶律倍還曾經被李從珂等人考慮當作一招棋子，據《新五代史》〈龍敏〉傳，說：

> 晉高祖（石敬瑭）起太原，乞兵契丹。唐廢帝（李從珂）在懷州，
> 趙德鈞父子有異志，張敬達屯于晉安，勢甚危急，廢帝問計從臣。
> 〔龍〕敏曰：「晉所恃者契丹也。東丹王失國之君，今在京師，若
> 以兵送東丹，自幽州而入西樓，契丹且有內顧之憂，何暇助晉？晉
> 失契丹，大事去矣。」〔註117〕

可見耶律倍在李從珂與石敬瑭衝突的事件中，具有某種程度的影響力，但是耶律倍並不站在李從珂這一方，而且當時李從珂對於龍敏的提議，雖然「深以爲然，而執政恐其無成，議竟不決」。〔註118〕因此至後來李從珂被石敬瑭打敗之際，即將耶律倍加以殺害，據《契丹國志》〈東丹王〉傳，說：

> 潞王（李從珂）末年，石晉內叛，求援契丹，潞王已危，乃遣宦者
> 秦繼旻、皇城使李彥紳殺之，贊華遇害於其第。〔註119〕

《遼史》〈太宗紀上〉，也說：

> 晉帝（石敬瑭）至河陽，李從珂窮蹙，召人皇王倍同死，不從，遣
> 人殺之。〔註120〕

論至此，我們可知耶律倍避居後唐的事件，在遼與後唐的外交上是一件相當特別的狀況，〔註121〕因此在探討遼與後唐的外交關係，有加以討論的必要。

〔註117〕《新五代史》，卷五六，雜傳第四四，龍敏，頁650。
〔註118〕司馬光，前引書，卷二八〇，後晉紀一，高祖上之上，天福元年九月辛亥條，頁9151～9152。
〔註119〕葉隆禮，前引書，卷一四，諸王傳，東丹王，頁138。
〔註120〕同註112，頁39～40。
〔註121〕關於東丹王的史事，可參閱潘柏澄，〈契丹東丹王耶律倍之研究〉，《史苑》第十五期（台北：輔仁大學，民國59年12月），頁3～7、11；劉蕭勇，〈東丹國與東丹王耶律倍〉，《遼寧師院學報》1982年第三期，頁74～76；舒焚，〈東丹王耶律倍〉，《武漢師範學院學報》1985年第二期；何俊哲，〈耶律倍與東丹國諸事考〉，《北方文物》1993年第三期，頁88～92；楊雨舒，〈「耶律倍與東丹國諸事考」商榷〉，《北方文物》1995年第三期，頁121～123、79；何俊哲，〈關于耶律倍秘密向契丹主請兵攻擊後唐的再商榷〉，《北方文物》1996

八、遼與後唐外交絕裂對後唐滅亡的影響

　　後唐的滅亡，是後唐末（廢）帝李從珂與河東節度使石敬瑭衝突的結果。
而石敬瑭能獲勝，進而建立後晉，滅亡後唐，則又以得到遼的兵援爲主要關
鍵。至於李從珂則是自動放棄了聯結遼的機會，最後演變爲石敬瑭與遼聯兵
滅亡後唐的史實。筆者曾詳查有關的史料，發現在清泰元年（934）四月，李
從珂即帝位之後，即改變後唐明宗、閔帝時期交好於遼的作法，直至後唐被
滅時，都未曾派遣使節至遼。而在遼方面，也是不再派遣使節至後唐，只有
於清泰三年（936）八月戊午（初二），「遣使梅里入朝（後唐）」，〔註122〕但是
此時石敬瑭已聯遼成功，遼太宗正準備出兵援助石敬瑭，在「八月己未（初
三），遣蕭轄里報河東師期」，〔註123〕因此遼此次遣使至後唐，應只是表面的
作爲而已。而且李從珂中斷與遼外交的活動後，也促使遼多次派兵入犯後唐
邊境，例如在天顯九年（清泰元年）八月，遼太宗曾「自將南伐」，〔註124〕
同年九月、十月及翌年五月、六月，也都曾派兵入犯後唐雲州、應州、新州、
振武等邊地。〔註125〕可見雙方在這段期間，並無外交的往來，反而均處於緊
張的狀態，因此導致後來李從珂與石敬瑭的衝突臻於白熱化，只好以干戈相
向時，李從珂還是不願意聯結遼國。

　　雖然有上述遼與後唐不和的情況，但是只要李從珂願意，其實還是有機
會可以比石敬瑭早一步聯結遼，因爲在清泰三年（後晉高祖天福元年）三月，
當「石敬瑭盡收其貨之在洛陽及諸道者歸晉陽，託言以助軍費，人皆知其有
異志」〔註126〕時，後唐的朝臣曾向李從珂提議以和親聯結遼來壓制石敬瑭，
《資治通鑑》卷二八〇，說：

> 　　唐主（李從珂）夜與近臣從容語曰：「石郎於朕至親，無可疑者，但
> 流言不釋，萬一失歡，何以解之？」皆不對。端明殿學士、給事中
> 李崧退謂同僚呂琦曰：「吾輩受恩深厚，豈得自同眾人，一概觀望邪？
> 計將安出？」琦曰：「河東若有異謀，必結契丹爲援。契丹母以贊華

　　　　年第二期，頁77～80。
〔註122〕薛居正，前引書，卷四八，唐書二四，末帝紀下，頁663。
〔註123〕同註112，頁38。
〔註124〕同註115。
〔註125〕薛居正，前引書，卷四六，唐書二二，末帝紀上，頁639、640；卷四七，唐
　　　　書二三，末帝紀中，頁647、648。
〔註126〕同註118，天福元年三月丙午條，頁9139。

〈突欲〉在中國，屢求和親，但求薊刺等未獲，故和未成耳。今誠
歸薊刺等與之和，歲以禮幣約直十餘萬緡遺之，彼必驩然承命。如
此，則河東雖欲陸梁，無能為矣。」……他夕，二人密言於帝（李
從珂），帝大喜，稱其忠，二人私草遺契丹書以俟命。久之，帝以其
謀告樞密直學士薛文遇，文遇對曰：「以天子之尊，屈身奉夷狄，不
亦辱乎？又，虜若循故事求尚公主，何以拒之？」因誦戎昱昭君詩
曰：「安危託婦人。」帝意遂變。……自是群臣不敢復言和親之策。
〔註127〕

此一李從珂從採納大臣建議終致又不採納的過程，可謂頗具關鍵性，因為後
唐如能在此時進行聯結遼國的行動，將可比石敬瑭搶得先機，則後來遼助石
敬瑭滅後唐的史實或不致於發生。但是卻因李從珂未經熟慮即放棄聯結遼國
的策略，形成導致後晉建國，後唐滅亡的重要關鍵。

　　既然李從珂放棄了聯結遼的機會，因此使這種機會轉移至石敬瑭這一
方。也就是至清泰三年五月，石敬瑭在李從珂的強烈猜忌下，心中頗為「疑
懼，謀於將佐曰：『吾之再來河東也，主上（李從珂）面許終身不除代，今
忽有是命，得非如今年千春節與公主所言乎？我不興亂，朝廷發之，安能束
手死於道路乎？今且發表稱疾，以觀其意，若其寬我，我當事之；若加兵於
我，我則改圖耳。』……都押牙劉知遠曰：『明公（石敬瑭）久將兵，得士
卒心。今據形勝之地，士馬精強，若稱兵傳檄，帝業可成，奈何以一紙制書
自投虎口乎？』掌書記洛陽桑維翰曰：『主上初即立，明公入朝，主上豈不
知蛟龍不可縱之深淵邪？然卒以河東復授公，此乃天意，假公以利器也。明
宗遺愛在人，主上以庶孽代之，群情不附。公明宗之愛婿，今主上以反逆見
待，此非首謝可免，但力為自全之計。契丹主素與明宗約為兄弟，今部落近
為雲、應，公誠能推心屈節事之，萬一有急，朝呼夕至，何患無成？』敬瑭
意遂決」。〔註128〕

　　其實石敬瑭早就有聯結遼國對付李從珂進而稱帝的企圖，如今再受桑維翰
進一步的分析與鼓勵，遂有所決定，於同年七月「遣間使求救於契丹，令桑維
翰草表稱臣於契丹主（遼太宗），且請以父禮事之，約事捷之日，割盧龍一道及

〔註127〕註同前，頁 9139～9140。另見《新五代史》，卷五六，雜傳第四四，呂琦，
　　　　　頁 645～646。
〔註128〕同註118，天福元年五月甲午條，頁 9142～9143。

鴈門關以北諸州與之。劉知遠諫曰:『稱臣可矣,以父事之太過。厚以金帛賂之,自足致其兵,不必許以土田,恐異日大爲中國之患,悔之無及。』敬瑭不從。表至契丹,契丹主大喜,白其母曰:『兒比夢石郎遣使來,今果然,此天意也。』乃爲復書,許俟仲秋傾國赴援」。〔註129〕不久,石敬瑭得到遼軍援助,先解晉陽之圍,並且轉守爲攻,指向後唐都城洛陽。至十一月十二日,由「契丹主(遼太宗)作冊書,命敬瑭爲大晉皇帝」。〔註130〕至此石敬瑭終嘗宿願建立後晉,並且更急切進逼李從珂,因此至閏十一月二十六日,李從珂被迫,「與曹太后、劉皇后、雍王重美及宋審虔等攜傳國寶登玄武樓自焚」。〔註131〕

　　論述至此,我們可知後唐的滅亡,乃是因李從珂先斷絕與遼的外交關係,後來又昧於短見,不願以和親聯結遼,因此使石敬瑭能有機會,以屈辱的態度拉攏遼成功,再以聯兵的優勢,建立後晉,滅亡後唐。總之,當時李從珂對遼的斷交,以及石敬瑭與遼的建交,可謂是中國五代時期晉立唐亡這一段史實演變中兩個相當重要的關鍵。

九、結　論

　　綜合以上的討論,筆者認爲遼與後唐所進行的外交關係,至少顯現了下列三點意義:

　　(一)遼與後唐外交在層次的問題上,仍然延續遼與後梁外交的對等關係。也就是遼從唐末開始,勢力逐漸強大,及至唐亡梁立的同年,其也建國於中國東北,並且從原先臣服於唐的藩屬地位,一躍爲與中原國家對等的地位,而此種情況從後梁又延續至後唐時期。這都說明了遼的勢力確實很強盛,足以與中原國家抗衡,甚至於超越中原各國,因此至後晉時,遼反而成爲上國,後晉則成爲其藩屬。

　　(二)雖然史書中有關後唐贈予遼禮物(也包括遼向後唐索求的物品以及賞賜給遼使的禮物)的記載並不多,但是其饋贈可謂豐厚,因此似有安撫、拉攏遼的作用,以便能繼續與遼維持和平外交關係。盧逮曾〈五代十國對遼的外交〉,也說:「當時唐、遼通好交戰的局勢裡,後唐時居於玉帛金幣以乞和平的地位,實爲後世歲幣的濫觴。……後唐……雖不輸歲幣與遼,但贈遺

〔註129〕同註118,天福元年七月丙辰條,頁9146～9147。
〔註130〕同註118,天福元年十一月丁酉條,頁9154。
〔註131〕同註118,天福元年閏十一月辛巳條,頁9163。

都厚，極有歲幣的嫌疑。」〔註132〕從後來後晉對遼所進行的歲幣外交來看，盧氏此言頗爲正確。

（三）遼與後唐外交的型態、地位和辦法等，雖然與後來遼和北宋外交的情形相比，可說還在實驗、摸索、調整的階段。〔註133〕但是此一時期至少比遼與後梁的外交稍爲成熟，而在制度與組織上也較爲完備，可提供遼與北宋外交的參考。因此筆者認爲遼與後唐的外交，就中原國家與邊疆民族的交往歷史來看，仍然有其不可忽視的時代意義。

《東吳歷史學報》第六期（民國 89 年 3 月），頁 35～63。

〔註132〕盧逮曾，前引文，頁 390、407。
〔註133〕遼與中原國家的外交，經過五代至宋代時期，在禮儀、辦法、組織、制度等方面都已至完備、成熟的階段，可參閱《遼史》，卷五○，志第一九，禮志二，凶儀，頁 839～844、卷五一，志第二○，禮志四，賓儀，頁 846～856、卷五二，志第二一，禮志五，嘉儀上，頁 857～865、卷五三，志第二二，禮志六，嘉儀下，頁 867～880；脫脫，《宋史》（台北：鼎文書局，民國 67 年 9 月），卷一一○，志第六三，禮一三，嘉禮一，頁 2639～2651、卷一一一，志第六四，禮一四，嘉禮二，頁 2653～2669、卷一一二，志第六五，禮一五，嘉禮三，頁 2671～2681、卷一一九，志第七二，禮二二，賓禮四，頁 2804～2808、卷一二四，志第七七，禮二七，凶禮三，頁 2897～2901；聶崇岐，前引文，頁 286～288；黃鳳岐，〈遼宋交聘及其有關制度〉，《社會科學輯刊》1985 年第二期，頁 96～99。

第三章　遼與後晉外交幾個問題的探討

摘　要

　　後晉向遼稱臣、稱子的外交關係，在中國五代時期，顯得比較特殊，不同於其他四個朝代，因此遼與後晉外交關係的演變，本文除了前言與結論外，擬從（一）遼與後晉建國前的外交；（二）遼與後晉建國後的外交；（三）安重榮事件；（四）遼與後晉外交的層次問題；（五）遼與後晉交聘的使節任務；（六）遼與後晉交聘的禮物；（七）遼與後晉交惡造成後晉滅亡等項目加以探討。

　　關鍵詞：遼、後晉、外交、石敬瑭、桑維翰、遼太宗、石重貴。

一、前　言

　　遼與後晉的外交關係，在五代時期可謂是一比較特殊的情況，因高後晉是遼一手扶植起來的政權，後晉高祖石敬瑭是向遼稱臣、稱子，以及割讓燕雲十六州，才得以當上中原的皇帝。因此從一開始遼即是以上國的地位與後晉交往，而後晉也以藩屬的立場盡力屈意奉承遼，以求得其政權的延續。也就是我們可發現在五代時期，後梁、後唐、後周是以對等的關係與遼進行交往，只有後晉、後漢則不然。但是後漢建國時，正值遼的政局不穩，而且也只在劉知遠擬取得帝位時，曾派人拉攏遼，等至其建國後，即未派使節至遼，因此立國只有四年的後漢，其與遼實在談不上有很明顯的外交關係。而後晉則從建國初期，即非常明顯地擺出願意臣服於遼的外交姿態，因此筆者擬從遼與後晉建國前後的外交、層次問題、安重榮事件、使節任務、交聘禮物、雙方交惡造成後晉滅亡等項目，來探討遼與後晉外交的演變。

二、遼與後晉建國前的外交

　　後晉的建國，是因河東節度使石敬瑭與後唐末帝李從珂衝突時，石敬瑭聯結遼，獲得遼軍援助，所造成的結果。因此石敬瑭在後晉建國初期與遼的交往，是本節探討的重點。

　　石敬瑭是後唐明宗李嗣源的女婿，李從珂則是明宗的養子，兩人「皆以勇力善鬥，事明宗爲左右，然心競，素不相悅」。〔註 1〕而且「成（後唐）莊宗一統，集明宗大勳，帝（石敬瑭）與唐末帝（李從珂）功居最」。〔註 2〕因此其兩人旗鼓相當，互不相容。及至明宗死後，子從厚即位，是爲閔帝。不久，李從珂取而代之，是爲末帝，其對石敬瑭尤爲猜忌，惟恐石敬瑭會反叛，因此時予壓逼，使石敬瑭心中頗爲「疑懼，謀於將佐日：『吾之再來河東也，主上（李從珂）面許終身不除代，今忽有是命，得非如今年千春節與公主所言乎？我不興亂，朝廷發之，按能束手死於道路乎？今且發表稱疾，以觀其意，若其寬我，我當事之；若加兵於我，我則改圖耳。』……掌書記洛陽桑

〔註 1〕　司馬光，《資治通鑑》（台北：明倫書局，民國 66 年），卷二七九，後唐紀八，潞王下，清泰元年五月丙午條，頁 9119。
〔註 2〕　薛居正，《舊五代史》（台北：鼎文書局，民國 66 年 9 月），卷七五，晉書一，高祖紀一，頁 979。

維翰曰：『主上初即立，明公入朝，主上豈不知蛟龍不可縱之深淵邪？然卒以河東復授公，此乃天意，假公以利器也。明宗遺愛在人，主上以庶孽代之，群情不附。公明宗之愛婿，今主上以反逆見待，此非首謝可免，但力爲自全之計。契丹主（遼太宗）素與明宗約爲兄弟，今部落近爲雲、應，公誠能推心屈節事之，萬一有急，朝呼夕至，何患無成？』敬瑭意遂決」。〔註3〕顯然石敬瑭與部屬桑維翰都很了解當時的情勢，如果想要在與李從珂的衝突中獲得勝利，惟有聯結遼獲得遼軍援助一途。因此石敬瑭很贊同桑維翰的看法，願意付出相當的代價，以便能打敗李從珂，進而建立政權。

後唐清泰三年（936）七月，石敬瑭遂「遣間使求救於契丹，令桑維翰草表稱臣於契丹主（遼太宗），且請以父禮事之，約事捷之日，割盧龍一道及雁門關以北諸州與之。……表至契丹，契丹主大喜，白其母曰：『兒比夢石郎遣使來，今果然，此天意也。』乃爲復書，許俟仲秋傾國赴援」。〔註4〕可見石敬瑭爲了爭取遼援，不僅對遼表示屈從，也願意給予豐厚的酬勞。至於遼太宗則抓住此一將可使遼國政治、經濟、國防，以及國際地位都能獲得好處的難得機會，〔註5〕即於同年九月，「將五萬騎，號三十萬，自揚武谷而南，……辛丑（十五日），契丹主（遼太宗）至晉陽，陳於汾北之虎北口。……使者未至，契丹已與唐騎將高行周、符彥卿合戰，（石）敬瑭乃遣劉知遠出兵助之。……唐兵大敗，……契丹亦引兵歸虎北口……是夕，敬瑭出北門，見契丹主。契丹主執敬瑭手，恨相見之晚」。〔註6〕

石敬瑭獲得遼軍援助後，不僅解除晉陽之圍，也士氣大振，轉守爲攻。並且更加屈意事遼，頗得遼太宗的歡心，因此於十月九日，封石敬瑭「爲晉

〔註3〕 司馬光，前引書，卷二八〇，後晉紀一，高祖上之上，天福元年五月甲午條，頁9142～9143。

〔註4〕 註同前，天福元年七月丙辰條，頁9146～9147。

〔註5〕 參閱王明蓀，《宋遼金史論文稿》（台北：明倫書局，民國77年7月），〈契丹與中原本土之歷史關係〉，頁5～14；任崇岳，〈略論遼朝與五代的關係〉，《社會科學輯刊》1984年第四期，頁109～116；林榮貴、陳連開，〈五代十國時期契丹、沙陀、漢族的政治、經濟和文化交流〉，《遼金史論集》第三輯（上海：上海古籍出版社，1987年），頁155～185；劉肅勇、王曉莉，〈評耶律德光〉，《晉陽學刊》1989年第五期，頁62～65；孟廣耀，〈遼代耶律德光的歷史作用〉，《東北地方史研究》1991年第三期，頁54～59；田村實造，《中國征服王朝の研究》（上）（京都：東洋史研究會，昭和39年9月），頁145～147。

〔註6〕 同註3，天福元年九月辛丑條，頁9148～9149。

王，幸其府。敬瑭與妻李氏率其親屬，捧觴上壽」。〔註7〕至十一月十二日，又召石敬瑭至行在所，賜坐，並「謂石敬瑭曰：『吾三千里赴難，必有成功。觀汝器貌識量，眞中原之主也。吾欲立汝爲天子。』敬瑭辭讓者數四，將史復勸進，乃許之。契丹主（遼太宗）作冊書，命敬瑭爲大晉皇帝，自解衣冠授之，築壇於柳林，是日即皇帝位。割幽、薊、瀛、莫、涿、檀、順、新、媯、儒、武、雲、應、寰、朔、蔚十六州以與契丹，仍許歲輸帛三十萬匹」。〔註8〕關於此一史實，值得我們注意的是當時冊書的內容，據《舊五代史》卷七五，說：

> 大契丹皇帝若曰：「……咨爾子晉王，……實系本枝，所以余視爾若子，爾待予猶父也。朕昨以獨夫從珂，本非公族，……乃命興師，爲爾除患，……天之曆數在爾躬，是用命爾，當踐皇極。仍以爾自茲并土，首建義旍，宜以國號曰晉。朕永與爲父子之邦，保山河之誓。……。」〔註9〕

至此時，後晉爲遼臣、子的藩屬關係乃正式建立起來，而且因石敬瑭事遼至誠，因此君臣的外交關係也就從此展開。

三、遼與後晉建國後的外交

　　後晉的建國既然是因遼軍的援助而獲得成功，因此石敬瑭在建國之後，即以藩屬的地位非常誠心地奉承遼，惟恐有所不周而得罪於遼。尤其在外交方面，經常派遣使節至遼，以維繫雙方良好的外交關係，以及其剛建立的政權。這種作法依當時後晉的處境是有必要的，因此後晉大臣張誼「上言：『北狄有援立之功，宜外敦信好，內謹邊備，不可自逸，以啓戎心。』帝（石敬瑭）深然之」。〔註10〕而《資治通鑑》卷二八一，也說：

> 時晉新得天下，藩鎮多未服從，或雖服從，反仄不安。兵火之餘，

〔註7〕 脫脫，《遼史》（台北：鼎文書局，民國64年10月），卷三，本紀第三，太宗上，頁38。

〔註8〕 同註3，天福元年十一月丁酉、己亥條，頁9154～9155。

〔註9〕 同註2，頁986～987。另參閱徐春源，〈石敬瑭割地事遼求援之研究〉，《史苑》第十六期（台北：輔仁大學，民國60年6月），頁28～32；張國慶，〈遼代契丹皇帝與五代、北宋諸帝的結義〉，《史學月刊》1992年第六期，頁26～32。

〔註10〕 司馬光，前引書，卷二八一，後晉紀上，高祖上之下，天福二年六月辛丑條，頁9174～9175。

府庫殫竭，民間困窮，而契丹徵求無厭。〔桑〕維翰勸帝（石敬瑭）推誠棄怨以撫藩鎮，卑辭厚禮以奉契丹，訓卒繕兵以修武備，務農桑以實倉廩，通商賈以豐貨財。數年之間，中國稍安。〔註11〕

可見與遼維持良好的君臣外交關係，對於後晉確實有正面的作用，因此後晉經常派遣使節至遼，其任務包括上尊號、賀生辰、謝冊禮、進歲幣、進貢物、問起居等，可謂至為恭謹。在此節中，筆者僅以兩國皇帝互上尊號，來討論遼與後晉建國後的外交情形。

（一）後晉向遼太宗、述律太后上尊號

從後晉建國至天福二年（遼天顯十二年，937）六月，遼與後晉已多次互派使節，而至此時，後晉為進一步表示對遼的臣服與感激，特別向遼提出請上遼太宗與其母親述律太后的尊號。其過程曲折、繁瑣，但是卻也顯現了後晉在君臣外交關係上對遼高度奉承的熱忱。初於天福二年六月「甲申（二日），晉遣戶部尚書晶延祚等上尊號，……詔不許」。〔註12〕至八月「癸未（三日），晉遣復請上尊號，不許」。〔註13〕直至天福三年五月，「甲寅（八日），晉復遣使請上尊號，從之」。〔註14〕顯然當時後晉擬向遼太宗和述律太后請上尊號，乃是經過了幾次的請示才獲得允許，這不僅反映出後晉對此一舉動的誠意，也顯示出遼與後晉之間外交的君臣關係和上國地位。

後晉向遼請上尊號，既然獲准，即很慎重地挑選擔任此項任務的朝臣，直至同年八月五日才決定人選。根據《舊五代史》〈晉高祖紀〉，說：「以左僕射劉昫為契丹冊禮使，左散騎常侍韋勳副之，給事中盧重為契丹皇太后（述律太后）冊禮使。」〔註15〕《冊府元龜》卷九八○，也說：「以左僕射劉昫為契丹冊禮使，左散騎常侍韋勳為副使，給事中盧重冊契丹太后使。」〔註16〕此二史書均未提及也派遣同平章事馮道前往，但是《舊五代史》〈馮道〉傳，說：「契丹遣使加徽號於晉祖，晉祖亦獻徽號于契丹，謂道曰：『此行非卿不可。』道無難色，晉祖又曰：『卿官崇德重，不可深入沙漠。』道曰：『陛下受北朝恩，臣受陛下恩，

〔註11〕書同前，天福二年正月戊寅條，頁9168。
〔註12〕脫脫，前引書，卷三，本紀第三，太宗上，頁41。
〔註13〕註同前。
〔註14〕書同前，卷四，本紀第四，太宗下，頁44。
〔註15〕薛居正，前引書，卷七七，晉書三，高祖紀第三，頁1017。
〔註16〕王欽若，《冊府元龜》（台北：中華書局，民國56年5月），卷九八○，外臣部，通好，頁28。

何有不可？』」〔註17〕可見前二所引似爲初步的人選，連後晉高祖石敬瑭也決定不下是否該派馮道去，但是此時馮道既然堅決表示願意前往，因此馮道也就成爲人選之一，據《新五代史》〈晉本紀〉，說：「馮道及左僕射劉昫爲契丹冊禮使。」〔註18〕《資治通鑑》卷二八一，說：「以馮道爲太后冊禮使，左僕射劉昫爲契丹主冊禮使。」〔註19〕《契丹國志》卷二，說：「晉上尊號於遼帝及太后，以同平章事馮道，左僕射劉昫爲冊禮使。」〔註20〕可見馮道以其當時的名望和地位，也參預了此事，而且後晉朝廷在馮道加入之後，在指派的任務上也作了調整，因此我們所見到《遼史》〈太宗紀〉的記載，說：「會同元年（後晉天福三年，936）九月庚戌（六日），邊臣奏：晉遣守司空馮道、左散騎常侍韋勳來上皇太后尊號，左僕射劉昫、右諫議大夫盧重上皇帝尊號，遂遣監軍寅你已充接伴。」〔註21〕顯然後晉朝廷認爲如此才是最佳的外交團隊和任務分配。

對於馮道等人的到來，遼太宗表現出熱誠的歡迎，先於十月一日「遣郎君迪里姑等撫問晉使」，〔註22〕又在他們將達西樓時，遼太宗「欲郊迎，其臣曰：『天子無迎宰相之禮。』因止焉」。〔註23〕至十一月一日，並「命南北宰相及夷離董，就館賜晉使馮道以下宴」。〔註24〕十一月三日，遼太宗「御開皇殿，召見晉使」。〔註25〕而至十一月九日，述律太后「御開皇殿，馮道、韋勳冊上尊號，曰：廣德至仁昭烈崇簡應天皇太后」。〔註26〕十一月二十三日，遼太宗「御宣政殿，劉昫、盧重冊上尊號，曰：睿文神武法天啓運明德章信至道廣敬昭孝嗣聖皇帝」。〔註27〕至此時後晉向遼太后、遼太宗上尊號可謂已經完成。但是其實後晉要向遼表達奉承的最高誠意還不止於此，因爲在該月，後晉「復遣趙瑩奉表來賀，以幽、薊、瀛、莫、涿、檀、順、嬀、

〔註17〕薛居正，前引書，卷一二六，周書一七，列傳第六，馮道，頁1658。

〔註18〕歐陽修，《新五代史》（台北：鼎文書局，民國65年11月），卷八，晉本紀第八，高祖，頁82。

〔註19〕同註10，天福三年七月戊寅條，頁9188。

〔註20〕葉隆禮，《契丹國志》，收錄於《遼史彙編》（七）（台北：鼎文書局，民國62年10月），卷二，太宗紀上，頁19。

〔註21〕同註14。

〔註22〕同註14。

〔註23〕同註17。

〔註24〕同註14。

〔註25〕同註14。

〔註26〕同註14。

〔註27〕同註14。

儒、新、武、雲、應、朔、寰、蔚十六州并圖籍來獻」。〔註28〕另外，上尊號一事之後，還有一些後續的動作，例如遼太宗為感謝馮道等人的辛苦，於十二月二十五日，「遣同括、阿鉢等使晉，制加晉馮道守太傅、劉昫守太保，餘官各有差」。〔註29〕而至翌年正月二日，遼太宗更「以受晉州，遣使報南唐、高麗」。〔註30〕因為此舉可顯現遼在當時國際上的上國地位。至正月五日，在馮道等人回國之前，遼太宗又「御開皇殿，宴晉使馮道以下，賜物有差」。〔註31〕不久，馮道等人分兩批回國，因此據《舊五代史》〈晉高祖紀〉，說：「天福四年二月丁酉（二十五日），宰臣馮道、左散騎常侍韋勳、禮部員外郎楊昭儉，自契丹使迴。帝慰勞備至，錫賚豐厚。……三月癸卯朔（一日），左僕射劉昫，給事中盧重，自契丹使迴，頒賜器幣如馮道等」。〔註32〕可見馮道等人此次使遼，從任命至達成任務回到後晉，前後長達半年的時間，因此後晉高祖對於他們的辛苦與功勞特別予以肯定。

　　另有一事與上尊號有關，筆者認為必須提出討論，即是當時後晉為了使上尊號的典禮更加隆重，於天福三年八月二十七日，由鎮、邢、定三州「奉詔共差樂官六十七人往契丹」。〔註33〕《遼史》〈樂志〉，也說：「晉天福三年，遣劉昫以伶官來歸，遼有散樂，蓋由此矣。」〔註34〕至於鹵簿等儀禮在此種典禮中也不可少，因此《舊五代史》〈契丹〉傳，說：「天福三年，又遣宰臣馮道、左僕射劉昫等持節，冊德光及其母氏徽號，賚鹵簿、儀仗、法服、車輅于本國行禮，德光大悅。」〔註35〕《遼史》〈儀衛志〉，也說：「太宗皇帝會同元年，晉使馮道、劉昫等備車輅、法物，上皇帝、皇太后尊號冊禮。自此天子車服昉見於遼。」〔註36〕可見此次後晉向述律太后和遼太宗上尊號，對於遼國朝廷禮儀的漢化也產生很大的影響。

（二）遼向後晉高祖冊尊號

　　後晉高祖石敬瑭既然是遼太宗所冊立，而石敬瑭又是充分表現出對遼效

〔註28〕脫脫，前引書，卷四，本紀第四，太宗下，頁45。

〔註29〕註同前。

〔註30〕同註28。

〔註31〕同註28。

〔註32〕薛居正，前引書，卷七八，晉書四，高祖紀第四，頁1027。

〔註33〕書同前，卷七七，晉書三，高祖第三，頁1018。

〔註34〕脫脫，前引書，卷五四，志第二三，樂志，頁891。

〔註35〕薛居正，前引書，卷一三七，外國列傳第一，契丹，頁1833。

〔註36〕脫脫，前引書，卷五五，志第二四，儀衛志一，頁901。

忠臣服的態度，因此當天福三年五月，遼太宗允許後晉的請求，派遣使節至遼向遼太后、遼太宗上尊號之後，遼為了獎勵石敬瑭，也準備派人至後晉冊其尊號，據《遼史》〈太宗紀〉，說：「會同元年（天福三年）秋七月……戊辰（二十三日），遣中臺省右相耶律述蘭、迭烈哥使晉，臨海軍節度使趙思溫副之，冊晉帝為英武明義皇帝。」〔註37〕顯然遼冊後晉高祖尊號，比後晉上述律太后、遼太宗尊號的動作還要早，而且遼使的行動很快，至八月十五日之前即已經至後晉，因此當天石敬瑭「宴契丹冊禮使於廣政殿」。〔註38〕但是冊尊號的典禮卻遲至十月五日才舉行，《冊府元龜》卷九八○，說：「契丹命使以寶冊上帝徽號，曰：『英武明義』。左右金吾、六軍儀仗、兵部法物、太常鼓吹、殿中省傘扇等，並出城迎，引至崇元殿前陳列，帝受徽號畢，御殿受百官賀。」〔註39〕遼太宗冊後晉高祖尊號，可說是遼太宗對石敬瑭向遼效忠態度的一種肯定，而後晉的政權也將可以繼續維持下去，因此石敬瑭非常感激，立即「遣使來謝冊禮」。〔註40〕

四、安重榮事件

從以上的論述，我們可知石敬瑭在位期間，非常努力維持後晉與遼的君臣外交關係，一意奉承遼，據《資治通鑑》卷二八一，說：

> 帝（石敬瑭）事契丹甚謹，奉表稱臣，謂契丹主（遼太宗）為「父皇帝」。每契丹使至，帝於別殿拜受詔敕。歲輸金帛三十萬之外，吉凶慶弔，歲時贈遺，玩好珍異，相繼於道。乃至應天太后、元帥太子、偉王、南、北二王、韓延徽等諸大臣，皆有賂遺，小不如意，輒來責讓，帝常卑辭謝之。晉使者至契丹，契丹驕倨，多不遜語。使者還，以聞，朝野咸以為恥，而帝事之曾無倦意，以是終帝之世，與契丹無隙。〔註41〕

但是在後晉朝廷中，有些人對於石敬瑭的媚遼相當反感，例如《舊五代史》〈王權〉傳，說：「天福中，命〔王〕權使於契丹，權以前世累為將相，未嘗有奉使而稱陪臣者。謂人曰：『我雖不才，年今耄矣，豈能遠使於契丹

〔註37〕同註14。
〔註38〕同註33，頁1017～1018。
〔註39〕同註16。
〔註40〕同註14。
〔註41〕同註10，天福三年八月條，頁9188～9189。

乎？違詔得罪，亦所甘心。』由是停任。先是，宰相馮道使於契丹纔回，權亦自鳳翔冊禮使回，故責詞略曰：『若以道路迢遠，即鸞閣之台臣亦往。若以筋骸衰減，即鳳翔之冊使纔回。既黷憲章，須從殿黜』云。其實權不欲臣事契丹，故堅辭之，非避事以違命也方。」〔註42〕甚至於有人公然反對石敬瑭的作法，而引起後晉與遼外交關係的緊張，其中影響最大的即是安重榮事件。

當時後晉成德節度使安重榮有想當皇帝的企圖，「每謂人曰：『今世天子，兵強馬壯則為之耳。』府廨有幡竿高數十尺，曾挾弓矢謂左右曰：『我能中竿上龍者，必有天命。』一發中之，以是益自負」。〔註43〕而且安重榮常得罪於遼，引起遼的不悅，只好靠石敬瑭去加以化解。例如「初，帝（石敬瑭）割雁門之北以賂契丹，由是吐谷渾皆屬契丹，苦其貪虐，思歸中國。成德節度使安重榮復誘之，於是吐谷渾帥部落千餘帳自五臺來奔。契丹大怒，遣使讓帝以招納叛人。〔天福〕六年（遼會同四年，941）春正月丙寅（六日），帝遣供奉官張澄將兵二千索吐谷渾在并、鎮、忻、代四州山谷者，逐之使還故土」。〔註44〕這種情形使石敬瑭在致力交好遼的外交上增加許多困擾。同時安重榮對於石敬瑭事遼過於恭謹、優禮也頗不以為然，曾「謂：『黜中國以尊夷狄，困已敝之民，而充無厭之欲，此晉萬世恥也！』數以此非誚高祖（石敬瑭）」。〔註45〕

而更招怒於遼的是，由於安重榮痛恨遼國和其所派的使節，因此每次「見契丹使者，必箕踞慢罵，使過其境，或潛遣人殺之。契丹以讓帝（石敬瑭），帝為之遜謝。六月戊午（二十九日），重榮執契丹使拽剌，遣騎掠幽州南境，軍於博野。上表稱：『吐谷渾、兩突厥、渾、契苾、沙陀各帥部眾歸附，黨項等亦遣使納契丹告身職牒，言為虜所陵暴。又言自二月以來，令各具精甲壯馬，將以上秋南寇，恐天命不佑，與之俱滅，願自備十萬眾，與晉共擊契丹。又朔州節度副使趙崇已逐契丹節度使劉山，求歸命朝廷。臣相繼以聞。陛下屢敕臣承奉契丹，勿自起釁端。其如天道人心，難以違拒，機不可失，時不再來。諸節度使設於虜庭者，皆延頸企踵以待王師，良可哀閔。願早決計。』

〔註42〕薛居正，前引書，卷九二，晉書一八，列傳第七，王權，頁1222～1223。
〔註43〕司馬光，前引書，卷二八二，後晉紀三，高祖中，天福四年七月庚子條，頁9203。
〔註44〕書同前，天福五年十二月條、六年正月丙寅條，頁9219。
〔註45〕歐陽修，前引書，卷五一，雜傳第三九，安重榮，頁583。

表數千言，大抵斥帝父事契丹，竭中國以媚無厭之虜。又以此意爲書遺朝貴及移藩鎮，云已勒兵，必與契丹決戰。帝以重榮方握強兵，不能制，甚患之」。〔註46〕安重榮這種言論和行爲，使石敬瑭非常耽心會引發遼與後晉的衝突。而且當時的情況，實際上還有更複雜的一面，即是安重榮「雖有此奏，亦密令人與契丹幽州帥劉晞結託。蓋重榮有內顧之心，契丹幸我多事，復欲侵吞中國，契丹之怒重榮，亦非本志也」。〔註47〕可見安重榮本就有想當皇帝的野心，其奏表稱願征遼，實際上是想多擁有軍隊以遂其志。而遼雖然因石敬瑭屈心奉承，與後晉保持良好外交關係，但是遼也另有企圖，想趁中原紛亂之際，以便「侵吞中國」，這都使石敬瑭感到惶恐不安。

就在此時，桑維翰向石敬瑭提出建言，據《資治通鑑》卷二八二，說：

泰寧節度使桑維翰知〔安〕重榮已蓄姦謀，又慮朝廷重違其意，密上疏曰：「陛下免於晉陽之難而有天下，皆契丹之功也，不可負之。今重榮恃勇輕敵，吐〔谷〕渾假手報仇，皆非國家之利，不可聽也。臣竊觀契丹數年以來，士馬精強……此未可與爲敵也。且中國新敗，士氣彫沮，以當契丹乘勝之威，其勢相去甚遠。……今天下粗安，瘡痍未復，府庫虛竭，蒸民困弊，靜而守之，猶懼不濟，其可妄動乎？契丹與國家恩義非輕，信誓甚著，彼無間隙而自啓釁端，就使克之，後患愈重；萬一不克，大事去矣。議者以歲輸繒帛謂之耗蠹，有所卑遜謂之屈辱。殊不知兵連而不休，禍結而不解，財力將匱，耗蠹孰甚焉？用兵則武吏功臣過求姑息，邊藩遠郡得以驕矜，下陵上替，屈辱孰大焉？……又鄴都富盛，國家藩屏，今主帥赴闕，軍府無人，臣竊思慢藏誨盜之言，勇夫重閉之義，乞陛下略加巡幸，以杜姦謀。」帝謂使者曰：「朕比日以來，煩懣不決，今見卿奏，如醉醒矣，卿勿以爲憂。」〔註48〕

當時後晉朝野對於石敬瑭奉承遼，頗引以爲恥，有如安重榮者，使石敬瑭深受委屈和壓力，甚至於自己也懷疑如此盡心盡力交好遼的作法是否正確？但是此時經桑維翰上疏分析後，使他了解交好遼是有必要的，而且對於後晉利多於弊，否則一旦引發雙方衝突，不僅禍國殃民，又會造成部將擁兵自重、

〔註46〕同註43，天福六年六月戊午條，頁9222～9223。
〔註47〕薛居正，前引書，卷九八，晉書二四，列傳第一三，安重榮，頁1304。
〔註48〕同註43，天福六年六月條，頁9223～9224。

驕矜跋扈的局面。

但是安重榮的問題，仍然必須加以解決，因此石敬瑭以原為鄴都留守、侍衛馬步都指揮使劉知遠為北京留守、河東節度使，〔註49〕以便牽制安重榮。同年八月，石敬瑭根據桑維翰的建議，至鄴都巡視，並且詔諭安重榮，「凡有十焉，其略曰：『爾身為大臣，家有老母，忿不思難，棄君與親，吾因契丹而興基業，爾因吾而致富貴，吾不敢忘，爾可忘耶？且前代和親，只為安邊，今吾以天下臣之，爾欲以一鎮抗之，大小不等，無自辱焉。』」〔註50〕可是安重榮不僅不接受，反而「得詔愈驕，聞山南東道節度使安從進有異志，陰遣使與之通謀」，〔註51〕使石敬瑭很不安。至九月，石敬瑭「以安重榮殺契丹使者，恐其犯塞，乙亥（十八日），遣安國節度使楊彥詢使于契丹。彥詢至其帳，契丹主（遼太宗）責以使者死狀，彥詢曰：『譬如人家有惡子，父母所不能制，將如之何？』契丹主怒乃解」。〔註52〕但是遼太宗對於安重榮殺害遼的外交使節仍然不能釋懷，因此將楊彥詢留而不遣，〔註53〕使石敬瑭更加惶恐不安。

不久，劉知遠「遣親將郭威以詔指說吐谷渾酋長白承福，令去安重榮歸朝廷，許以節鉞。……承福懼，冬十月，帥其眾歸于知遠。知遠處之太原東山及嵐、石之間，表承福領大同節度使，收其精騎以隸麾下。始，安重榮移檄諸道，云與吐谷渾、達靼、契苾同起兵，既而承福降知遠，達靼、契苾亦莫之赴，重榮勢大沮」。〔註54〕但是至十二月，安重榮「聞安從進舉兵反，謀遂決，大集境內饑民，眾至數萬，南向鄴都，聲言入朝。帝（石敬瑭）聞重榮反，……遣護聖等馬步三十九指揮擊之。……重榮以十餘騎走還鎮州，嬰城自守。會天寒，鎮人戰及凍死者二萬餘人。〔天福〕七年（遼會同五年，942）春正月丁巳（二日），鎮州牙將自西郭水碾門導官軍入城，殺守陴民二萬人，執安重榮，斬之」。〔註55〕安重榮問題對石敬瑭在事遼的外交上是一大困擾，而今能如此獲得解決，石敬瑭當然非常高興，因此當「北面招討使杜重威奏：『今月已收復鎮州，斬安重榮，傳首闕下。』帝（石敬瑭）御乾

〔註49〕薛居正，前引書，卷八○，晉書六，高祖紀第六，頁1051。

〔註50〕同註47，頁1303～1304。

〔註51〕同註43，天福六年八月壬寅條，頁9227。

〔註52〕同註43，天福六年九月辛酉條，頁9228。

〔註53〕脫脫，前引書，卷四，本紀第四，太宗下，頁49。

〔註54〕同註43，天福六年九月、十月條，頁9228～9229。

〔註55〕同註43，天福六年十二月丁亥、戊戌條：卷二八三，後晉紀四，高祖下，天福七年正月丁巳條，頁9231～9233。

明樓，宣露布訖，大理卿受馘付市徇之，百官稱賀」。〔註56〕並且「遣漆其頭顱，函送契丹」。〔註57〕本來石敬瑭以爲如此處理安重榮事件，應可平息遼的不滿，例如「晉以敗安重榮來告，遂遣楊彥詢歸。」〔註58〕但是遼太宗對於劉知遠招納吐谷渾部眾一事仍然甚感不悅，因此至四月，當「契丹以晉招納吐谷渾，遣使來讓，帝（石敬瑭）憂悒不知爲計。五月己亥（十七日），始有疾。……六月乙丑（十三日），帝殂」。〔註59〕

　　論述至此，我們可知石敬瑭與遼進行君臣外交時，雖然非常恭謹，但是仍然有一些狀況並不是其所能完全掌握的，安重榮事件可謂是一最明顯的例子，而由此例也使我們更能體認遼與後晉外交關係中，石敬瑭所面臨的處境。

五、遼與後晉外交的層次問題

　　由於後晉政權是遼一手扶植起來的，是遼的傀儡政權，而後晉高祖石敬瑭也竭力表示臣服之意，向遼稱臣、稱子，納貢、割地。因此以當時雙方外交上的層次定位來說，當然以遼爲上國，而後晉則居於藩屬地位。這種情形本來應可以很明顯加以區分，但是在中原國家史官所編纂的史書中卻不一定如此定位。僅以《資治通鑑》爲例，在敘述遼與後晉的交往時，都未提到以遼爲上國，筆者發現只有在遼太宗滅亡後晉之後，遼太宗曾自稱其國爲上國，以及趙延壽一意乞求遼太宗封其爲中原皇帝時，稱遼爲上國，因此《資治通鑑》卷二八六，說：「〔趙〕延壽曰：『……南方暑溼，上國之人不服居也。」（胡三省注：時偏方割據者，謂中原爲上國。晉奉契丹，又稱契丹爲上國。）……趙延壽請給上國兵廩食。……契丹主（遼太宗）復召晉百官，諭之曰：『天時向熱，吾難久留，欲暫至上國省太后。……』（胡三省注：契丹自謂其國爲上國，中國之人亦以稱之。）……契丹〔主〕自白馬渡河，謂宣徽使高勳曰：『吾在上國，以射獵爲樂。……。』……契丹主耳聞河陽亂，歎曰：『我有三失，……令上國人打草穀，二失也。……。』〔註60〕

〔註56〕同註49，頁1056。
〔註57〕同註47。
〔註58〕同註53，頁50。
〔註59〕司馬光，前引書，卷二八三，後晉紀四，高祖下，天福七年四月丁丑條、五月己亥條、六月乙丑條，頁9236～9237。
〔註60〕書同前，卷二八六，後漢紀一，高祖上，天福十二年正月癸巳、乙卯條、三月癸巳、丙午、辛未條，頁9331、9334、9348、9350、9354。

從以上的分析和史料的例證，我們可知，以當時的情勢來看，石敬瑭既然是由遼所冊立，因此遼與後晉的外交關係應有上下之分。但是中原國家史官受到中國泱泱大國傳統心態的影響，在記載遼與後晉交往時，卻常常將後晉的外交地位提昇至與遼對等，或仍然視遼爲下國，其用詞有「求聘」、「來」、「來獻」、「進」、「獻」、「致」、「赴」、「到闕見」等。茲舉數例如下：

（一）後晉天福二年（遼天顯十二年，937）二月，遼遣使至後晉——《五代會要》卷二九，說：「德光遣使子解里、舍利梅老來聘。」〔註61〕《冊府元龜》卷九九五，說：「契丹太子解里、舍利梅老等到闕見。」〔註62〕《新五代史》〈晉本紀〉，說：「契丹使皇太子解里來。」〔註63〕

（二）天福二年六月，遼遣使至後晉——《舊五代史》〈晉高祖紀〉，說：「契丹使夷離畢來聘，致馬二百匹，……。」〔註64〕《冊府元龜》卷九七二，說：「契丹使夷離畢進馬二百疋，……。」〔註65〕《新五代史》〈晉本紀〉，說：「契丹使夷離畢來。」〔註66〕

（三）天福三年（遼天顯十三年，938）九月，後晉遣使至遼——《舊五代史》〈晉高祖紀〉，說「宣遣靜鞭官劉守威，……並赴契丹。」〔註67〕《新五代史》〈晉本紀〉，說：「歸靜鞭官劉守威……于契丹。」〔註68〕

（四）天福四年（遼會同二年，939）九月，遼遣使至後晉——《舊五代史》〈晉高祖紀〉，說：「契丹使粘木孤來聘，致牛、馬……。」〔註69〕《冊府元龜》卷九七二，說：「契丹使粘木孤來獻牛、馬……。」〔註70〕

（五）天福七年（遼會同五年，942）二月，遼遣使至後晉——《舊五代史》〈晉高祖紀〉，說：「契丹遣使來聘。」〔註71〕《冊府元龜》卷九七二，說：

〔註61〕王溥，《五代會要》（台北：世界書局，民國49年11月），卷二九，契丹條，頁350。

〔註62〕王欽若，前引書，卷九八○，外臣部，通好，頁27。

〔註63〕歐陽修，前引書，卷八，晉本紀第八，高祖，頁80。

〔註64〕薛居正，前引書，卷七六，晉書二，高祖紀第二，頁1002。

〔註65〕王欽若，前引書，卷九七二，外臣部，朝貢五，頁18。

〔註66〕同註63，頁81。

〔註67〕同註33。

〔註68〕同註63，頁83。

〔註69〕同註32，頁1032。

〔註70〕同註65，頁19。

〔註71〕薛居正，前引書，卷八○，晉書六，高祖紀第六，頁1057。

「契丹遣使大卿已下三十一人來聘，獻馬及方物。」〔註72〕

　　從以上數例，我們可以了解，這些史書以此種方式來記載後晉與遼的交往，並不符合當時兩國外交情勢的實際情況，因為後晉確實是遼的屬國，是向遼稱臣的國家。而反觀《遼史》在這一方面的記載，則比較符合當時遼與後晉外交關係上的實際地位。盧逮曾〈五代十國對遼的外交〉，說：「五代及上述三國（南唐、吳越、北漢）的使遼記載，也多不見於它們本國的史籍，偶有記錄也都是尊己貶夷，聊以自娛。所以真像實情，或多留於《遼史》。」〔註73〕《遼史》述及遼與後晉的交往，其用詞有「使」、「貢」、「賜」、「進」等字，例如《遼史》〈太宗紀〉，說：「會同元年（後晉天福三年，938）秋七月癸亥，遣使賜晉馬。丁卯，遣鶻離底使晉。三年（後晉天福五年，940）四月丙辰，晉遣使進茶藥。……九月丙戌，晉遣使貢名馬。」〔註74〕筆者認為此種記載可使後人比較能了解，當時遼與後晉國際上強弱的情勢和兩國外交層次定位的實際情形。

六、遼與後晉交聘的使節任務

　　遼與後晉的外交既然是屬於君臣、父子的關係，因此兩國交往密切、頻繁，其雙方使節的任務約如下列：

　　（一）**送禮物使**——《舊五代史》〈晉高祖紀〉，說：「契丹使夷離畢來聘，致馬二百匹，及人參、貂鼠皮、走馬、木椀等物。」〔註75〕

　　（二）**貢歲幣**——《遼史》〈太宗紀〉，說：「晉遣使貢歲幣，奏輸戊、亥二歲金幣于燕京。」〔註76〕

　　（三）**告范延廣（光）反**——《遼史》〈太宗紀〉，說：「晉遣使來告范延廣反。」〔註77〕

　　（四）**議軍事使**——《遼史》〈太宗紀〉，說：「遣耶律裏古皇使晉議軍事。」〔註78〕

〔註72〕同註65，頁20。

〔註73〕盧逮曾，〈五代十國對遼的外交〉，《現代學報》第一卷第一期，收錄於《遼史彙編》（八）（台北：鼎文書局，民國62年10月），頁383。

〔註74〕脫脫，前引書，卷四，本紀第四，太宗下，頁44、47、48。

〔註75〕同註64。

〔註76〕同註74，頁46。

〔註77〕脫脫，前引書，卷三，本紀第三，太宗上，頁41。

〔註78〕註同前。

（五）求醫使——《遼史》〈太宗紀〉，說：「遣使求醫于晉。」〔註79〕

（六）冊晉帝尊號使——《遼史》〈太宗紀〉，說：「遣中臺省石相耶律述蘭、迭烈哥使晉，臨海軍節度使趙思溫副之，冊晉帝為英武明義皇帝。」〔註80〕

（七）冊禮使——《舊五代史》〈晉高祖紀〉，說：「以左僕射劉昫為契丹冊禮使，……。」〔註81〕

（八）國信使——《舊五代史》〈晉高祖紀〉，說：「以右金吾大將軍馬從斌為契丹國信使，……。」〔註82〕

（九）謝冊禮使——《遼史》〈太宗紀〉，說：「晉遣使來謝冊禮。」〔註83〕

（十）獻燕雲十六州圖籍使——《遼史》〈太宗紀〉，說：「晉復遣趙瑩奉表來賀，以幽、薊……十六州并圖籍來獻。」〔註84〕

（十一）謝免沿邊四州錢幣——《遼史》〈太宗紀〉，說：「晉遣使謝免沿邊四州錢幣。」〔註85〕

（十二）致生辰禮使——《遼史》〈太宗紀〉，說：「遣陪諧、阿鉢使晉致生辰禮。……遣客省使耶律化哥使晉，并致生辰禮。……遣使如晉致生辰禮。」〔註86〕

（十三）報幸南京使——《遼史》〈太宗紀〉，說：「遣使使晉，報幸南京。」〔註87〕

（十四）問起居使——《遼史》〈太宗紀〉，說：「晉遣宣徽使楊端、王眺等來問起居。……晉遣齊州防禦使宋暉業、翰林茶酒使張言來問起居。」〔註88〕

（十五）賀端午使——《遼史》〈太宗紀〉，說：「晉遣使賀端午，……。」〔註89〕

〔註79〕同註77。
〔註80〕同註79，頁44。
〔註81〕薛居正，前引書，卷七七，晉書三，高祖紀第三，頁1017。
〔註82〕書同前，頁1020。
〔註83〕同註80。
〔註84〕同註74，頁45。
〔註85〕註同前。
〔註86〕脫脫，前引書，卷四，本紀第四，太宗下，頁47、51、53。
〔註87〕書同前，頁47。
〔註88〕書同前，頁47、51。
〔註89〕同註87。

（十六）**請行南郊禮使**——《遼史》〈太宗紀〉，說：「晉遣使請行南郊禮，許之。」〔註90〕

（十七）**請親祠南嶽使**——《遼史》〈太宗紀〉，說：「晉遣使貢布，及請親祠南嶽，從之。」〔註91〕

（十八）**謝許祀南郊使**——《遼史》〈太宗紀〉，說：「晉以許祀南郊，遣使來謝，……。」〔註92〕

（十九）**告討安重榮**——《遼史》〈太宗紀〉，說：「晉以討安重榮來告。」〔註93〕

（二十）**告安從進反**——《遼史》〈太宗紀〉，說：「晉遣使來告山南節度使安從進反。詔以便宜討之。」〔註94〕

（二一）**告敗安重榮**——《遼史》〈太宗紀〉，說：「晉以敗安重榮來告，……。」〔註95〕

（二二）**乞罷戎兵**——《遼史》〈太宗紀〉，說：「晉遣使乞罷戎兵，詔惕隱朔古班師。」〔註96〕

（二三）**索吐谷渾叛者**——《遼史》〈太宗紀〉，說：「如南京，遣使使晉索吐谷渾叛者。」〔註97〕

（二四）**告哀使**——《遼史》〈太宗紀〉，說：「晉遣使告哀，輟朝七日。……晉遣使以祖母哀來告。」〔註98〕

（二五）**弔祭使**——《遼史》〈太宗紀〉，說：「遣使往晉弔祭。……遣天城軍節度使蕭拜右弔祭于晉。」〔註99〕

（二六）**致慰禮使**——《舊五代史》〈晉少帝紀〉，說：「契丹遣使致慰禮……契丹使致祭於高祖，……契丹主母亦遣使來慰。」〔註100〕

〔註90〕同註86，頁48。
〔註91〕同註86，頁49。
〔註92〕註同前。
〔註93〕同註86，頁50。
〔註94〕註同前。
〔註95〕同註3。
〔註96〕同註93。
〔註97〕同註86，頁51。
〔註98〕同註86，頁52。
〔註99〕註同前。
〔註100〕薛居正，前引書，卷八一，晉書七，少帝紀第一，頁1071。

（二七）**賀即位使** ──《遼史》〈太宗紀〉，說：「遣使賀晉帝嗣位。」
〔註101〕

（二八）**致祭使** ──《五代會要》卷二九，說：「〔遼太宗〕又遣使大卿已下二十六人來聘，以〔晉〕高祖山陵有日，致祭故也。」〔註102〕

（二九）**進先帝遺物** ──《遼史》〈太宗紀〉，說：「晉遣使進先帝遺物。」
〔註103〕

（三十）**請居汴** ──《遼史》〈太宗紀〉，說：「晉遣使請居汴，從之。」
〔註104〕

（三一）**致謝使** ──《遼史》〈太宗紀〉，說：「晉遣使來謝。……晉至汴，遣使來謝。」〔註105〕

（三二）**貢金使** ──《遼史》〈太宗紀〉，說：「晉遣使貢金。……晉復貢金。」〔註106〕

（三三）**求修舊好** ──《舊五代史》〈晉少帝紀〉，說：「遣譯語官孟守忠致書於契丹主，求修舊好。」〔註107〕

（三四）**乞和使** ──《新五代史》〈四夷附錄〉，說：「是時，天下旱蝗，晉人苦兵，乃遣開封府軍將張暉假供奉官聘于契丹，奉表稱臣，以修和好。」
〔註108〕

從以上所列兩國使節的任務，可知當時遼與後晉的外交關係，不僅是國與國，也有家與家的關係，也就是雙方的使節成為兩國君臣、兩家親戚的橋樑，溝通了雙方的種種外交往來，因此「使者相屬於道，無虛日」，〔註109〕而他們所負的任務，比之前二朝代 ── 後梁、後唐與遼的外交，也可謂廣泛、細密許多。另有一事，筆者擬再加以強調，即是在此節關於遼與後晉使節的

〔註101〕同註98。
〔註102〕王溥，前引書，卷二九，契丹條，頁351。
〔註103〕同註86，頁53。
〔註104〕註同前。
〔註105〕同註86，頁52、53。
〔註106〕同註103。
〔註107〕薛居正，前引書，卷八二，晉書八，少帝紀第二，頁1086。
〔註108〕歐陽修，前引書，卷七二，四夷附錄第一，頁895～896。
〔註109〕書同前，頁894。關於遼與後晉互派使節頻繁情形，可參閱張亮采，《補遼史交聘表》，收錄於《遼史彙編》（四）（台北：鼎文書局，民國62年10月），頁1～164；盧建曾，前引文，頁390～395。

任務，筆者大多引自《遼史》的記載，這又是如前文所論述，其原因在於中原國家史官所編纂的史籍，往往對於後晉使遼事宜記載不多的緣故。

七、遼與後晉交聘的禮物

遼與後晉的外交使節往來頻繁，因此交聘禮物的項目也很多，茲分爲下列三點加以論述：

（一）**後晉贈予遼的禮物** ── 據《遼史》〈太宗紀〉，說：「會同元年十月……壬寅，……復有使進獨峰駝及名馬。……二年秋七月戊申，晉遣使進犀帶。……三年四月……丙辰，晉遣使進茶藥。……五月……庚辰，晉遣使進弓矢。……九月……丙戌，晉遣使貢名馬。……四年……二月……甲辰，晉遣使進香藥。……四月己卯，晉遣使進櫻桃。……七月……壬申，晉遣使進水晶硯。……八月……庚子，晉遣使進犀弓、竹矢。……五年……夏四月……丙子，晉遣使進射柳鞍馬。」〔註110〕另外，《冊府元龜》卷九八○，也說：「天福六年九月，遣供奉官李延業以時果送於契丹。……七年閏三月，遣殿直馬延理、內班王延斌送櫻桃於契丹。」〔註111〕可見後晉贈予遼的禮物，除了「歲輸絹三十萬匹，其餘寶玉珍異，下至中國飲食諸物」，〔註112〕也顯示了後晉事遼高度的誠意。

（二）**遼贈予後晉的禮物** ── 筆者曾查閱諸史書有關遼贈予後晉禮物的記載，竟然不是很多，依中原國家史官編纂史籍的習慣與立場，應是對於遼以禮物「來獻」的史實比較喜歡加以記載，而且以當時遼與後晉君臣的外交關係和密切的交往，應該互贈不少禮物才對，但是筆者發現，史書對於遼贈予後晉禮物的記載確實不多。茲舉例如下：《舊五代史》〈晉高祖紀〉，說：「天福二年六月癸未，契丹使夷離畢來聘，致馬二百匹，及人參、貂鼠皮、走馬、木梡等物。」〔註113〕《冊府元龜》卷九七二，說：「天福四年九月，契丹使粘木弧來獻馬，犬臘、顛駿十駟。……五年十月，契丹使舍利來聘，致馬百匹，及玉轡、鏤鞍、氈裘、弧矢、組繡、槖韃等。……七年二月，契丹遣使大卿已下三十一人來聘，獻馬及方物。」〔註114〕《遼史》〈太宗紀〉，

〔註110〕同註86，頁43、46、47、48、49、50、51。
〔註111〕王欽若，前引書，卷九八○，外臣部，通好，頁29。
〔註112〕同註109。
〔註113〕同註64。
〔註114〕王欽若，前引書，卷九七二，外臣部，朝貢五，頁19、20。

說：「會同元年秋七月癸亥，遣使賜晉馬。……二年……七月……閏月……乙酉，遣的烈賜晉烏古良馬。」〔註115〕

（三）**遼或後晉賜予對方使節的禮物**——據《冊府元龜》卷九八〇，說：「天福八年五月己巳，遣左金吾將軍姚漢英、右神武將軍華光裔，使於契丹，辭，各賜襲衣、銀帶、絹綵三百疋，銀器五十兩。契丹入朝使大卿賜重錦五疋、衣著三百疋、銀器百兩，別賜衣著五十疋、馬價衣著一百五十疋，副使賜有差，曳剌五人，各賜中錦一疋、衣著五十疋。」〔註116〕雖然此種形式所賜的禮物並非正式交聘的禮物，但是也可以做為我們了解遼與後晉外交情形的參考。另外，筆者發現在遼與後唐的外交中，遼曾幾次向後唐索求某種物品，可是在遼與後晉的外交中，卻未見有這一方面的記載，可能是後晉贈予遼的禮物已經很豐厚的緣故。

八、遼與後晉交惡造成後晉滅亡

後晉天福七年六月，高祖石敬瑭死後，馮道「與天平節度使、侍衛馬步都虞侯景延廣議，以國家多難，宜立長君，乃奉廣晉尹齊王〔石〕重貴為嗣。是日，齊王即皇帝位（後晉出帝）。延廣以為己功，始用事，禁都下人毋得偶語」。〔註117〕而當時石重貴初即位，「晉大臣議告契丹，致表稱臣，〔景〕延廣獨不肯，但致書稱孫而已」，〔註118〕對於此事，「李崧曰：『屈身以為社稷，何恥之有！陛下如此，他日必躬擐甲冑，與契丹戰，於時悔無益矣。』〔景〕延廣固爭，馮道依違其間，帝（石重貴）卒從延廣議。契丹大怒，遣使來責讓，且言：『何得不先承稟，遽即帝位？』延廣復以不遜語答之」。〔註119〕可見石重貴即位後，由於後晉對遼態度改變，不願再向遼稱臣，以致於兩國的外交關係受到破壞。

而更招怒於遼的是，在天福八年（遼會同六年，943）九月，景延廣對遼的明顯挑釁，促使遼太宗決定率軍攻打後晉，據《資治通鑑》卷二八三，敘述其經過，說：

〔註115〕同註86，頁44、46。
〔註116〕同註111，頁30。
〔註117〕司馬光，前引書，卷二八三後晉紀四，高祖下，天福七年六月乙丑條，頁9237～9238。
〔註118〕歐陽修，前引書，卷二九，晉臣傳第一七，景延廣，頁322。
〔註119〕同註117，天福七年十二月條，頁9242～9243。

初，河陽牙將喬榮從趙延壽入契丹，契丹以爲回圖使，往來販易
於晉，置邸大梁。及契丹與晉有隙，景延廣說帝（石重貴）囚榮
於獄，悉取邸中之貨。凡契丹之人販易在晉境者，皆殺之，奪其
貨。大臣皆言契丹有大功，不可負。戊子（七日），釋榮，慰賜而
歸之。榮辭延廣，延廣大言曰：『歸語而主，先帝爲北朝所立，故
稱臣奉表。今上乃中國所立，所以降志於北朝者，正以不敢忘先
帝盟約故耳。爲鄰稱孫，足矣，無稱臣之理。北朝皇帝勿信趙延
壽誑誘，輕侮中國。中國士馬，爾所目睹。翁怒則來戰，孫有十
萬橫磨劍，足以相待。他日爲孫所敗，取笑天下，毋悔也。』榮
自以亡失貨財，恐歸獲罪，且欲爲異時據驗，乃曰：『公所言頗多，
懼有遺忘，願記之紙墨。』延廣命吏書其語以授之。榮具以白契
丹主（遼太宗）。契丹主大怒，入寇之志始決。晉使如契丹，皆繫
之幽州，不得見。〔註120〕

可見景延廣一意挑起戰端，未顧及遼與後晉的外交和臣民的安危。本來在天
福八年二月，當石重貴「聞契丹將入寇，發鄴都，……至東京。然猶與契丹
問遺相往來，無虛月」。〔註121〕但是至此時，遼太宗既然有南進的口實，並
且已決定南下，因此將晉使都扣留於幽州。而主和派桑維翰看到情勢的發展
趨於緊張，曾「宴請遜辭以謝契丹，每爲〔景〕延廣所沮。帝（石重貴）以
延廣爲有定策功，故寵冠群臣，又總宿衛兵，故大臣莫能與之爭」。〔註122〕
顯然此時後晉朝政在景延廣的專掌之下，已很難恢復昔日後晉與遼良好的外
交關係。

至於遼國方面，在會同六年十二月，遼太宗又經楊光遠、趙延壽等人的
鼓勵，更堅定其南征的企圖。因此遼太宗於該月三日，「如南京，議伐晉。
命趙延壽、趙延昭、安端、解里等由滄、恆、易、定分道而進，大軍繼之」。
〔註123〕自此時開始，遼與後晉遂展開四次的爭戰，歷經四年，前兩次是遼
攻打後晉，後兩次爲後晉攻打遼，〔註124〕互有勝負，其間石重貴也曾「遣

〔註120〕同註117，齊王上，天福八年九月條，頁9253～9254。
〔註121〕同註117，齊王上，天福八年二月己未、乙丑條，頁9243。
〔註122〕同註117，齊王上，天福八年九月條，頁9254。
〔註123〕同註103。
〔註124〕參閱蔣武雄，〈遼與後晉興亡關係始末〉，《東吳歷史學報》第四期（台北：東
　　　　吳大學，民國87年3月），頁1～46；蔣武雄，《遼與五代政權轉移關係始末》
　　　　（台北：新化圖書公司，民國87年6月），頁33～108。

譯語官孟守忠致書於契丹主（遼太宗），求修舊好。守忠自敵帳迴，契丹主復書曰：『已成之勢，不可改也。』〔註125〕顯見當時雙方外交的主動權均握於遼國手中。而且後來景延廣被上下所惡，桑維翰又重掌朝政時，派人使遼請和，又告失敗，據《契丹國志》卷三，說：

> （會同七年）六月，晉遣使如遼，遼連歲入侵中國，疲於奔命，邊民塗地，人畜多死，國人厭苦之。述律太后謂帝（遼太宗）曰：「使漢人為遼主可乎？」曰：「不可。」太后曰：「然則汝何故欲為漢帝？」曰：「石氏負恩不可容。」曰：「汝今雖得漢地，不能居也。萬一蹉跌，悔所不及。」又謂群下曰：「漢兒何得一餉眠，自古但聞漢和蕃，不聞蕃和漢，漢兒果能回意，我亦何惜與和。」晉桑維翰屢勸出帝（石重貴）復請和，以紓國難，遣供奉官張徹（暉）奉表稱臣詣遼謝過。帝曰：「使景延廣、桑維翰自來，仍割鎮、定兩道隸我，則可和。」出帝以遼語忿，謂其無和意，乃止。〔註126〕

可見後晉朝政在桑維翰主持之下，曾有意與遼再度交好，但是遼太宗本人不僅未依其母的建議答應後晉請和，反而提出索地的條件，並且「留〔張〕暉不遣」，〔註127〕使雙方沒有議和，再度建立外交的空間。因此兩國戰事不斷，尤其是後晉後來竟發動兩次不自量力的攻遼軍事行動，反被遼軍包圍，前線將領倒戈投降於遼，而遼太宗也旋即率軍入汴梁，後晉出帝只好奉表請降。

九、結 論

　　綜上所論，筆者對於遼與後晉的外交，有下列三點感想：

　　（一）後晉既然是遼的傀儡政權，因此後晉對遼的外交幾乎無自主權，一切以遼國皇帝的決定為依歸。例如有許多事宜，後晉必須向遼請示，而且一旦遼對後晉的舉動不滿時，即將後晉的外交使節加以扣留，後晉朝廷也無可奈何，甚至於惶恐不安。因此後晉所派的使節，其任務實際上「只是傳諭和貢奉，根本說不上外交的運用」，〔註128〕這可謂是後晉對遼外交中相當無奈與難為的地方。

〔註125〕同註107，頁1085。
〔註126〕葉隆禮，前引書，卷三，太宗紀下，頁26~27。
〔註127〕同註86，頁54。
〔註128〕盧逮曾，前引文，頁407。

（二）由於後晉必須以良好的外交關係拉攏遼，因此其所進行的是，給予豐厚的歲幣、禮物，以及頻繁的使節往來，使五代自後梁以來，中原國家如何與遼交往，至後晉時期有了更多的經驗與認知，尤其是後來的後漢、後周與遼的外交關係，並不如後晉與遼的外交關係密切，因此筆者認為後晉與遼外交的種種形式、辦法等，都成為日後北宋與遼有組織、有制度外交的張本。我們如查閱《遼史》、《宋史》的〈禮志〉，〔註129〕即可知宋遼外交中的使節選派、國書體制、使節接送、使節待遇，以及禮儀等，其實早在後晉對遼外交時，即已隱含許多淵源的成分在其中。

（三）中國歷史上五代的興亡，雖然都與遼有或多或少的關係，但是如進一步探討，我們可發現，後晉的興亡尤其與遼有直接的關係。也就是後晉的建國緣於後晉高祖石敬瑭得到遼太宗的扶植，而其亡國則又因後晉出帝石重貴不再以臣禮事遼遂被遼所滅。這樣的史實令人不禁想到，在石敬瑭為帝時期，由於遼與後晉君臣、父子的外交關係，因此兩國使節的往來相當頻繁、親密，互贈的禮物也很豐厚，為五代中其他四朝代所不及，成為中國歷史上中原國家依附、臣服於邊疆民族政權一個非常典型的例子。而這樣的外交關係，筆者認為雖然使後晉的政權得以延續，但是越親密也可能越容易反目成仇，因為其中一方會要求對方做相等或更多的付出與配合，也就是約束對方的條件可能會更多、更嚴，因此一旦某方無法配合或繼續付出時，則二者的外交關係隨即發生破裂，甚至於導致衝突。我們試觀遼與後晉的外交由友好轉變至交惡的過程，即可以有所體會，尤其是後晉當時依附於比其強勢的遼國，因此當其兩國外交關係破裂時，也就成為後晉走向滅亡的開始。總之，遼與後晉的外交關係，雖然是五代對遼外交中最親密的，但可能也是最脆弱

〔註129〕參閱《遼史》，卷五○，志第一九，禮志二，凶儀，頁 839～844、卷五一，志第二○，禮志四，賓儀，頁 846～856、卷五二，志第二一，禮志五，嘉儀上、頁 857～865、卷五三，志第二，禮志六，嘉儀下，頁 867～880：脫脫，《宋史》（台北：鼎文書局，民國 67 年 9 月），卷一一○，志第六三，禮一三，嘉禮一，頁 2639～2651、卷一一一，志第六四，禮一四，嘉禮二，頁 2653～2669、卷一一二，志第六五，禮一五，嘉禮三，頁 2671～2681、卷一一九、志第七二，禮二二，賓禮四，頁 2804～2808、卷一二四，志第七，禮二七，凶禮三，頁 2897～2901：聶崇岐，〈宋遼交聘考〉，《燕京學報》第二七期，收錄於《宋史叢考》（下）（台北：華世出版社，民國 75 年 12 月），頁 286～288：黃鳳岐，〈遼宋交聘及其有關制度〉，《社會科學輯刊》1985 年第二期，頁 96～99。

的，反不如其他四個朝代與遼保持若即若離的外交關係，則比較不會受到遼勢力的直接干預與影響。〔註 130〕

　　《空大人文學報》第九期（民國 89 年 10 月），頁 165～187。

〔註 130〕參閱蔣武雄，〈遼與後梁外交幾個問題的探討〉，《東吳大學歷史學報》第五期（台北：東吳大學，民國 88 年 3 月），頁 31～48。另外，關於遼與五代政權轉移的關係，可參閱傅啟學，〈五代時期與契丹的關係〉，《復興崗學報》第六期（台北，民國 58 年 6 月），頁 35～49；邢義田，〈契丹與五代政權更迭之關係〉，《食貨》復刊第一卷第六期（台北，民國 60 年 9 月），頁 10～21；謝昭男，〈五代時期各國關涉契丹史事繫年〉，收錄於《遼史彙編》（五）（台北：鼎文書局，民國 62 年 10 月），頁 1～439；王吉林，〈遼太宗之中原經營與石晉興亡〉，《中國歷史學會史學集刊》第六期（台北，民國 63 年 5 月），頁 29～89；蔣武雄，〈遼太祖與五代前期政權轉移的關係〉，《東吳歷史學報》創刊號（台北：東吳大學，民國 84 年 4 月），頁 109～126；蔣武雄，〈遼太宗入主中國失敗的探討〉，《空大人文學報》第五期（台北：空中大學人文學系，民國 85 年 5 月），頁 75～88；蔣武雄，〈遼與後漢建國的關係〉，《東吳歷史學報》第二期（台北：東吳大學，民國 85 年 3 月），頁 1～20；蔣武雄，〈遼與北漢興亡的關係——兼論遼與後漢、後周政權轉移的間接關係〉，《東吳歷史學報》第三期（台北：東吳大學，民國 86 年 3 月），頁 61～102；蔣武雄，〈遼與後晉興亡關係始末〉，《東吳歷史學報》第四期，頁 1～46；蔣武雄，《遼與五代政權轉移關係始末》，頁 1～247。

第四章　遼與後漢後周外交
幾個問題的探討

摘　要

　　五代時期的後漢與後周，都是以不願臣服於遼的外交型態和遼交往，因此使遼與後漢無法建立外交關係，而與後周也是只有一段短暫的外交，未久即宣告絕裂。本文除前言與結論之外，分別以（一）後漢建國前後與遼的交往；（二）後周與北漢競相拉攏遼；（三）遼與後周外交的層次問題；（四）遼與後周交聘的使節任務和禮物等項，來探討此一方面的問題。

　　關鍵詞：遼、後漢、後周、北漢、外交、劉知遠、遼大宗、郭威。

一、前　言

　　筆者在探討遼與五代後梁、後唐、後晉外交的一些問題之後，[註1] 接著撰寫〈遼與後漢、後周外交幾個問題的探討〉。在這篇文章中，將後漢、後周與遼的外交合在一起討論，其原因除了可以使筆者探討這一方面的史實，在歷史朝代的先後順序上能連貫起來。另一原因則是因爲後漢高祖劉知遠對遼的外交，其態度不同於五代中的其他朝代，他除了在建國之前曾兩次派人至汴梁晉見遼太宗之外，後來與遼均未再有使節的往來，而且後漢的國運又只有四年，因此討論後漢與遼的外交，在內容上將會顯得過於簡短，筆者遂將其與後周對遼的外交一併在本文中討論。而這樣的安排，也可使我們將此二階段與遼的外交，拿來和後梁、後唐、後晉與遼的外交互相印證、比較。因爲後漢是五代中唯一不願和遼進行外交的一個朝代，顯得很特殊；後周則是五代中唯一曾主動伐遼者（這與後晉後期和遼發生戰爭的情況不一樣），但是在後周建國初期卻曾與北漢競相拉攏遼，與遼有過一段短暫的密切外交。基於以上史實的演變，筆者在本文中，擬就（一）後漢建國前後與遼的交往；（二）後周與北漢競相拉攏遼；（三）遼與後周外交的層次問題；（四）遼與後周交聘的使節任務和禮物等問題加以探討。

二、後漢建國前後與遼的交往

　　後漢高祖劉知遠早年服事石敬瑭時，即已很了解遼國勢力對中原國家有

〔註 1〕 參閱蔣武雄，〈遼與後梁外交幾個問題的探討〉，《東吳歷史學報》第五期（台北：東吳大學，民國 88 年 3 月），頁 31～48；〈遼與後唐外交幾個問題的探討〉，《東吳歷史學報》第六期（台北：東吳大學，民國 89 年 3 月），頁 35～63；〈遼與後晉外交幾個問題的探討〉，《空大人文學報》第九期（台北：空中大學人文學系，民國 89 年 9 月），頁 108～130；〈遼與北漢外交幾個問題的探討〉，《東吳歷史學報》第七期（台北：東吳大學，民國 90 年 3 月），頁 1～18。另可參閱盧建曾，〈五代十國對遼的外交〉，《現代學報》第一卷第一期，收錄於《遼史彙編》（八）（台北：鼎文書局，民國 62 年 10 月），頁 383～407；傅啓學，〈五代時期與契丹的關係〉，《復興崗學報》第六期（台北，民國 58 年 6 月），頁 35～49；任崇岳，〈略論遼與五代的關係〉，《社會科學輯刊》1984 年第四期，頁 109～115；王明蓀，〈契丹與中原本土之歷史關係〉，《宋遼金史論文稿》（台北：明文書局，民國 77 年 7 月），頁 5～14；張亮采，《補遼史交聘表》，收錄於《遼史彙編》（四），頁 1～164；謝昭男，《五代時期各國關涉契丹史事繫年》，收錄於《遼史彙編》（五），頁 1～439。

很大的影響。因此在後唐末帝清泰三年（936）七月，當石敬瑭謀叛後唐，而擬求援於遼時，劉知遠也表示贊同。但是其對遼的態度與石敬瑭、桑維翰有所不同，因此其曾向石敬瑭諫言：「『稱臣可矣，以父事之太過。厚以金帛賂之，自足致其兵，不必許以土田，恐異日大爲中國之患，悔之無及。』」〔註2〕可見劉知遠對於和遼的交往很早即自有一套較爲理智的看法。

在《遼史》〈太宗紀〉中有一則記載：

〔天顯〕十二年（後晉高祖石敬瑭天福二年，937）……八月……庚寅（十日），晉及太原劉知遠、南唐李昪各遣使來貢。〔註3〕

如果此一記載正確的話，則劉知遠與遼的交往，在其尚未建國的九年之前即已展開。但是實際上是頗有疑問的，因爲在這一年八月，劉知遠「改許州節度使，典軍如故」，〔註4〕許州在今河南省，因此劉知遠不可能出鎮太原，直至天福六年（941）七月，劉知遠被晉高祖「授北京留守、河東節度使（治太原）」，〔註5〕才出鎮太原。而且遼太宗在天顯十二年九月「庚申（十一日），遣直里古使晉及南唐」，〔註6〕並未提到有遼使赴太原劉知遠處。因此筆者認爲在此時劉知遠應是不可能遣使入貢於遼，更何況他當時仍是石敬瑭的部下，在體制上並不允許他逕行擅自遣使赴遼朝貢，另外，從他後來對遼的態度來看，也都顯現出不曾有此種舉動才對。

後晉出帝石重貴即位後，由於權臣景延廣對遼挑釁，一反原先石敬瑭屈意奉承遼的態度，不願再向遼稱臣，因此爆發遼與後晉的戰爭。劉知遠當時雖身爲河東節度使，但是因爲和石重貴相忌、相疑，遲遲不願派兵協助石重貴抵抗遼軍，並且曾說：「中國疲弊，自守恐不足，乃橫挑強胡，勝之猶有後患，況不勝乎。」〔註7〕可見劉知遠確實深知遼勢力的強盛，以及對中原局勢

〔註2〕 司馬光，《資治通鑑》（台北：明倫書局，民國66年），卷二八〇，後晉紀一，高祖上，天福元年七月條，頁9146。另見薛居正，《舊五代史》（台北：鼎文書局，民國66年9月），卷七五，晉書一，高祖紀第一，頁984；卷八九，晉書一五，列傳第四，桑維翰傳，頁1162；卷一三七，外國列傳第一，契丹，頁1833；葉隆禮，《契丹國志》，收錄於《遼史彙編》（七），卷二，太宗紀上，頁14；脫脫，《遼史》（台北：鼎文書局，民國64年10月），卷三，本紀第三，太宗上，頁38。

〔註3〕 《遼史》，卷三，本紀第三，太宗上，頁41。

〔註4〕 《舊五代史》，卷九九，漢書一，高祖紀上，頁1323。

〔註5〕 註同前。

〔註6〕 同註3。

〔註7〕 《資治通鑑》，卷二八四，後晉紀五，齊王中，開運二年二月己卯條，頁9284。

的影響力。因此當開運三年（946）十二月，石重貴降遼亡國時，處於河東地區的劉知遠即自我採行其應付遼的策略，一方面持觀望的態度，據《資治通鑑》卷二八六，說：

> 晉主（石重貴）與契丹結怨，〔劉〕知遠知其必危，而未嘗論諫。契丹屢深入，知遠初無邀遮入援之志，及聞契丹入汴，知遠分兵守四境以防侵軼。〔註8〕

另一方面則派人至汴梁往謁遼太宗，以表示交好之意。據《資治通鑑》卷二八六，說：

> 〔劉知遠〕遣客將安陽王峻奉三表詣契丹王（遼太宗），一、賀入汴；二、以太原夷、夏雜居，戍兵所聚，未敢離鎮；三、以應有貢物，值契丹將劉九一軍自土門西入屯於南川，城中憂懼，俟召還此軍，道路始通，可以入貢。契丹主賜詔褒美，及進畫，親加「兒」字於知遠姓名之上，仍賜以木柺。胡法，優禮大臣則賜之，如漢賜几杖之比，唯偉王以叔父之尊得之。〔註9〕

顯然遼太宗對於劉知遠遣使來賀，非常高興，並且也想再依據當年對待石敬瑭的往例，以劉知遠為臣、為兒。不久，劉知遠又派北都副留守太原白文珂入獻奇繒、名馬。〔註10〕但是劉知遠這種向遼太宗示好的舉動，都只是策略上的運用而已。因為從以上的論述，我們可知其自早年即已有一套與遼交往的原則，也就是不願臣事於遼，因此其對遼太宗一廂情願的作法，並不加以理會，使遼太宗終於「知〔劉〕知遠觀望不至，及〔白〕文珂還，使謂知遠曰：『汝不事南朝，又不事北朝，意欲何所俟邪？』」〔註11〕可見遼太宗仍然深望其能改變心意，來臣事於遼。

劉知遠這種不願臣服於遼的原則，在其建國後，也就進一步發展為不願與遼交往的作法，因為假如和遼交往，遼太宗將會再度提出要其臣服的要求。因此嚴格來說，後漢與遼實際上並不曾有外交可言，甚至於對遼的文物加以排斥，例如劉知遠曾下令「禁造契丹樣鞍轡、器械、服裝」。〔註12〕而劉知遠與後漢朝廷的這些作法，遼也無可奈何，因為遼太宗逗留於汴梁只有三個月，

〔註8〕　書同前，卷二八六，後漢紀一，高祖上，天福十二年正月條，頁9335。
〔註9〕　註同前，頁9335～9336。
〔註10〕　同註8，頁9336。
〔註11〕　同註8，頁9336。
〔註12〕　《舊五代史》，卷一○○，漢書二，高祖紀下，頁1335。

〔註13〕而且自其北返死於途中之後，遼即因帝位繼承問題，引起皇族的衝突，造成國內局勢不穩，新即位的遼世宗又不願多生事端，因此在這段期間，遼與剛建國不久的後漢既無外交使節往來，也無戰爭發生。

　　但是遼與後漢雙方無戰事的時期，並沒有維持太久，至天祿三年（後漢乾祐二年，949）九月，遼世宗又「召群臣議南伐」，〔註14〕自此遼軍多次入犯後漢邊境。

　　這種情勢的演變，使已經長期握有兵權的後漢將領郭威得以有機會篡奪帝位，因為當時後漢諸將領中，只有郭威有能力率兵抗遼。因此至乾祐三年（遼天祿四年，950）十一月底，遼軍再度入犯時，後漢太后派郭威北征，〔註15〕郭威的軍隊卻於澶州擁其為帝，〔註16〕並且隨即南返洛陽，篡亡後漢，建國號周，是為後周太祖。

三、後周與北漢競相拉攏遼

　　郭威建立後周之後，為了安定局勢，以及南征時免於北顧之憂，亟須與遼結好，因此於廣順元年（遼天祿五年，951）一月十一日，「遣千牛衛將軍朱憲充入契丹使。……至是，遣朱憲伴送來使歸蕃，兼致書敘革命之由，仍以金酒器一副、玉帶一遺兀欲」。〔註17〕至二月十五日，「左千牛衛將軍朱憲使契丹迴。契丹主兀欲遣使人來獻良馬一駟，賀登極」。〔註18〕同月二十五日，後周又「以尚書左丞田敏充契丹國信使」。〔註19〕可見後周在建國之初，與遼的外交關係頗為良好。

　　但是後來史實的演變，後周與遼還是形成了對峙的局面。其原因在於後漢被郭威篡亡之後，使身在河東的劉知遠之弟劉崇亟思復仇、復國，尤其是劉崇的兒子劉贇在郭威篡位的過程中，被郭威派人加以殺害，使劉崇更不能忍受這種國仇家恨，因此一方面在太原即帝位，國號漢，是為北漢世祖，另

〔註13〕　參閱蔣武雄，〈遼太宗入主中國失敗的探討〉，《空大人文學報》第五期（台北：空中大學人文學系，民國 85 年 5 月），頁 75～88。另收錄於蔣武雄，《遼與五代政權轉移關係始末》（台北：新化圖書公司，民國 87 年 6 月），頁 109～132。

〔註14〕　《遼史》，卷五，本紀第五，世宗，頁 65。

〔註15〕　《舊五代史》，卷一一〇，周書一，太祖紀第一，頁 1455。

〔註16〕　註同前，頁 1455～1457。

〔註17〕　同註 15，頁 1462。

〔註18〕　《舊五代史》，卷一一一，周書二，太祖紀第二，頁 1468。

〔註19〕　註同前，頁 1469。

一方面則派遣使節聯結遼，以求遼軍助其復國、復仇。據《契丹國志》卷四，說：

> 〔遼世宗天祿四年，950〕二月，遼帝聞北漢主（劉崇）立，使招討使潘聿撚遣其子劉承鈞書，漢主使承鈞復書言：「本朝淪亡，欲循晉室故事求援。」帝大喜。至是，北漢主遣使如遼乞兵。〔註20〕

可見劉崇爲了復國、復仇，以及求生存，願意如同昔日的後晉石敬瑭一樣，臣事於遼，以換取遼的軍援。因此至二月二十五日，劉崇「遣通事舍人李鏻使于契丹，乞兵爲援」。〔註21〕自此北漢遂與後周展開一段競相拉攏遼的史實。

　　至於遼的態度則是見後周與北漢競相遣使致意結好，因此想藉這種情況獲得最大的利益，那就是後周與北漢都來向遼稱臣，朝貢於遼。但是假如無法皆得，即退而求其次，哪一方能符合遼的要求，就與其結盟，而捨棄另一方。當時後周與遼交往，其所持的立場是希望雙方都居於平等的地位，當然無法滿足遼的要求與條件。而北漢因其所轄土地狹小，處於偏僻地區，又急於復國、復仇，更爲了求生存，因此願意臣事於遼。在此種情況下，遼遂做出取捨的決定，於廣順元年（951）五月八日，後周「遣左金吾將軍姚漢英等使于契丹，契丹留之」。〔註22〕遼爲何扣留後周的使節呢？據《遼史》〈世宗紀〉，說：「周遣姚漢英、華昭胤來，以書辭抗禮，留漢英等。」〔註23〕這可能是遼要求後周以藩屬的關係來進行交往，而後周則希望雙方建立對等的關係，因此後周使節在遼國朝廷據理力爭時，觸怒了遼帝被加以扣留。

　　北漢因復國、復仇和求生存的需要，使其願意以低姿態和遼交往，尤其是在三月十二日，李鏻抵遼後，雙方的外交關係又有進一步的發展，即是「遼王兀欲與帝（劉崇）約爲父子之國，使拽刺梅里來報聘」。〔註24〕而至四月十六日，遼使抵北漢後，更「告以周使田敏來，約歲輸錢十萬緡」，〔註25〕遼使

〔註20〕 《契丹國志》，卷四，世宗紀，頁 42；另見吳任臣，《十國春秋》（台北：鼎文書局，民國 65 年 11 月），卷一〇四，北漢一，世祖本紀，頁 2。

〔註21〕 《資治通鑑》，卷二九〇，後周紀一，太祖上，廣順元年二月丁巳條，頁 9457。

〔註22〕 註同前，廣順元年五月己巳條，頁 9460。

〔註23〕 《遼史》，卷五，本紀第五，世宗，頁 66。

〔註24〕 《十國春秋》，卷一〇四，北漢一，世祖本紀，頁 3；卷一〇七，北漢四，鄭琪傳，頁 4。

〔註25〕 同註 21，廣順元年四月丁未條，頁 9460。

此一傳話的目的，應是提醒北漢，後周也很積極想和遼結好，希望與後周對立的北漢不要再猶豫不決了，並且使北漢在緊張的狀態下，願意付出較大的代價來和遼建立主從的外交關係。遼這項策略性的運作，果然引起劉崇的緊張與不安，即在當天派遣使節「鄭珙以厚賂謝契丹，自稱『姪皇帝致書于叔天授皇帝』，請行冊禮」。〔註26〕而北漢這種如同昔日後晉臣服於遼的作法，當然滿足了遼的要求，因此至此時遼決定與北漢結好，捨棄後周，遂發生前文所述，遼以後周使節姚漢英等書辭抗禮為理由加以扣留，也因而導致遼與後周的外交關係從此絕裂。

關於以上史實的演變，盧逮曾於〈五代十國對遼的外交〉一文中，有如下的分析：「郭威繼漢，起初也頗想修睦鄰邦，所以廣順元年先遣使聘遼，藉通友好，繼則願輸歲幣以求苟安。終因契丹恃強傲慢，不願以平等鄰國相待，仍擬責以屬國的禮儀。於是書辭抗禮為口實而留周使。以此和平使節乃絕，遂長入於交戰狀態裏。雖然遼史尚有周使來聘的記載，但證之通鑑及薛歐兩史，似未可盡信。……後周創業之初是如何迫切的急於和遼。所以三個月間，而兩國使節三次往返，犬馬玉帛，相互饋遺，交往可算密切了。郭周新立急和邊，以求無後顧之憂而便經略中原，乃甚至願輸歲幣以睦鄰邦，終至事與願違的原因，則似乎純係於國交的名義上面。契丹似欲依石晉之例以屬國待後周但也願多收歲幣。後周則願厚輸金帛，而取得平等鄰邦的交誼，兩者背道而馳各趨極端，於是後周使臣被留虜廷，和平的國交破裂，乃各作疆場爭雄的準備。」〔註27〕此一頗為中肯的分析，應有助於我們更加了解當時後周與北漢競相拉攏遼的情形。

四、遼與後周外交的層次問題

由於中原國家的史官受到傳統民族文化觀念和外交政策的影響，將興起於中國東北契丹族所建的遼國，視為文化水平較低的外夷，因此當述及遼使至後周一事時，常揚己抑遼，記載為遼使「獻」、「來獻」，將本國的外交地位置於遼國之上。茲舉二例如下：

（一）後周廣順元年二月十五日，後周使節朱憲自遼回國，遼遣裊骨支同

〔註26〕註同前。

〔註27〕盧逮曾，〈五代十國對遼的外交〉，《現代學報》第一卷第一期，收錄於《遼史彙編》（八）（台北：鼎文書局，民國62年10月），頁398～399。

來，並賀後周太祖即位——《五代會要》卷二九，將此事記載為：「兀欲亦遣使裊骨支報命，獻良馬四匹。」〔註28〕《舊五代史》〈周太祖紀〉，則說：「左千牛衛將軍朱憲使契丹迴。契丹主兀欲遣使人來獻良馬一駟，賀登極。」〔註29〕另外，《冊府元龜》卷九八〇，說：「左千牛衛將軍朱憲使於契丹，復命，契丹王兀欲復遣使裊骨支伴送朱憲歸京師，又賀我登極，兼獻良馬一駟。」〔註30〕可見以上各書都提到「獻」或「來獻」。

（二）後周廣順元年四月二十六日，遼遣耨姑使周——關於此事，《五代會要》卷二九，說：「兀欲遣使實六，獻碧玉、金鍍銀裏鞍轡，并馬四十匹。」〔註31〕《舊五代史》〈周太祖紀〉，說：「契丹主兀欲遣使耨姑報命，并獻碧玉金塗銀裏鞍勒各一副，……。」〔註32〕可見此二書也都提到「獻」字。

關於第一個例子，在《新五代史》〈周太祖本紀〉，被記載為：「契丹兀欲使裊骨支來。」〔註33〕另外，《資治通鑑》卷二九〇，則稱：「契丹主遣其臣裊骨支與朱憲偕來，賀即位。」〔註34〕顯然此二書與前面所引各書不一樣，都用「來」字。（至於第二個例子，在《新五代史》、《資治通鑑》中並無記載，因此不予討論）但是此種用詞和外交層次的定位，筆者認為還是未符合當時遼與後周國際地位的實際情形。因為根據前文的論述，我們可知當時後周與遼進行外交往來時，即是想以對等的關係來進行，而且後周也有足夠的實力和遼相對抗。因此我們想要了解遼與後周外交層次的實際情形，只好參考《遼史》的記載。也就是據《遼史》〈世宗紀〉，說：「漢郭威弒其主自立，國號周，遣朱憲來告。即遣使致良馬。」〔註35〕〈穆宗紀〉，說：「應曆元年（951）……冬十一月……周……遣使來弔。……七年（957）……夏……六月丙辰，周遣使來聘。……八月己未，周遣使來聘。」〔註36〕此處引自〈穆宗紀〉的記載，雖然未見於《舊五代史》、《新五代史》、《資治通鑑》等書，但是已可說明《遼

〔註28〕王溥，《五代會要》（台北：世界書局，民國49年11月），卷二九，頁352。
〔註29〕同註18。
〔註30〕王欽若，《冊府元龜》（台北：中華書局，民國56年5月），卷九八〇，外臣部，通好，頁29。
〔註31〕同註28。
〔註32〕《舊五代史》，卷一一一，周書二，太祖紀第二，頁1472。
〔註33〕歐陽修，《新五代史》（台北：鼎文書局，民國65年11月），卷11，周本紀第11，太祖，頁112。
〔註34〕《資治通鑑》，卷二九〇，後周紀一，太祖廣順元年二月丁未條，頁9456。
〔註35〕同註14。
〔註36〕《遼史》，卷六，本紀第六，穆宗上，頁69、74。

史》是採用「來告」、「致」、「來弔」、「來聘」等字，把遼與後周的外交層次，定位在對等的關係上。因此盧逮曾〈五代十國對遼的外交〉，說：「五代及上述三國（南唐、吳越、北漢）的使遼記載，也多不見於它們本國的史籍，偶有記錄也都是尊己貶夷，聊以自娛。所以真像實情，或多留於《遼史》。……五代對遼的關係各自不同，大略言之，朱梁、後唐、後周三代與遼都是平等關係。」〔註37〕另外，陶晉生《宋遼關係史研究》，也說：「《遼史》中凡遇晉、漢、南唐諸部落的外交關係，都寫『來貢』，惟有梁、唐及周則是『遣使來聘』，可見這三朝是和契丹處於對等的地位。」〔註38〕

五、遼與後周交聘的使節任務和禮物

後漢與遼的外交正如前文所論，僅在建國前有交往，及至建國後，並無正式的外交關係。因此論及後漢對遼交聘的使節任務，也就只有劉知遠在建國前派遣使節奉表晉見遼太宗一事，據《舊五代史》〈漢高祖紀〉，說：「天福十二年……二月……是月，帝（劉知遠）遣牙將王峻奉表於契丹，契丹主（遼太宗）賜詔褒美，呼帝為兒。又賜木枴一。蕃法，貴重大臣方得此賜，亦猶漢儀賜几杖之比也。王峻持枴而歸，契丹望之皆避路。及峻至太原，帝知契丹政亂，乃議建號焉。」〔註39〕至於遼則因劉知遠不與其交往，以及當時遼國境內的不安，並未派使節至後漢，因此在史書中未見有關於兩國外交使節任務與禮物等方面的記載。

而後周與遼的外交也如前文所論，雖然其外交是從交好開始，但是不久即因後周不願臣服於遼，造成雙方外交關係破裂，因此在史書中對於遼與後周交聘的使節任務和禮物的記載也是很有限。茲舉例如下：

（一）遣使至遼告以取代後漢的理由 —— 據《舊五代史》〈周太祖紀〉，說：「廣順元年（951）春正月……癸酉……遣千牛衛將軍朱憲充入契丹使。先是，去年契丹永康王兀欲寇邢、趙，陷內丘。及迴，兀欲使與漢隱帝書，使至境上，會朝廷有蕭墻之變。帝（郭威）定京城，迴至澶州，遇蕃使至，遂與入朝。至是，遣朱憲伴送來使歸蕃，兼致書敘革命之由，仍以金酒器一副、玉帶一遺兀欲。」〔註40〕

〔註37〕盧逮曾，前引文，頁383～384。
〔註38〕陶晉生，《宋遼關係史研究》（台北：聯經出版公司，民國73年7月），頁17。
〔註39〕《舊五代史》，卷九九，漢書一，高祖紀上，頁1324。
〔註40〕書同前，卷一一〇，周書一，太祖紀第一，頁1462。

（二）**賀即位**──據《舊五代史》〈周太祖紀〉，說：「廣順元年春……二月……丁未，左千牛衛將軍朱憲使契丹迴。契丹主兀欲遣使人來獻良馬一駟，賀登極。」〔註41〕

（三）**國信使**──據《舊五代史》〈周太祖紀〉，說：「廣順元年春……二月……丁巳，以尚書左丞田敏充契丹國信使。」〔註42〕

（四）**報命**──據《舊五代史》〈周太祖紀〉，說：「廣順元年……夏四月……丁巳，契丹主鄂約遣使努耨姑報命，并獻碧玉金塗銀裏鞍勒各一副，弓矢、器仗、貂裘等土產，馬三十匹，土產漢馬十匹。」〔註43〕

（五）**弔祭使**──據《遼史》〈穆宗紀〉，說：「應曆元年（951）……冬十一月……周……遣使來弔。」〔註44〕

從以上所引，我們可以再度了解，後周初年與遼的外交關係頗為友好，因此有互派使節和互贈禮物之舉。但是兩國終因對外交層次定位的立場不同，以致於演變為後周使節在遼朝廷中，以書辭抗禮，而導致雙方和平的外交關係破裂，也促使遼轉而與願意臣事於遼的北漢建立起主從的外交關係。

六、結　論

綜合以上所論，筆者認為劉知遠在建立後漢之前，派人晉見遼太宗的策略，對於後來史實的演變很具有關鍵性。也就是劉知遠派人晉見遼太宗，其實是針對當時的情勢，所採行的一種彈性策略。尤其當時遼太宗已滅亡後晉，入據汴梁，聲勢正如日中天，如其又進一步將大軍轉而攻向劉知遠所據的河東，則劉知遠勢將不保，日後即無可能有後漢的建立。當時劉知遠應該也很了解這種情勢關係著其勢力的存亡，因此其必須趕快派遣使節向遼太宗表示「賀入汴」、「以太原雜居，戍兵所聚，未敢離鎮」、「俟……道路始通，可以入貢」，〔註45〕以便敷衍遼太宗。而遼太宗當時正忙於滅晉之後的善後工作，以及正在享受入主中國的喜悅，並未進一步強求劉知遠必須前來朝貢，只好說：「汝不事南朝，又不事北朝，意欲何所俟邪？」〔註46〕不久，遼太宗以中

〔註41〕同註18。
〔註42〕同註40，頁1469。
〔註43〕同註32。
〔註44〕《遼史》，卷六，本紀第六，穆宗上，頁69。
〔註45〕同註9。
〔註46〕同註11。

原難制及個人思親、打獵等理由北返，不料竟病死於途中，〔註 47〕使劉知遠終於獲得最好的機會，乘勢至汴梁建國成功。因此我們可謂後漢的建立，其實與當時劉知遠在建國之前派人晉見遼太宗一事頗有關聯。

　　至於遼對後周的外交，從本文所論，我們可以感受到在後周建國初期本來是很有誠意和遼建立對等的外交關係，可是因為遼接納了願意以臣子之禮奉承於遼的北漢，捨棄了與北漢對立的後周，因此雙方的外交關係也就無從建立起來。筆者認為這種史實的出現，是此時遼與後漢、後周的交往，在情勢上已經不同於往昔其與後梁、後唐、後晉時期的交往，因為當時中原的局勢已有所轉變，尤其是後周的軍事力量很強，足以和遼對抗。而遼本身卻因皇帝（例如遼世宗、遼穆宗）才能平庸，以及帝位繼承紛爭等問題，使其對於中原國家的外交，無法再如後晉時期一樣，能任意予取予求。但是遼似乎沒有察覺此種情勢的改變，仍然一意要求後漢、後周以臣子之禮來朝貢，因此也就與後漢、後周發生互動不和的情形，無法建立起良好的外交關係。而且也就因為如此，遼只好接納迫切想依賴遼，又能如同後晉一樣屈意奉承於遼的北漢。這種微妙外交關係的演變過程與結果，實在值得我們加以探討。

《空大人文學報》第十期（民國 90 年 12 月），頁 123～134。

〔註47〕同註 13。

第五章　遼與北漢外交幾個問題的探討

摘　要

　　五代十國中的北漢，處於河東一隅，人力、物力和版圖均不及後周、北宋，因此為了和後周、北宋對抗，必須進行拉攏遼、奉承遼的外交，才能生存下去。本文即是就：（一）北漢與後周競相拉攏遼；（二）遼與北漢外交的層次和禮物；（三）遼與北漢交聘的使節任務；（四）遼扣留北漢使節事件等項來探討當時遼與北漢的外交情形。

　　關鍵詞：遼、北漢、外交、劉崇、劉承鈞、遼穆宗、遼景宗、劉繼元。

一、前　言

中國歷史上五代十國時期的北漢，是後漢被郭威篡亡之後，由後漢高祖劉知遠之弟劉崇在河東（今山西省）建立起來的政權。其立國共有二十九年，在此期間正值後周太祖郭威、後周世宗柴榮、宋太祖趙匡胤、宋太宗趙光義等幾位頗有作爲君主在位的時期。他們都曾試圖滅亡北漢，多次對北漢用兵，因此當時北漢有幾次瀕臨敗亡的邊緣。而北漢雖然憑其優越的地理形勢奮力抵抗，但是其疆土大小僅及後周世宗時期的十五分之一，北宋太宗時期的三十分之一，人口則只有二十萬，〔註1〕實在無法與後周、北宋互相抗衡。

面對這種情勢，北漢的歷任皇帝和大臣也都很了解。因此從其建國之初，爲了恢復後漢和求生存，即一意拉攏遼，願意成爲遼的屬國，受遼冊封，向其稱臣、稱姪，並且每年給予大量歲幣，以換取遼在軍事上的援助。北漢這種對遼屈意奉承的外交策略，在當時也確實發揮了很大的作用，因此在遼的軍援下，尚能抵擋住後周、北宋多次來襲，延續其政權的生存。直至宋太宗時，因爲已吸收前人的教訓和經驗，並且準備充分，終於先打敗遼的援軍，迫使北漢投降而亡國。

筆者認爲以上史實演變的過程，遼與北漢外交關係的發展應是扮演了很重要的角色，而且遼的勢力在五代十國時期對中原國家局勢變化也有很大的影響。〔註2〕因此筆者在撰寫過遼與後梁、後唐、後晉、後漢、後周外交幾個問題的探討等幾篇文章之後，〔註3〕今再以〈遼與北漢外交幾個問題的探討〉

〔註1〕　參閱李裕民，〈宋太宗平北漢始末〉，《山西大學學報》1982年第二期，頁91；寧可、閻守誠，〈唐末五代的山西〉，《晉陽學刊》1984年第五期，頁73～78。

〔註2〕　參閱邢義田，〈契丹與五代政權更迭之關係〉，《食貨》復刊第一卷第六期（台北，民國60年9月），頁10～21；傅啓學，〈五代時期與契丹的關係〉，《復興崗學報》第六期（台北，民國58年6月），頁35～49；任崇岳，〈略論遼朝與五代的關係〉，《社會科學輯刊》，1984年第四期，頁109～115；張亮采，《補遼史交聘表》，收錄於《遼史彙編》（四）（台北：鼎文書局，民國62年10月），頁1～164；謝昭男，《五代時期各國關涉契丹史事繫年》，收錄於《遼史彙編》（五），頁1～439；盧建曾，〈五代十國對遼的外交〉，《現代學報》第一卷第一期，收錄於《遼史彙編》（八），頁383～407；蔣武雄，〈遼與五代政權轉移關係始末〉（台北：新化圖書公司，民國87年6月），頁1～273。

〔註3〕　參閱蔣武雄，〈遼與後梁外交幾個問題的探討〉，《東吳歷史學報》第五期（台北：東吳大學，民國88年3月），頁31～48；〈遼與後唐外交幾個問題的探討〉，《東吳歷史學報》第六期（台北：東吳大學，民國89年3月），頁35～63；〈遼

為題，除了前言與結論之外，擬就北漢與後周競相拉攏遼、遼與北漢外交的層次和禮物、遼與北漢交聘的使節任務、遼扣留北漢使節事件等項加以討論，以期了解中國民族關係史在此一階段的發展情形。

二、北漢與後周競相拉攏遼

北漢因為基於恢復後漢和求生存的需要，必須以低姿態來結交遼，甘願成為遼的屬國，受遼冊封。並且曾有一段與後周競相拉攏遼的過程，在此先論述北漢方面的情況，據《契丹國志》卷四，說：

〔遼世宗天祿五年，北漢世祖乾祐四年，951〕二月，遼帝聞北漢主立，使招討使潘聿撚遺其子劉承鈞書，漢主使承鈞復書言：「本朝淪亡，欲循晉室故事求援。」帝大喜。至是，北漢主遣使如遼乞兵。

〔註4〕

因此北漢在二月二十五日，即「遣通事舍人李鏻使于契丹，乞兵為援」。〔註5〕這反映出北漢很迫切希望能獲得遼軍的援助。至三月十二日，李鏻抵遼後，因為交涉順利，雙方的關係獲得很大的進展，「遼王兀欲與帝（劉崇）約為父子之國，使拽剌梅里來報聘」。〔註6〕而在四月十六日，遼使節至北漢，故意向北漢「告以周使田敏來，約歲輸錢十萬緡」，〔註7〕以便提醒北漢，後周也正積極尋求與遼建立更密切的關係，希望北漢不要再猶豫了，趕快達成與遼的藩屬關係。這一外交策略的運用，果然引起北漢朝廷的緊張，在當天劉崇即「使鄭珙以厚賂謝契丹，自稱『姪皇帝致書于叔天授皇帝』，請行冊禮」。〔註8〕北漢這種直追往昔石敬瑭稱臣於遼的態度，滿足了遼的條件與要

與後晉外交幾個問題的探討〉，《空大人文學報》第九期（台北：空中大學人文學系，民國89年10月），頁165～187；〈遼與後漢、後周外交幾個問題的探討〉，《空大人文學報》第十期（台北：空中大學人文學系，民國90年12月），頁123～134。

〔註4〕 葉隆禮，《契丹國志》，收錄於《遼史彙編》（七）（台北：鼎文書局，民國62年10月），卷四，世宗紀，頁42。另可參閱吳任臣，《十國春秋》（台北：鼎文書局，民國65年11月），卷一○四，北漢一，世祖本紀，頁2。

〔註5〕 司馬光，《資治通鑑》（台北：明倫書局，民國66年），卷二九○，後周紀一，太祖上，廣順元年二月丁巳條，頁9457。

〔註6〕 《十國春秋》，卷一○四，北漢一，世祖本紀，頁3；另可參閱同書卷一○七，北漢四，鄭珙傳，頁4。

〔註7〕 同註5，廣順元年四月丁未條，頁9460。

〔註8〕 註同前。當時北漢使節鄭珙至遼後，雖然達成任務，但是為了獲得遼世宗

求。因此至六月二十七日，雙方的外交關係，又有進一步的發展，由遼世宗「遣燕王述軋等冊命北漢主（劉崇）爲大漢神武皇帝，妃爲皇后」。〔註9〕至七月，劉崇復「遣翰林學士博興衛融等詣契丹謝冊禮，且請兵」。〔註10〕至此兩國的主從關係終於建立起來。

至於後周在建國之後，爲了求安定局勢，也亟須拉攏遼。因此從廣順元年（951）一月至四月之間，後周與遼雙方曾多次互派使節來往致意。據《舊五代史》〈周太祖紀〉，說：「廣順元年春正月……癸酉……遣千牛衛將軍朱憲充入契丹使。……至是遣朱憲伴送來使歸蕃，兼致書敍革命之由。……二月……丁未，……契丹主兀欲遣人來獻良馬一駟，賀登極。……丁巳……以尚書左丞田敏充契丹國信使。……夏四月……丁巳，尚書左丞田敏使契丹迴，契丹主兀欲遣使耨姑報命。」〔註11〕

但是後周當時的情勢與北漢不一樣，並不是想藉遼的軍援而生存的國家。因此後周在外交的立場上，是希望和遼居於平等的地位來進行交往，也就比較不可能滿足遼的要求。使遼只好在後周與北漢兩國尖銳對立之間，必須做出取捨的決定，不久遼選擇了願意奉承於遼的北漢，也使遼與後周的外交關係在同年五月隨即宣告破裂。據《資治通鑑》卷二九○，說：

> 後周太祖廣順元年五月……己巳（八日），遣左金吾將軍姚漢英等使
> 于契丹，契丹留之。〔註12〕

的歡心與信任，配合大量飲酒，竟然因而猝死於遼地。據《資治通鑑》卷二九○，說：「北漢禮部侍郎、同平章事鄭珙卒于契丹。《考異》曰：『《晉陽見聞錄》曰，鄭珙既達虜廷，虜君恩禮周厚，虜俗以酒池肉林爲名，……珙魁岸善飲，釂無量之逼，宴罷，載歸，一夕腐脅於穹廬之氈堵間，輿尸而復命。』」（同註5，廣順元年五月辛未條，頁9460～9461）筆者特引此段記載供讀者參考，以期進一步了解北漢使臣爲了達成與遼建交，所付出的代價與辛苦。

〔註9〕同註5，廣順元年六月丁巳條，頁9462。另據《遼史》〈世宗紀〉說：「（大同五年）六月辛卯朔，劉崇爲周所攻，遣使稱姪，乞援，且求冊封。即遣燕王牒蠟、樞密使高勳冊爲大漢神武皇帝。」（脫脫，《遼史》，台北：鼎文書局，民國64年10月，卷五，本紀第五，世宗，頁67）

〔註10〕同註5，廣順元年七月條，頁9462。

〔註11〕薛居正，《舊五代史》（台北：鼎文書局，民國66年9月），卷一一○，周書一，太祖紀第一，頁1461～1462；卷一一一，周書二，太祖紀第二，頁1468、1469、1472。

〔註12〕同註5，廣順元年五月己巳條，頁9460。

遼爲何扣留後周的使節呢？據《遼史》〈世宗紀〉，說：

　　〔遼世宗〕天祿五年（951）二月（《舊五代史》、《資治通鑑》皆作

　　五月），周遣姚漢英、華昭胤來，以書辭抗禮，留漢英等。〔註13〕

這顯然是雙方在外交立場上的要求與條件無法配合所產生的結果。因爲遼想
要的是和後周建立起主從的外交關係，而後周想要的則是平等的外交關係，
因此才會發生後周使節姚漢英等人出使遼國時據理力爭，觸怒了遼廷而被加
以扣留的事件。至此，遼與後周的外交關係也因而絕裂，不久即以戰爭相向。
〔註14〕

三、遼與北漢外交的層次和禮物

　　據上節所論，我們可知北漢爲了恢復後漢，以及能和後周相對抗，特別
以臣子之禮事遼，接受遼的冊封，和遼建立起主從的外交關係，以換取遼的
軍援。因此當時遼與北漢的外交，在層次上來說，當然遼是居於上國的地位，
而北漢則是遼的屬國。這種上下國的外交地位，應是很清楚、明顯的。因此
在《遼史》中記載北漢給遼禮物時，往往是採用「獻」、「進」、「貢」、「來貢」
等字詞，例如：

　　（一）稱「**獻**」字者──「〔遼穆宗〕應曆元年（951）……十二月甲辰，
漢遣使獻弓矢、鞍馬」。〔註15〕

　　（二）稱「**進**」字者──「〔遼穆宗〕應曆二年（952）……冬十月甲申
朔，漢遣使進葡萄酒。……四年（954）春，……二月……丙辰，漢遣使進茶
藥。……十九年（969）春……二月……甲子，漢遣使進白鹿。……〔遼景宗〕
保寧九年（977）……秋……八月，漢遣使進葡萄酒」。〔註16〕

　　（三）稱「**貢**」字者──「〔遼穆宗〕應曆三年……九月庚子，漢遣使貢
藥。……十六年（966）……秋……八月丁酉，漢遣使貢金器、鎧甲。……〔遼
景宗〕保寧七年（975）……二月……癸亥，漢鴈門節度使劉繼文來朝，貢方

〔註13〕《遼史》，卷五，本紀第五，世宗，頁66。

〔註14〕參閱蔣武雄，〈遼與北漢興亡的關係──兼論遼與後漢、後周政權轉移的間
　　　　接關係〉，《東吳歷史學報》第三期（台北：東吳大學，民國86年3月），頁
　　　　61～102；另收錄於蔣武雄，《遼與五代政權轉移關係始末》，頁188～205。

〔註15〕《遼史》，卷六，本紀第六，穆宗上，頁69。

〔註16〕註同前，頁70、72；卷七，本紀第七，穆宗下，頁87；卷九，本紀第九，景
　　　　宗下，頁100。

物」。〔註17〕

（四）稱「來貢」者──「〔遼穆宗〕應曆四年（954）……冬……十二月……庚午，漢遣使來貢。……七年（957）……夏……五月辛卯，漢遣使來貢。……十六年（966）……冬……十二月……戊辰，漢遣使來貢。……〔遼景宗〕保寧二年（970）……冬十二月庚午，漢遣使來貢。……三年（971）……冬……十月……癸未，漢遣使來貢。……五年（973）春正月甲子……漢遣使來貢」。〔註18〕

以上各項記載，充分顯示出當時遼與北漢外交上的主從關係。

但是關於遼與北漢交聘禮物的史實，筆者在查閱有關史料時，發現有兩個比較特殊的現象：

（一）遼與北漢既然有外交上的往來，雙方互贈禮物應是一項很正常的外交禮儀，而且這種外交互動對兩國而言，也是一件很重要的事情。因此在史書上將此種互動記錄下來，是有必要的。但是在《遼史》中，除了有一次北漢向遼「乞賜糧為助」，〔註19〕而由遼景宗「詔以粟二十萬斛助漢」〔註20〕之外，就只見前文所列舉的，北漢向遼貢獻禮物的記載，卻不見《遼史》提到遼這一方到底送何種禮物給北漢。

（二）在宋代史家所修纂的史書中，例如《五代會要》、《舊五代史》、《新五代史》、《資治通鑑》、《冊府元龜》、《續資治通鑑長編》、《契丹國志》等書，雖然有提到北漢派遣使節至遼辦理某件事情，但是這些史書卻很少進一步記載北漢貢獻何物給遼，也見不到遼致送何物給北漢。類似這種記載的情形，也發生在北宋與遼訂立澶淵盟約之前雙方交往的史實上。因此聶崇岐〈宋遼交聘考〉，說：「遣使必媵禮物，所以敦睦誼也，……兩朝初和，遼使所將者，大致不外襲衣、金帶、玉帶、鞍馬、散馬，間有白鶻、弓箭等物，數量多寡，初無定制。宋致遼者無所聞，第由後日禮物推之，蓋為金銀器具及衣、帶之屬。迨澶淵盟後，乃漸有常規。」〔註21〕

〔註17〕《遼史》，卷六，本紀第六，穆宗上，頁 72；卷七，本紀第七，穆宗下，頁 84；卷八，本紀第八，景宗上，頁94。

〔註18〕書同前，卷六，本紀第六，穆宗上，頁 73、74；卷七，本紀第七，穆宗上，頁84；卷八，本紀第八，景宗上，頁 91、92、93。

〔註19〕《遼史》，卷八，本紀第八，景宗上，頁96。

〔註20〕書同前，卷九，本紀第九，景宗下，頁99。

〔註21〕聶崇岐，〈宋遼交聘考〉，《燕京學報》第二七期，收錄於《宋史叢考》（下）（台北：華世出版社，民國75年12月），頁299。

這兩種修纂史書特殊現象的形成，筆者認為前者應是因《遼史》記載過於簡略所致，至於後者可能因當時遼與北漢的外交，是一種上下國地位很明顯的交往，而北漢又是原先中原國家後漢延續的政權，因此使這些具有強烈民族意識的宋代史家，在其所修纂的史書中往往略而不提。

四、遼與北漢交聘的使節任務

由於北漢自建國迄至滅亡的二十九年間，依賴遼而求生存的程度很深，又常和後周、北宋處於交戰的狀態，因此北漢派遣使節至遼的任務，包括了慶賀、弔祭、朝貢、乞兵、往謝等多項任務。為使讀者對此方面有進一步的了解，筆者將遼與北漢交聘的使節任務列舉如下（因項目較多，為避免冗雜，每項只舉一例，並且只舉事實，不列出時間。前引盧逮曾〈五代十國對遼的外交〉有逐年詳列北漢與遼外交的史實，讀者可據以參考）：

（一）**乞兵使**——《資治通鑑》卷二九〇，說：「北漢主遣通事舍人李警使于契丹，乞兵為援。」〔註22〕

（二）**請行冊禮使**——《資治通鑑》卷二九〇，說：「北漢主使鄭珙以厚賂謝契丹，自稱『姪皇帝致書于叔天授皇帝』，請行冊禮。」〔註23〕

（三）**冊北漢主為帝**——《資治通鑑》卷二九〇，說：「契丹遣燕王述軋等冊命北漢主為大漢神武皇帝，妃為皇后；北漢主更名旻。」〔註24〕

（四）**謝冊禮使**——《資治通鑑》卷二九〇，說：「北漢主遣翰林學士博興衛融等詣契丹謝冊禮，且請兵。」〔註25〕

（五）**賀即位使**——《資治通鑑》卷二九〇，說：「北漢主遣樞密直學士上黨王得中如契丹，賀即位。」〔註26〕

（六）**告哀使**——《遼史》〈穆宗紀〉，說：「遣劉承訓告哀于漢。」〔註27〕

（七）**弔祭使**——《遼史》〈穆宗紀〉，說：「漢……遣使來弔。」〔註28〕

（八）**進貢物產**——《遼史》〈穆宗紀〉，說：「漢遣使進葡萄酒。」〔註29〕

〔註22〕《資治通鑑》，卷二九〇，後周紀一，太祖，廣順元年二月丁巳條，頁9456。
〔註23〕註同前，廣順元年四月丁未條，頁9460。
〔註24〕同註22，廣順元年六月條，頁9462。
〔註25〕同註22，廣順元年七月條，頁9462。
〔註26〕同註22，廣順元年九月癸亥條，頁9463。
〔註27〕《遼史》，卷六，本紀第六，穆宗上，頁69。
〔註28〕註同前。
〔註29〕同註27，頁70。

（九）**來謝軍援**——《遼史》〈穆宗紀〉，說：「漢以高模翰卻周軍遣使來謝。」〔註30〕

（一○）**請再刻遼太宗碑**——《遼史》〈穆宗紀〉，說：「漢遣使言石晉樹先帝（遼太宗）聖德神功碑為周人所毀，請再刻，許之。」〔註31〕

（一一）**會葬皇太后**——《遼史》〈穆宗紀〉，說：「漢遣使來會（葬應天皇太后）。」〔註32〕

（一二）**請歸誤掠者**——《遼史》〈穆宗紀〉，說：「漢民有為遼軍誤掠者，遣使來請，詔悉歸之。」〔註33〕

（一三）**告以周人來侵**——《遼史》〈穆宗紀〉，說：「漢為周人所侵，遣使來告。」〔註34〕

（一四）**請上尊號**——《遼史》〈穆宗紀〉，說：「漢遣使請上尊號，不許。」〔註35〕

（一五）**北漢主有疾來告**——《遼史》〈穆宗紀〉，說：「漢主有疾，遣使來告。」〔註36〕

（一六）**求嗣立**——《遼史》〈穆宗紀〉，說：「漢主〔劉〕崇殂，子承鈞遣使來告，且求嗣立。」〔註37〕

（一七）**議軍事使**——《遼史》〈穆宗紀〉，說：「漢遣使來議軍事。」〔註38〕

（一八）**告以潞州歸附**——《遼史》〈穆宗紀〉，說：「漢以潞州歸附來告。」〔註39〕

（一九）**告以潞州復叛**——《遼史》〈穆宗紀〉，說：「宋兵陷石州，潞州復叛，漢遣使來告。」〔註40〕

〔註30〕　同註27，頁71。
〔註31〕　註同前。
〔註32〕　同註27，頁72。
〔註33〕　註同前。
〔註34〕　同註32。
〔註35〕　同註27，頁73。
〔註36〕　註同前。
〔註37〕　同註35。
〔註38〕　同註35。
〔註39〕　同註27，頁76。
〔註40〕　註同前。

（二○）告以宋將來襲——《遼史》〈穆宗紀〉，說：「漢以宋將來襲，馳告。」〔註41〕

（二一）賻弔——《遼史》〈穆宗紀〉，說：「漢主有母喪，遣使賻弔。」〔註42〕

（二二）問起居使——《遼史》〈景宗紀〉，說：「漢遣使問起居。」〔註43〕

（二三）賀皇子誕生——《遼史》〈景宗紀〉，說：「漢以皇子生，遣使來賀。」〔註44〕

（二四）告以宋事——《遼史》〈景宗紀〉，說：「漢人以宋事來告。」〔註45〕

（二五）改元遣使稟命——《遼史》〈景宗紀〉，說：「漢將改元，遣使稟命。」〔註46〕

（二六）告以天清節設無遮會——《遼史》〈景宗紀〉，說：「漢遣使言天清節設無遮會，飯僧祝釐。」〔註47〕

（二七）乞賜糧使——《遼史》〈景宗紀〉，說：「漢以宋軍復至掠其軍儲來告，且乞賜糧為助。」〔註48〕

（二八）謝助糧使——《遼史》〈景宗紀〉，說：「〔遼景宗〕詔以粟二十萬斛助漢，……漢遣使來謝。」〔註49〕

（二九）助漢戰馬——《遼史》〈景宗紀〉，說：「〔遼〕遣使助漢戰馬。」〔註50〕

（三○）謝撫諭軍民——《遼史》〈景宗紀〉，說：「漢遣使謝撫諭軍民。」〔註51〕

〔註41〕 《遼史》，卷七，本紀第七，穆宗下，頁81。
〔註42〕 註同前，頁84。
〔註43〕 《遼史》，卷八，本紀第八，景宗上，頁91。
〔註44〕 註同前，頁92。
〔註45〕 同註43，頁93。
〔註46〕 註同前。
〔註47〕 同註43，頁95。
〔註48〕 同註43，頁96。
〔註49〕 《遼史》，卷九，本紀第九，景宗下，頁99。
〔註50〕 註同前。
〔註51〕 同註49，頁101。

（三一）奏行軍事宜──《遼史》〈景宗紀〉，說：「漢以行軍事宜來奏。」
〔註52〕

從以上所列舉遼與北漢交聘的使節任務來看，我們可知涵蓋的範圍很廣，和遼與後晉的外交模式幾乎一樣，〔註53〕顯現出遼與北漢有很密切的藩屬關係。而且由北漢這一方派遣使節至遼居多，也可知當時北漢依賴遼而生存的程度確實很深，因此其必須經常派遣使節赴遼進行乞兵、往謝、請命、道賀、朝貢等任務，以期能和遼保持良好的主從外交關係，而自己本國的國運在獲得遼的軍援之下，也才能延續下去。

五、遼扣留北漢使節事件

北漢既然必須靠遼的軍援才能生存，又居於屬國的地位，因此遼常以上國的姿態對北漢任意予取予求，並且要求其所作所為必須常向遼請示，依據遼的命令來行事。而北漢方面則總是戰戰兢兢的盡力取悅於遼，惟恐偶有疏忽、怠慢，引起遼的不悅，導致兩國外交關係的緊張。茲舉遼扣留北漢使節事件為例，以進一步了解北漢在與遼的外交上所受的委屈與無奈。

起初在北漢乾祐七年（遼穆宗應曆四年，954年）十一月，世祖劉崇死，由其子劉承鈞繼位，仍接受遼的冊封。〔註54〕據《新五代史》卷七○，說：

旻（劉崇）卒，承鈞遣人奉表契丹，自稱「男」。述律（遼穆宗）答
之，以詔呼承鈞為「兒」，許其嗣位。〔註55〕

《資治通鑑》卷二九二，也說：

契丹遣驃騎大將軍、知內侍省事承訓冊命承鈞為帝，更名鈞。……
每上表於契丹主稱「男」，契丹主賜之詔，謂之「兒皇帝」。〔註56〕

因此在劉承鈞時期，北漢與遼之間的外交，本來仍可延續劉崇時期與遼的良好主從關係，而劉承鈞也陸續派遣使節至遼請上尊號、入貢、告疾、求援等。

〔註52〕註同前。
〔註53〕參閱蔣武雄，〈遼與後晉外交幾個問題的探討〉，《空大人文學報》第九期，頁165～187。
〔註54〕同註35。
〔註55〕歐陽修，《新五代史》（台北：鼎文書局，民國65年11月），卷七○，東漢世家，劉旻傳，頁866～867。
〔註56〕《資治通鑑》，卷二九二，後周紀三，太祖下，顯德元年十一月戊戌條，頁9520。

〔註57〕

但是後來在遼這一方，卻對劉承鈞某些事情的處理感到相當不悅，據《續資治通鑑長編》卷四，說：

〔宋太祖〕乾德元年（迄穆宗應曆十三年，北漢睿宗天會七年，963）閏十二月丙子（二十八日），……初北漢主（劉承鈞）嗣位，所以事契丹者多略不如世祖時，每事必稟之。於是契丹遣使持書來責，其略曰：「爾先人窮來歸我，我先兄天授皇帝待以骨肉，泊余繼統，益修前好，爾父即世，我用命爾即位匠前，丹青之約，我無所負。爾父據有汾州七年，止稱乾祐，爾不遵先志，輒肆改更。李筠包藏禍心，舍大就小，無所顧慮，姑為覬覦，軒然舉兵，曾不我告。段常，爾父故吏，本無大惡，一旦誣害，誅及妻子，婦言是聽，非爾而誰。我務敦大義曲容瑕垢，父子之道所不忍渝，爾直率德改行，無自貽伊戚也。」北漢主得書恐懼，遣使重幣往謝，契丹執其使不報。北漢主再遣使修貢，契丹又執其使不報。〔註58〕

可見北漢引起遼不悅的原因有三，一是擅改年號；二是北漢響應李筠攻打宋，未先告知遼；三是聽信誣告殺死段常。北漢雖然立即派人赴遼謝罪，但是遼仍然以扣留北漢使節當作懲罰，造成了遼與北漢外交上的緊張。

筆者進一步探討此問題時，發現當時遼雖然在軍事上仍然繼續援助北漢，但是遼對於北漢在外交事務處理不當，引起其不悅的態度卻很堅決、強硬，因此「使者至契丹輒見留，承鈞奉之愈謹，而契丹待承鈞益薄」、〔註59〕「自是，契丹使不來，而使往輒見留，群臣悉以使北為懼」。〔註60〕至第二年（遼應曆十四年，北漢天會八年，964），「是歲，……北漢主四遣使詣契丹賀正旦、生辰、端午，契丹皆執其使不報。」〔註61〕但是北漢仍然繼續派遣使節赴遼，例如在第三年（遼應曆十五年，北漢天會九年，965），劉承鈞「遣駙馬都尉白昇奉表謝過於契丹，具請釋遣前使，契丹不報」〔註62〕、「又遣其

〔註57〕《遼史》，卷七，本紀第七，穆宗下，頁73～84。

〔註58〕李燾，《續資治通鑑長編》（上海：上海古籍出版社，1986年2月），卷四，宋太祖乾德元年十二月己巳條，頁28；另見彭百川，《太平治蹟統類》（台北：成文出版社，民國55年4月），卷二，太祖太宗親征北漢條，頁27～28。

〔註59〕同註55，劉承鈞傳，頁868。

〔註60〕《十國春秋》，卷一○五，北漢二，睿宗本紀，頁5。

〔註61〕《續資治通鑑長編》，卷五，宋太祖乾德二年十二月條，頁20。

〔註62〕書同前，卷六，宋太祖乾德三年十二月條，頁16。

子繼文及宣徽使李光美往，亦被執。自是，文武內外官屬悉以北使爲懼，而抱負才氣不容於權要者，乃多爲行人矣」。〔註63〕

　　遼與北漢這種緊張的外交狀態，直至遼應曆十八年（北漢天會十二年，968）七月，北漢主劉承鈞死，其弟劉繼恩繼位，是爲北漢少帝，遼才又「遣使來弔祭」。〔註64〕但是遼與北漢的外交關係並未因而有所改善，必須等到兩國都換了新君之後，此一事件才出現轉機。也就是同年九月，劉繼恩被供奉官侯霸榮刺殺，由劉繼元繼位，不改年號，是爲北漢英武帝。而遼穆宗也在應曆十九年（北漢天會十三年，969）二月，被近侍、庖者等人所殺，由耶律賢繼位，改元保寧，是爲遼景宗。此種人事上的變化，造成兩國的君主都是屬於新立者，因此得以盡釋前嫌，化解遼與北漢外交的緊張狀態。在遼景宗保寧二年（北漢英武帝天會十四年，970），「北漢主（劉繼元）遣使持禮幣賀契丹主（遼景宗），樞密使高勳言於契丹主曰：『我與晉陽父子之國也，歲嘗遣使來覲，非其大臣即其子弟，先君以一怒而盡拘其使，甚無謂也。今嗣主新立，左右皆非舊人，國有憂患，寧不我怨，宜以此時盡歸其使。』契丹主曰：『善。』乃悉索北漢使者，前後凡十六人，厚其禮而歸之」。〔註65〕

　　至此，遼扣留北漢使節的事件才告一段落，但是我們從以上的論述，可知當時北漢爲了求生存，在軍事上不得不有求於遼，使其在對遼的外交上，只好盡量採取委屈求全、低聲下氣的態度。

六、結　論

　　綜合以上所論，筆者認爲北漢對遼的外交確實很類似往昔後晉對遼的外交，甚至於比後晉對遼更加恭謹。因爲後晉在石敬瑭死後，繼位者石重貴即因不稱臣，與遼發生衝突。而北漢則從其建國至滅亡，歷經四位繼任者都還能對遼唯命是從，始終如一。基於此，筆者又思及北漢是僅以河東一隅建立起來的政權，轄地甚小，人力、物資均感缺乏，在後周、北宋先後攻擊之下，實在沒有長期存在的理由。但是卻能立國二十九年之久，其原因之一，應是和其拉攏遼，盡力奉承遼，獲得遼的支持與軍援有關。因此如從此一角度來看，北漢當時對遼的外交策略算是成功的。〔註66〕

〔註63〕註同前。
〔註64〕《十國春秋》，卷一○五，北漢二，少主本紀，頁8。
〔註65〕《續資治通鑑長編》，卷一一，宋太祖開寶三年正月己巳條，頁1。
〔註66〕關於北漢藉遼的軍援，以對抗後周與北宋一事，盧逮曾〈五代十國對遼的外

但是北漢這種依賴遼而生存的情勢，也相對的帶給北漢許多困擾，例如從前文論述的各種情形，我們可知北漢在外交上除了必須勤於奉承遼之外，也必須對遼的霸氣忍氣吞聲，而且「北漢地狹產薄，又歲輸契丹，故國用日削」，〔註67〕這更是北漢處於有求於遼、奉承於遼的外交型態上，必然產生的結果。

《東吳歷史學報》第七期（民國90年3月），頁1～18。

交〉，也說：「劉崇僭號河東，北結契丹的方法純師石晉的故技，所以對遼稱叔稱侄，必恭必敬，於是玉帛之外，細貢而至於毯衣茶酒也差專使；逢迎的辦法甚至請求重刻石晉所立的遼太宗聖德神功碑以取媚；這總算卑辱求榮上追石晉了。它之所以如此，全是想借契丹的力量南下以爭中原。所以自他立國以至被滅，幾乎沒有一年不是和周、宋交兵的，而且只要有軍事的行動，總是遼漢連合南下以敵周、宋。這一方面，自然是劉氏兒皇帝式的外交成功，以至上國的援兵每請必至。」（盧逮曾，前引文，頁406）另參閱任崇岳，〈契丹與五代山西割據政權〉，《晉陽學刊》1984年第五期，頁82～83；田中整治，〈遼と北漢との關係〉，《史流》第七期（1996年3月），頁33～49。

〔註67〕《續資治通鑑長編》，卷四，宋太祖乾德元年閏十二月丙子條，頁28。當時北漢朝廷爲了應付「歲輸契丹」，「乃拜五臺僧繼顒爲鴻臚卿，……爲人多智，善商財利，世祖頗倚賴之。繼顒能講華嚴經，四方供施，多積蓄，以佐國用。五臺當契丹界上，繼顒常刷其馬以獻，號添都馬，歲率數百匹。又於柏谷置銀冶，募民鑿山取鑛烹銀，北漢主取其銀以輸契丹，歲千斤，因即其冶建寶興軍」。（頁28～29）另見《太平治績統類》，卷二，太祖太宗親征北漢條，頁28。

徵引書目

一、基本史料

1. 王夫之，《讀通鑑論》，台北：藝文印書館，民國 46 年。

2. 王欽若，《冊府元龜》，台北：中華書局，民國 56 年。

3. 王溥，《五代會要》，台北：世界書局，民國 49 年。

4. 司馬光，《資治通鑑》，台北：明倫書局，民國 66 年。

5. 吳任臣，《十國春秋》，台北：鼎文書局，民國 65 年。

6. 李燾，《續資治通鑑長編》，上海：上海古籍出版社，1986 年。

7. 脫脫，《遼史》，台北：鼎文書局，民國 65 年。

8. 脫脫，《宋史》，台北：鼎文書局，民國 67 年。

9. 葉隆禮，《契丹國志》，收錄於《遼史彙編》（七），台北：鼎文書局，民國 62 年。

10. 彭百川，《太平治蹟統類》，台北：成文出版社，民國 55 年。

11. 路振，《乘軺錄》，收錄於《遼史彙編》（六），台北：鼎文書局，民國 62 年。

12. 歐陽修，《新唐書》，台北：鼎文書局，民國 65 年。

13. 歐陽修，《新五代史》，台北：鼎文書局，民國 65 年。

14. 薛居正，《舊五代史》，台北：鼎文書局，民國 66 年。《舊五代史》（殿版），台北：啓明書局，民國 51 年。

二、近人著作

1. 王明蓀，《宋遼金史論文稿》，台北：明文書局，民國 77 年。

2. 田村實造，《中國征服王朝の研究》（上），京都：東洋史研究會，昭和 39 年。

3. 陶晉生，《宋遼關係史研究》，台北：聯經出版公司，民國 73 年。

4. 張亮采，《補遼史交聘表》，收錄於《遼史彙編》（四），台北：鼎文書局，民國 62 年。

5. 漆俠、喬幼梅，《遼夏金經濟史》，保定：河北大學出版社，1994 年。

6. 蔣武雄，《遼與五代政權轉移關係始末》，台北：新化圖書公司，民國 87 年。

7. 謝昭男，《五代時期各國關涉契丹史事繫年》，收錄於《遼史彙編》（五），台北：鼎文書局，民國 62 年。

8. 聶崇岐，《宋史叢考》（下），台北：華世出版社，民國 75 年。

三、論 文

1. 王吉林，〈契丹與南唐外交關係之探討〉，《幼獅學誌》第五卷第二期，民國 55 年 12 月。

2. 王吉林，〈遼太宗之中原經營與石晉興亡〉，《中國歷史學會史學集刊》第六期，民國 63 年 5 月。

3. 王明蓀，〈契丹與中原本土之歷史關係〉，《宋遼金史論文稿》，台北：明文書局，民國 77 年。

4. 田中整治，〈遼と北漢との關係〉，《史流》第七期，1996 年 3 月。

5. 任崇岳，〈略論遼朝與五代的關係〉，《社會科學輯刊》1984 年第四期。

6. 任崇岳，〈契丹與山西割據政權〉，《晉陽學刊》1984 年第五期。

7. 邢義田，〈契丹與五代政權更迭之關係〉，《食貨》復刊第一卷第六期，民國 60 年 9 月。

8. 何俊哲，〈耶律倍與東丹國諸事考〉，《北方文物》1993 年第三期。

9. 何俊哲，〈關于耶律倍秘密向契丹主請兵攻擊後唐的再商榷〉，《北方文物》1996 年第二期。

10. 李裕民，〈宋太宗平北漢始末〉，《山西大學學報》1982 年第二期。

11. 李漢陽，〈遼太祖諸弟之亂考〉，《師大史學會刊》第十六期，民國 65 年 6 月。

12. 林榮貴、陳連開，〈五代十國時期契丹、沙陀、漢族的政治、經濟和文化交流〉，《遼金史論集》第三輯，上海：上海古籍出版社，1987 年。

13. 孟廣耀，〈遼代耶律德光的歷史作用〉，《東北地方史研究》1991 年第三期。

14. 姚從吾，〈阿保機與後唐使臣姚坤會見談話集錄〉，《文史哲學報》第五期，民國 42 年 12 月。

15. 徐春源，〈石敬瑭割地事遼求援之研究〉，《史源》第十六期，民國 60 年 6 月。

16. 張國慶，〈遼代契丹皇帝與五代北宋諸帝的結義〉，《史學月刊》1992 年第六期。

17. 陳述，〈阿保機與李克用盟結兄弟之年及其背盟相攻的推測〉，中央研究院《歷史語言研究所集刊》第七本第一分，收錄於《遼史彙編》（八），鼎文書局，民國 62 年。

18. 陳能森，〈姚坤出使契丹之事實與分析〉，《史苑》第十五期，民國 59 年 12 月。

19. 舒焚，〈東丹王耶律倍〉，《武漢師範學院學報》1985 年第二期。

20. 黃鳳岐，〈遼宋交聘及其有關制度〉，《社會科學輯刊》1985 年第二期。

21. 傅啓學，〈五代時期與契丹的關係〉，《復興崗學報》第六期，民國 58 年 6 月。

22. 楊雨舒，〈「耶律倍與東丹國諸事考」商榷〉，《北方文物》1995 年第三期。

23. 寧可、閻守誠，〈唐末五代的山西〉，《晉陽學刊》1984 年第五期。

24. 劉肅勇，〈東丹國與東丹王耶律倍〉，《遼寧師院學報》1982 年第三期。

25. 劉肅勇、王曉莉，〈評耶律德光〉，《晉陽學刊》1989 年第五期。

26. 潘柏澄，〈契丹東丹王耶律倍之研究〉，《史苑》第十五期，民國 59 年 12 月。

27. 蔣武雄，〈論邊疆民族與中原朝廷建國的關係〉，《中國邊政》第七十三期，民國 70 年 3 月。

28. 蔣武雄，〈耶律阿保機諸弟叛亂之始末〉，《空大人文學報》第三期，民國 83 年 4 月。

29. 蔣武雄，〈遼太祖與五代前期政權轉移的關係〉，《東吳歷史學報》創刊號，民國 84 年 4 月。

30. 蔣武雄，〈遼太宗入主中國失敗的探討〉，《空大人文學報》第五期，民國 85 年 3 月。

31. 蔣武雄，〈遼與後漢建國的關係〉，《東吳歷史學報》第二期，民國 85 年 3 月。

32. 蔣武雄，〈遼與北漢興亡的關係 —— 兼論遼與後漢、後周政權轉移的間接關係〉，《東吳歷史學報》第三期，民國 86 年 3 月。

33. 蔣武雄，〈遼與後晉興亡關係始末〉，《東吳歷史學報》第四期，民國 87 年 3 月。

34. 盧逮曾，〈五代十國對遼的外交〉，《現代學報》第一卷第一期，收錄於《遼史彙編》（八）鼎文書局，民國 62 年。

35. 蔣武雄，〈遼與後梁外交幾個問題的探討〉，《東吳歷史學報》第五期，民國 88 年 3 月。

36. 蔣武雄，〈遼與後唐外交幾個問題的探討〉，《東吳歷史學報》第六期，民國 89 年 3 月。

37. 蔣武雄，〈遼與後晉外交幾個問題的探討〉，《空大人文學報》第九期，民國 89 年 10 月。

38. 蔣武雄，〈遼與後漢、後周外交幾個問題的探討〉，《空大人文學報》第十期，民國 90 年 12 月。

39. 聶崇岐，〈宋遼交聘考〉，《燕京學報》第二七期，收錄於《宋史叢考》（下），台北：華世出版社，民國 75 年 12 月。